人工智能赋能教育
应用与趋势

倪琴◎著

上海交通大学出版社
SHANGHAI JIAO TONG UNIVERSITY PRESS

内容提要

　　本书详细阐述了人工智能技术在教育中的各类应用,如机器学习、自然语言处理、计算机视觉、语音识别等,以及这些技术如何以数据驱动的方式实现教育过程的优化与创新。探讨了如何借助这些技术打造智能化教育环境,为学生提供更为个性化、精准化的学习体验。同时,对技术应用过程中可能面临的数据隐私保护、算法偏见、技术依赖等挑战予以关注,并提出了切实可行的解决策略与建议。本书旨在为教育工作者提供有益的参考与借鉴,激发更多的教育实践探索。

图书在版编目(CIP)数据

　　人工智能赋能教育 : 应用与趋势 / 倪琴著.
上海 : 上海交通大学出版社, 2025. 4. -- ISBN 978-7
-313-32443-6

　　Ⅰ. G40-057

　　中国国家版本馆 CIP 数据核字第 2025V1N244 号

人工智能赋能教育：应用与趋势
RENGONG ZHINENG FUNENG JIAOYU: YINGYONG YU QUSHI

著　　者：倪 琴			
出版发行：上海交通大学出版社		地　　址：上海市番禺路 951 号
邮政编码：200030		电　　话：021 - 64071208
印　　制：苏州市古得堡数码印刷有限公司		经　　销：全国新华书店
开　　本：710 mm×1000 mm　1/16		印　　张：17
字　　数：285 千字		
版　　次：2025 年 4 月第 1 版		印　　次：2025 年 4 月第 1 次印刷
书　　号：ISBN 978 - 7 - 313 - 32443 - 6		
定　　价：46.00 元		

前　言

在人类社会的发展进程中，技术革新与教育发展如影随形，始终交织共生。回溯历史，从甲骨文时代知识的艰难刻录，到活字印刷术推动知识的广泛普及，再到数字技术引发教育形态的深刻变革，每一次技术的重大突破，都如同重塑教育时空边界的神来之笔。当下，人工智能技术集群取得突破性进展，在教育领域释放出前所未有的创新活力，正深刻改写着教育的版图。

本书基于这一技术演进脉络，系统且深入地剖析智能技术在教育场景中的实践路径与发展趋势，旨在为广大教育从业者搭建一个兼具理论深度与实践价值的认知框架。

教育，作为人类文明传承的核心枢纽，其发展遵循着"工具迭代—模式创新—价值重塑"的内在逻辑。如今，智能技术在教育领域的应用已超越简单工具替代阶段，正构建起"数据驱动—算法优化—场景再造"的闭环系统。这种技术的深度渗透，不仅改变了知识传授的具体方式，更在深层次推动着教育理念的范式转变：从标准化的规模教育向精准化的个性学习转变，从单维度的知识传递转变为双维度的能力共建，从封闭的校园场景拓展为开放的终身教育生态。

全书构建了"技术解构—应用图谱—伦理治理"的三维分析框架。在技术维度，重点剖析机器学习、自然语言处理、知识图谱等核心技术组件在教育场景中的适配性改造，深入揭示算法模型与教育规律之间的融合机理；在应用维度，通过基础教育精准教学、高等教育智能导学、职业培训虚拟仿真等典型案例，深度解构智能教育系统的实践逻辑；在治理维度，聚焦数据伦理、算法公平、人机责任等前沿议题，构建智能教育健康发展的坚实保障体系。

在技术层面，本书详细阐述了人工智能在教育中的各类应用技术，如机器学习、自然语言处理、计算机视觉、语音识别等，以及这些技术如何以数据驱动的方式实现教育过程的优化与创新。书中探讨了如何借助这些技术打造智能化教育环境，为学生提供更为个性化、精准化的学习体验。同时，对技术应用过程中可能面临的数据隐私保护、算法偏见、技术依赖等挑战予以关注，并提出了切实可行的解决策略与建议。在应用实践方面，书中通过丰富生动的案例，全方位展示了人工智能在不同教育场景中的实际应用。涵盖中小学的个性化学习平台、高等教育中的智能教学助手、在线教育平台的智能推荐系统，以及虚拟实验室与增强现实教学环境的构建等。这些案例充分彰显了人工智能技术在教育领域的强大生命力与广阔应用前景。通过对这些案例的深入分析与总结，为教育工作者提供有益的参考与借鉴，激发更多教育实践探索。在探讨未来趋势时，本书立足当前人工智能与教育融合的实际情况，结合国内外研究成果与发展趋势，对未来智能教育的发展方向做出大胆预测与展望。我们坚信，随着人工智能技术的持续进步，教育将朝着更加智能化、个性化与全球化的方向发展。未来的教育将突破传统教室与校园的限制，借助智能技术实现教育资源的全球共享与协同创新。同时，我们也着重强调，在追求技术发展的过程中，必须坚守教育的本质与伦理原则，确保人工智能技术的应用切实服务于学生的全面发展与社会的公平进步。

在编写本书的过程中，我们广泛研究了大量学术文献、行业报告以及实际应用案例，力求使内容既具备学术的严谨性，又不失实践的指导性。我们期望通过本书的出版，在人工智能与教育领域的研究与实践之间搭建一座桥梁，促进两者深度融合与协同发展。同时，期待本书能够激发更多人对人工智能赋能教育的关注与思考，共同推动教育事业在新时代的浪潮中迈向更加美好的未来。在这个变革与机遇并存的时代，人工智能与教育的融合正开启一场意义深远的教育革命。让我们携手共进，积极探索，勇敢创新，在人工智能赋能教育的道路上，为培养具有创新精神与实践能力的新一代人才，为构建更加公平、优质、高效的教育体系，贡献我们的智慧与力量。

目　录

第 1 章

人工智能赋能教育研究的演进趋势

　　人工智能(AI)对教育研究的影响是深远和多维的,它不仅改变了教育实践的方式,还促进了教育理论和方法的创新。人工智能技术使得教育资源和教学方法可以针对每个学生的特定需求进行定制。通过分析学生的学习习惯、能力和兴趣,人工智能可以提供个性化的学习路径和资源,从而提高学习效率和成果。随着人工智能技术的不断进步,学习不再局限于学校教育,人工智能可以支持终身学习,帮助个人不断更新知识和技能,以适应快速变化的工作环境和社会需求。人工智能技术通过提供在线教育平台和远程教育等方式,使得优质教育资源不再受限于地理位置,为偏远地区和资源不足的学生提供更多的学习机会,从而可以在一定程度上缩小教育资源的差距。人工智能的发展并不意味着教师将被取代,而是让其更加专注于指导、激励和培养学生的批判性思维和创造力。教师可以利用人工智能工具来更好地理解学生的需求,并提供更加有针对性地支持。另外,随着人工智能在教育领域的应用日益广泛,如何保护学生的隐私和数据安全成了一个重要议题,确保人工智能应用的伦理性和合规性是未来发展的关键。

　　人工智能的发展将会不断推动教育研究的进步,其演进趋势可以总结为以下五个方向:技术创新与融合、教育模式的变革、教师角色的转变、跨学科研究与合作以及伦理、隐私与安全。

　　● 技术创新与融合:人工智能技术在教育领域的应用已经涵盖了智能测评系统、智能教学系统、虚拟现实教育和教育机器人等多个方面。未来教育将更加注重技术的融合与创新,如结合认知科学、心理学和教育学的理论,开发出更加个性化和智能化的教育工具和方法。

● 教育模式的变革：通过人工智能技术研发的智能教育产品已经开始改变传统的教育模式，如通过个性化学习路径的设计和智能分析辅助决策。在未来，教育模式的变革将继续深化，以学习者为中心的教育环境将成为主流，同时，线上线下相结合的教学模式将被更多学校采纳。

● 教师角色的转变：人工智能的辅助使得教师可以从传统的知识传授者转变为学习引导者和促进者。《全球智能教育发展报告（2021）》中提出智能教育已经经过了人工智能技术在教育行业简单应用的辅助阶段、人工智能技术与教育各环节融合的赋能阶段，并向着以人为本的智能教育阶段演进。未来教师的专业发展将更加注重与人工智能技术的结合，提高信息技术与数据素养、结合人工智能的教学设计素养，[1]以便更好地利用人工智能进行教学。

● 跨学科研究与合作：人工智能赋能教育研究需要教育学、心理学、计算机科学等多个学科的合作。跨学科的研究未来将更加深入，形成更加紧密的合作关系，共同推动人工智能教育的发展。

● 伦理、隐私与安全：人工智能赋能教育应用中已经出现了伦理和隐私问题，如数据安全和算法偏见等。未来研究将更加关注伦理和隐私保护，开发出更加透明、公平和安全的人工智能教育工具。

1.1　技术融合与创新

人工智能教育研究演进趋势中的技术融合与创新，指的是在教育领域内，不同的人工智能技术（如机器学习、自然语言处理、计算机视觉等）与其他学科知识相结合，创造出新的教育方法和工具的过程。这种融合不仅仅是技术层面的结合，更是教育理念、教学方法和学习过程的全面革新。在人工智能教育研究的演进趋势中，技术融合与创新是一个多维度、动态发展的过程，涉及教育理念的更新、教学方法的改进、学习工具的智能化以及教育管理的优化。人工智能技术层面的融合与创新，教育理念、教学方法和学习过程的全面革新，是推动智能教育发展的两个关键方面。

1　周晔、张刚要：《我国"人工智能＋教育"领域的研究热点与演进趋势》，《开放学习研究》，2022 年第 4 期，第 37 页。

1.1.1　人工智能技术层面的融合与创新

人工智能技术层面的融合与创新涉及多个技术领域的交叉应用和前沿发展,主要包括机器学习与深度学习、自然语言处理、计算机视觉、语音识别与合成、虚拟现实与增强现实、大数据分析以及自适应学习系统。

（1）机器学习算法,尤其是深度学习,已经成为人工智能技术的核心。通过模拟人脑的神经网络结构,深度学习模型能够从大量数据中学习复杂的模式和特征。在教育领域,深度学习被用于构建智能辅导系统,这些系统能够理解学生的学习习惯、预测学习成果,并提供个性化的学习建议[1]。例如,Carnegie Learning 的 MATHia 平台就是一个智能辅导系统,它通过分析学生的回答和解题过程来提供个性化的数学教学[2]。学生可以根据自己的学习节奏与系统互动,系统能够识别学生的错误类型并提供针对性的指导和练习。这有助于学生在遇到困难时获得即时帮助,从而提高学习效率和数学成绩。

（2）自然语言处理技术使得机器能够理解和生成人类语言。这对于教育领域的语言学习、作文批改和智能问答系统尤为重要。通过自然语言处理,人工智能可以提供实时的语言反馈,帮助学生改进语法和词汇使用,甚至模拟真实的对话环境进行语言练习。

（3）计算机视觉技术使机器能够识别和理解图像和视频内容。在教育中,这项技术可以用于自动批改客观题(如选择题、填空题),甚至主观题(如作文)。此外,计算机视觉还可以用于监测学生的参与度和情绪状态,为教师提供关于课堂互动和学生反应的实时数据。

（4）语音识别技术的融合创新。语音识别技术可以将学生的语音转换为文本,用于口语评估和自动笔记记录。这对于语言学习和听力练习尤其有用。语音合成技术则可以生成逼真的人声,用于朗读教材、提供听力材料或作为虚拟教师与学生进行语音互动。例如,Duolingo 就是一款语言学习应用软件,它使用语音识别技术来帮助用户练习发音和口语对话。学生可以通过模仿和练习来提高他们的语言技能,应用程序能够提供即时的反馈和评分,使学习过程更加互动和有趣。

1 陈凌白:《人工智能在高校个性化教育中的应用与挑战》,《教书育人(高教论坛)》2024 年第 9 期,第 12—17 页。
2 Carnegie Learning, "MATHia Intelligent Tutoring System," accessed November 25, 2024, https://www.carnegielearning.com/products/software-platform/mathia/.

（5）虚拟现实和增强现实技术的融合创新。虚拟现实和增强现实技术可以创造沉浸式的学习环境，使学生能够通过模拟实验和虚拟场景来学习复杂的概念，如科学、历史和地理[1]。这些技术还可以用于模拟真实世界中难以实现的情境，如太空旅行、历史事件重现等，为学生提供独特的学习体验。Google Expeditions 提供了一个虚拟现实和增强现实的教育平台，教师可以带领学生进行虚拟实地考察，如探索遥远的历史遗址或进行深海探险。这种沉浸式的学习体验使学生能够以直观和生动的方式学习复杂的概念，增强了学生的理解和记忆，同时也激发了他们对学习的兴趣。

（6）大数据技术的创新运用。大数据分析技术通过分析学生的行为数据、学习成绩和反馈，可以获得学生的学习情况数据，用于优化课程设计、教学方法和学习资源。大数据分析还可以帮助预测学生的学术表现和学习难点，从而提前进行干预和支持。例如，Blackboard Analytics 是一个学习管理系统，它收集和分析学生在线学习的行为数据，如登录频率、作业提交和讨论板活动。教师和管理员可以利用这些数据来了解学生的学习习惯和参与度，从而及时调整教学方法和资源，以更好地支持学生的学习。

（7）自适应学习系统的创新运用。自适应学习系统能够根据学生的能力和进度动态调整教学内容和难度，确保每个学生都能在适合自己的节奏下学习。这些系统通常结合机器学习和数据分析技术，以实现个性化的学习路径和资源推荐。例如，DreamBox Learning 就是一个在线数学学习平台，它使用自适应技术来调整教学内容，以适应每个学生的学习需求[2]。该平台能够根据学生的互动和表现动态调整难度和教学策略，确保学生在适当的挑战水平上学习，从而提高学生的参与度和学习成果。

1.1.2 教育理念、教学方法和学习过程的全面革新

教育理念、教学方法和学习过程的全面革新是指在人工智能技术的支持下，教育领域正在经历的一系列根本性的变化。

（1）教育理念在新时代背景中的更新。教育理念的更新是教育领域响应社会变革、科技进步和学生需求变化的必然结果。在人工智能时代，教育理念的更

1　杨潇：《AI 赋能，智慧成长》，《江苏教育报》，2024 年第 001 版。

2　Blackboard Analytics, "Drive student success with data," accessed November 25, 2024, https://www.blackboard.com/en-eu/analytics.

新主要体现在以下几个方面：

现代教育理念强调将学生置于教育过程的核心位置，关注每个学生的个性化需求、兴趣和潜能，而非仅仅作为知识的接收者。这种理念倡导教育应更加关注学生的全面发展，包括情感、社交、创新和批判性思维等非认知技能的培养。与此同时，当代教育理念还强调培养学生的批判性思维和创新能力，鼓励学生质疑、探索和创造新知识。其更加鼓励学生主动提问、解决问题和进行创造性思考，而不是仅仅记忆和重复知识。教育理念的更新还体现在对协作和沟通技能的重视，认为这些技能对于学生未来的学术和职业成功至关重要。教育过程中鼓励学生进行团队合作、跨文化交流和有效沟通，以培养他们的协作精神和全球视野。

随着知识更新速度的加快和职业生涯的延长，终身学习成为必要。教育理念正在适应这种变化，鼓励学生发展自主学习和持续进步的能力。教育机构和政策制定者正在探索如何为不同年龄和背景的学习者提供灵活多样的学习机会和资源。

现代教育理念倡导为所有学生提供平等的教育机会，无论他们的背景、能力和经济条件如何。这要求教育机构和政策制定者采取措施，消除教育资源分配的不平等，确保每个学生都能够获得高质量的教育。

（2）教学方法在新时代背景中的创新。教学方法的创新是教育改革的重要组成部分，随着教育理念的更新和技术的进步，教学方法也在不断地演进和创新，一些新的教学方法正逐渐应用到现实的教学环境当中。混合式学习结合了传统的面对面教学和在线学习的优势，使学生能够通过线上资源和活动来补充和深化课堂学习。这种方法提高了学习的灵活性，允许学生根据自己的节奏和风格进行学习，同时也为教师提供了更多的教学工具和策略；在翻转课堂模式中，学生在课外通过视频讲座和其他在线材料学习新的概念，而课堂时间则用于讨论、实践和深入理解。

这种鼓励学生在课堂上主动参与的教学方法，提高了学生的参与度和学习深度。项目式学习是一种以学生为中心的教学方法，学生通过完成具有实际意义的项目来学习知识和技能。这种方法促进了学生的批判性思维、问题解决能力和团队合作能力的发展。协作学习鼓励学生在小组中一起工作，共同完成学习任务和项目。通过小组讨论、分享和合作，学生可以互相学习、提供反馈，并共同解决问题；游戏化学习是将游戏设计元素和原则应用于学习活动中，使学习过程更加有趣和吸引人。通过设置挑战、奖励和进度条等游戏机制，可以激发学生的学习动力和参与感。问题导向学习是一种以解决复杂问题为中心的教学方法，学生需要通过研究和探索来找到问题的解决方案。这种方法培养了学生的自主学习能力、批判性思维和创新能力。自主学习强调学生在学习过程中的主动性和自我管理能力，学生根据自己的兴趣和目标来规划和控制学习活动。教师在这种方法中扮演指导者和资源提供者的角色，支持学生自主探索和学习。跨学科学习鼓励学生在多个学科领域之间建立联系，通过整合不同学科的知识和方法来解决复杂问题。这种方法有助于学生发展全面的视角和综合思考能力。微学习是指通过短小、集中的学习单元来传递知识和技能，适合快节奏和碎片化的学习环境。这种方法便于学生在短暂的时间内快速获取和消化信息，适合移动学习和在职培训。随着人工智能、虚拟现实、增强现实等技术的发展，教学方法也在不断地融入这些新技术。技术辅助教学不仅提高了学习效率，还为学生提供了更加丰富和互动的学习体验。例如，IBM 公司的 Watson Tutor 是一个基于人工智能的教育机器人，它可以回答学生的问题，提供个性化的学习建议，并辅助教师进行课堂管理。教育机器人能够提供全天候的学习支持，帮助学生在课外时间进行复习和学习，同时也减轻了教师的工作负担。

（3）学习过程在新时代背景中的革新。学习过程的革新是指在教育理念和教学方法更新的背景下，学生获取知识、技能和态度的方式发生的变革。这些变革通常涉及以下几个方面：① 利用人工智能和机器学习技术，学习过程可以根据每个学生的能力、兴趣和学习风格定制个性化的学习路径。学生可以通过自适应学习系统，按照自己的节奏学习，系统会根据学生的表现和反馈调整教学内容和难度。② 智能教育技术可以提供即时的学习反馈，帮助学生了解自己的学习进度和掌握程度。通过数据分析，教师可以实时监控学生的学习状态，及时调整教学策略，提供针对性的辅导。③ 学生通过参与实际项目和解决真实问题来学习知识和技能，这种方法有助于学生将理论与实践相结合。④ 学生的学习过程越来越强调协作和社交互动，鼓励学生在小组中共同解决问题和完成项目。通过在线协作平台和社交媒体工具，学生可以与世界各地的同伴进行交流和合作，共同学习。⑤ 学习过程强调学生的自主性和自我驱动，鼓励学生成为自己学习的主人。⑥ 学习过程不再局限于单一学科，而是鼓励跨学科的知识和技能整合，促进学生的全面发展。学生被鼓励在不同学科之间建立联系，发展综合性思维和创新能力。⑦ 虚拟现实、增强现实和混合现实等新兴技术被应用于学习过程中,提供沉浸式和体验式的学习环境。学生可以通过模拟实验、虚拟旅行和互动游戏等活动,以更加直观和生动的方式学习复杂的概念和技能。⑧ 学习过程也越来越关注学生的情感和心理健康,提供必要的心理支持和压力管理资源。通过智能教育工具,可以监测学生的情绪变化,及时提供帮助和干预。

学习过程的革新旨在提高学习效率和效果,同时培养学生的创新能力、批判性思维和终身学习能力。这些变革要求教育者、学生和教育机构不断适应新的教育环境和技术发展,共同推动教育的现代化和个性化。

在教育的全面革新中,人工智能技术和教育理念、教学方法和学习过程相辅相成,共同发展。技术的进步为教育提供了新的可能性,而教育理念的更新则引导技术更好地服务于教育目标。这种双向互动的融合与创新,是智能教育未来发展的关键所在。

1.2　教育模式的变革

在全球范围内,教育模式正经历着一场加速演进的变革,这一变革的强大驱动力,来自技术的飞速进步与社会需求的深刻转变。随着教育技术日新月异,学习方式变得愈发多元,线上线下融合、个性化学习路径、虚拟现实与增强现实教学场景等不断涌现,颠覆着传统教育的边界。本节将深入探讨当下教育模式变革的主要发展现状,剖析其面临的挑战,洞察这场教育变革浪潮中的关键脉络与发展走向。

1.2.1　发展现状

教育模式的变革正在全球范围内加速进行,这主要得益于技术的进步和社会需求的变化。教育技术的快速发展使得学习方式更加多样化。教育技术的整合已经改变了传统的教学和学习方式。在线学习平台、虚拟课堂、增强现实和虚拟现实技术的应用,为学生提供了更加互动和沉浸式的学习体验。在线学习平台如 Coursera、edX、Khan Academy 等提供了丰富的课程资源,有利于学生随时随地进行学习。此外,虚拟课堂和直播教学使得远程学习成为可能,特别是在新冠疫情期间,这种模式的应用得到了极大的推广和接受。增强现实和虚拟现实技术也开始应用于教育中,为学生提供模拟实验、历史场景重现等沉浸式学习体验。

　　个性化学习是教育模式变革的一个重要方向。通过人工智能和大数据分析，教育模式正逐渐从传统的"一刀切"转变为更加个性化的学习路径。系统可以根据学生的学习进度、兴趣和能力提供定制化的学习资源和辅导。教育平台能够根据学生的学习行为和成绩提供定制化的学习建议和资源。例如，智能教育系统可以分析学生的作业和测验结果，识别其知识点的掌握情况，然后提供针对性地练习和复习材料。这种个性化的服务有助于提高学习效率，满足不同学生的学习需求。

　　随着知识更新速度的加快，终身学习和自适应学习成为必要。在线课程和微学位课程的兴起，为学习者提供了更多灵活的学习机会。许多教育机构和大学开启了更多生动有趣的课程，为学习者自适应学习提供了一定的学习资源。另外，学校和教育机构也在采用线上和线下相结合的混合学习模式，以提高教学效率和学生的学习成效。混合学习模式结合了线上和线下学习的优点，提供了灵活的学习路径。在这种模式下，学生可以通过在线平台学习课程内容，同时在实体课堂上进行讨论和实践。这种模式不仅提高了教学效率，还增强了学生的互动和合作能力。

　　与此同时，传统的考试和评估方式正在被在线评估、项目式学习和同伴评价等新型评估方法所取代。在线评估可以实时反馈学生的学习进度，而项目式学习则更加注重学生的实践能力和创新思维[1]。同伴评价则鼓励学生相互合作，提供和接受建设性的反馈。教育模式的变革现状表明，技术的进步正在推动教育领域的重大转变。从技术整合到个性化学习，再到终身学习和混合学习模式的推广，教育变得更加灵活、高效和个性化。评估和认证的创新也在确保教育质量的同时，提供了更多样化的学习证明方式。这些变革为学生提供了更多机会，但同时也要求教育机构、教师和学生适应新的教育环境和技术要求。

1.2.2　现有挑战

　　（1）资源不平等。尽管在线教育资源的丰富性和可访问性有所提高，为学生提供了更广泛的学习机会，但全球范围内的教育资源分配仍然不平等。发达国家和发展中国家、城市与农村、不同社会经济背景的学生之间存在显著的数字鸿沟。技术基础设施的不足、经济负担能力以及对技术的理解和接受度等因素，

1　罗海风、罗杨、刘坚：《人工智能时代的教育评价改革》，《中国考试》2024 年第 3 期。

限制了许多学生和教育机构充分利用在线教育资源。此外,即使在有资源的情况下,学生和教师的数字素养低也成为有效利用这些资源的障碍。

（2）教师需要进一步培训。教师需要适应新的教学工具和方法,但并非所有教师都接受了充分的培训。教师专业发展和持续教育在教育模式变革中至关重要。教师在新技术的应用和教学方法的创新方面面临挑战。虽然一些教育机构提供了教师培训项目,但这些项目的质量、覆盖范围和持续性参差不齐。教师需要更新他们的教学技能,以适应混合学习和在线教学的要求。这不仅包括技术操作能力,还包括如何设计和实施有效的在线课程、如何进行在线评估和反馈等。此外,教师还需要学习如何管理和激励在线学习环境中的学生。

（3）学生学习的动力和参与度欠缺。在线学习可能缺乏面对面互动和社交元素,这可能影响学生的学习动力和参与度。设计吸引学生的在线课程和活动是一个挑战。在线学习环境中,学生的学习动力和参与度往往低于传统课堂。缺乏面对面的互动和同伴支持可能导致学生感到孤立和缺乏动力。教育机构和教师需要创造更具吸引力和参与性的在线学习体验。这可能涉及课程设计的创新、互动工具的使用以及建立在线社区和学习小组等策略。

（4）课堂教学质量难以保证。随着在线教育和混合学习模式的普及,如何确保教育质量成为一个重要问题。教育机构需要建立和维护严格的质量保证体系,以确保在线课程与传统课程具有同等的学术标准。这包括课程设计、教学方法、评估标准和认证程序的标准化。

（5）隐私和数据安全存在风险。在线教育平台收集和存储了大量的学生个人信息和学习数据,这些数据的隐私和安全问题引起了广泛关注。如何保护这些数据的隐私和安全,防止未经授权的访问和使用,是一个亟待解决的问题。教育机构必须采取有效的技术和管理措施来保护学生数据的安全,防止数据泄露和滥用。同时,他们还需要遵守不断变化的数据保护法规,并确保学生和家长对数据使用有充分的了解和控制。

教育模式的变革带来了许多挑战,这些挑战需要教育机构、政策制定者、教师和学生共同努力来克服。通过提高资源的可访问性、加强教师培训、创新学习动力和参与度的激励机制、建立质量保证体系以及保护隐私和数据安全,以确保教育模式的变革能够为所有学生提供高质量的教育机会。

1.2.3　未来发展趋势

教育模式的变革是一个复杂的过程,涉及技术、社会、经济和政策等多个方面。尽管面临诸多挑战，但通过持续的创新和合作，我们可以期待一个更加个性化、灵活和包容的教育未来。这将为所有人提供更好的学习机会，促进知识的传播和社会的进步。

（1）更加个性化的学习体验。随着人工智能和机器学习技术的进步，未来的教育将更加注重个性化，为每个学生提供量身定制的学习体验。通过利用人工智能和机器学习技术，教育平台能够分析学生的学习行为、成绩和偏好，从而提供个性化的学习内容和教学策略。自适应学习系统能够根据学生的实时反馈和学习进度调整教学内容和难度，提供更加个性化的学习路径，确保每个学生都能按照自己的节奏学习。智能推荐引擎技术的引入，使教育平台将能够推荐适合学生能力和兴趣的课程和资源。另外，通过收集的学习数据进行分析，教师可以更好地理解学生的学习需求，提供及时的指导和支持。

（2）跨学科和项目式学习。教育将更加注重跨学科知识和实践技能的培养，教育模式将更加强调跨学科知识和项目式学习，让学生通过解决实际问题来学习知识和技能，以培养学生的创新思维和解决复杂问题的能力。课程将不再局限于单一学科，而是将不同学科的知识和技能结合起来，解决现实世界的问题。学生将通过参与实际项目来学习，如科学实验、社会服务项目、商业案例分析等。在实践过程中鼓励学生在团队中协作，共同完成项目任务，培养团队合作和沟通能力。

（3）全球教育资源共享。互联网使得全球教育资源共享成为可能。学生可以访问世界各地的课程和资源，与不同文化背景的学习者交流和合作。更多的教育机构将开放课程内容和教材，供全球学习者免费使用和修改。在线平台将促进不同文化和语言背景的学习者之间的交流和合作。另外，学校和大学将与国际伙伴合作，共同开发课程，提供更多更丰富的学习资源。

（4）教育技术的进一步集成。教育技术将更深入地集成到教育的各个方面，从教学内容的呈现到学习评估和反馈。智能教室、自适应学习平台和虚拟助教等技术将成为常态。教室将配备先进的技术设备，如交互式白板、虚拟现实头盔和传感器，以增强学习体验。人工智能助教将协助教师管理课程，提供个性化的学习支持，甚至承担部分教学任务[1]。自适应评估工具将能够根据学生的表现自动调整难度和内容，提供及时的反馈。

（5）教育政策和法规的更新。随着教育模式的变革，教育政策和法规也需

---

[1] 兰国帅、杜水莲：《数字化转型赋能学生未来高等教育学习体验：宏观趋势、技术实践和未来场景——〈2023 年 EDUCAUSE 地平线报告（学生整体教育体验版）〉要点与思考》，《阅江学刊》2024 年第 1 期。

要更新，以适应新的教育环境，确保教育质量和公平性。这包括在线教育的监管、数据隐私保护、教师资格认证等方面的政策。通过制定在线教育的质量和认证标准，确保在线课程和学位的权威性。加强对教育数据收集、存储和使用的监管，保护学生隐私。与此同时更新教师资格认证体系，包括在线教学能力和技术应用能力的评估。

总之，教育模式的变革将继续朝着个性化、跨学科、全球资源共享和技术集成的方向发展。这些趋势将推动教育变得更加灵活、高效和包容。同时，教育政策和法规的更新将确保这些变革能够在保障教育质量和公平性的基础上进行。教育机构、教师、学生和政策制定者需要共同努力，以实现教育模式变革的潜力，并解决伴随而来的挑战。

1.3　教师角色的转变

伴随教育模式朝着数字化与个性化方向加速转型，教师所扮演的角色正经历着深刻且意义深远的变革。在当今教育生态中，教师早已超越传统意义上单纯的知识传递者范畴，正逐步演变为学习过程的卓越引导者、前沿技术的高效整合者、创新课程的精心设计者，以及矢志不渝的终身学习者。接下来，本节将深度聚焦教师角色转变这一关键议题，细致入微地探讨其当前主要的发展现状，并全面剖析在此过程中所面临的种种挑战。

1.3.1　发展现状

在教育模式经历数字化和个性化变革的背景下，教师的角色也发生了显著变化。教师角色的转变主要体现在以下几个方面：

（1）从知识传递者到学习引导者。传统的教育模式中，教师主要负责知识的传授。然而，随着信息技术的发展和知识获取途径的多样化，学生可以通过互联网自行获取大量信息，教师的角色逐渐转变为学习过程的引导者和激励者。他们的职责更多地转向激发学生的兴趣、引导学生进行探索性学习、培养学生[1]的批判性思维和解决问题的能力。具体表现在：教师在课堂上更多地

1　李树英、冯思圆：《教师的四种角色与五重教育境界——兼论智慧教育时代教育学的挑战与重塑》，《现代远程教育研究》2024 年第 1 期。

采用讨论、合作和探究式学习方法；教师鼓励学生提出问题、进行独立研究和创造性思考；教师利用在线资源和工具，如教育平台和数据库，来支持学生的自主学习。

（2）技术整合者。教师现在需要熟练使用各种教育技术工具，如学习管理系统（LMS）、互动白板、在线评估工具等，并将这些技术整合到教学中，以提高教学效果和学生的学习体验。随着教育技术的发展，教师需要在教学中整合各种新技术。这不仅包括使用在线学习管理系统和多媒体教学工具，还包括掌握和应用新兴技术，如虚拟现实、增强现实和人工智能。具体表现在：教师通过参与培训，学习如何有效地使用教育技术工具和平台；教师通过设计包含数字元素的课程和活动，以提高学生的参与度和学习效果；教师利用数据分析来跟踪学生的学习进度，为学生提供个性化反馈。

（3）课程设计者。教师不再仅仅是课程内容的执行者，而是需要根据学生的需求和兴趣设计或定制课程。这包括创建个性化的学习计划、调整教学策略以及开发创新的评估方法。这种角色的变化要求教师具备更高的专业自主性和创新能力。具体表现在：教师根据学生的背景和学习目标，调整和补充课程内容；教师开发跨学科项目，将不同学科的知识和技能结合起来，以解决实际问题；教师与同行合作，共享和交流课程设计的经验，不断优化教学方案。

（4）终身学习者。教师需要持续更新自己的专业知识和教学技能，以跟上教育技术的快速发展。这意味着教师需要成为终身学习者，积极参与专业发展培训和同行间的学习交流，以不断更新自己的教学技能和专业知识。具体表现在：教师定期参加在线和线下的专业发展课程和研讨会；教师通过阅读专业文献、参与研究和实践创新教学方法来提升自己的专业水平；教师利用社交媒体和专业网络平台与全球同行交流，获取新的教学灵感和资源。

教师角色的转变是教育改革的重要组成部分，反映了当代教育对于培养学生主动学习能力和适应未来挑战的需求。教师作为学习引导者、技术整合者、课程设计者和终身学习者，需要不断地适应新的教育环境，掌握新的教学技能，并致力于提供高质量的教育。教育机构和政策制定者应当为教师提供必要的支持和资源，帮助他们成功地适应这些变化，并在教育过程中发挥关键作用。

1.3.2　现有挑战

在教师角色转变的过程中依然面临着许多挑战：

（1）技术熟练度欠缺。随着教育技术的快速发展，教师需要掌握越来越多的技术工具和平台。这包括学习管理系统、互动白板、在线评估工具以及各种应用程序和软件。对于许多教师来说，这不仅是一个技术挑战，也是一个心理和时间管理的挑战。具体挑战包括：教师可能缺乏足够的技术培训，难以有效使用新工具；教师需要在教学、课程准备和学生指导之外，投入额外时间来学习和更新技术技能；随着技术的不断更新，教师需要持续学习，以避免技能过时。

（2）专业发展支持不足。教师的专业发展需要得到学校和教育行政部门的支持，包括提供培训资源、时间和激励机制，这对于他们适应新角色至关重要。然而，这些支持并不总是足够的，专业发展机会的质量和可获得性在全球范围内参差不齐。具体挑战包括：专业发展资源可能不足，特别是在农村和偏远地区；教师可能缺乏时间和资金参与专业发展活动；专业发展课程可能与教师的实际需求不匹配，或者不足以帮助他们应对教育技术的变革。

（3）难以评估和反馈。在个性化学习环境中，评估学生的进步和提供及时反馈变得更加复杂。教师需要开发新的评估工具和方法，以适应多样化的学习目标和风格。具体挑战包括：教师需要设计和实施与学生个性化学习路径相匹配的评估方法；教师需要处理和分析大量学生数据，以提供及时和个性化的反馈；评估标准和方法需要不断更新，以反映学生在新的教学环境和模式下技能方面的进步。

（4）难以进行学生管理。在线和混合学习环境中的学生管理提出了新的挑战，如保持学生的参与度、管理在线行为和防止学术不端行为。教师需要在保持学生的参与度和维护课堂纪律之间找到平衡。具体挑战包括：教师需要监控学生的在线行为，防止学术不端行为；在线环境中，教师难以捕捉学生的学习态度和参与度，需要新的策略来激励学生；教师需要管理多样化的学习群体，包括不同年龄、背景和学习风格的学生。

教师角色的转变带来了一系列挑战，这些挑战需要教育机构、政策制定者、教师本身以及整个社会的共同努力来克服。提供充足的技术培训、专业发展机会、评估工具和学生管理策略是支持教师适应新角色的关键。通过这些努力，教师可以更好地应对教育变革，为学生提供高质量的教育体验。

1.3.3　未来发展趋势

（1）更加个性化的教学。随着人工智能和大数据技术的发展，教师将能够更好地理解每个学生的学习需求，并提供更加个性化的教学支持。随着教育技术的进步，教师将更多地成为个性化教学的促进者，利用数据和分析工具来理解每个学生的学习需求和进步。教师将使用学习分析工具来跟踪学生的学习活动，从而提供定制化的学习资源和支持。教师将设计灵活的学习路径，允许学生根据自己的兴趣和节奏进行学习。教师将与学生进行更多的一对一交流，以提供个性化的指导和反馈。

（2）协作教学模式。教师将更多地与其他教育专业人员（如心理咨询师、技术专家、行业专家）协作，共同为学生提供全面的教育服务。教师将会更多地引导学生参与协作学习，鼓励他们共同解决问题并分享知识，并通过设计团队项目和小组讨论，促进学生之间的合作和交流。教师可以利用在线平台和社交媒体工具来促进课外的协作和学习社区的建立。另外，教师将与其他教师跨学科合作，共同规划和实施综合性学习项目。

（3）社区参与。教师将更加积极地参与创新教育实践的开发，包括新的教学方法、课程内容和评估工具。教师或将与教育技术公司合作，测试和改进新的教育产品和平台，参与开放教育资源（OER）的创建和分享，为全球教育社区做出贡献。

（4）全球教育网络。教师将能够通过全球教育网络与其他国家的同行合作，共享资源和最佳实践，提高教学质量。教师可以通过融入社区和全球教育网络，利用平台来丰富教学内容和学习经验，还可以与社区成员合作，将本地文化和实际问题融入课程中。另外，教师还可以利用虚拟交换和远程合作，为学生提供跨文化学习的机会。

总之，教师角色的转变将继续朝着促进个性化教学、领导协作学习、成为终身学习的模范、开发创新教育实践以及参与社区和全球教育网络的方向发展。这些趋势要求教师不断适应新的教育环境，掌握新的教学技能，并致力于提供高质量的教育。教育机构和政策制定者需要提供必要的支持和资源，帮助教师成功地适应这些变化，并在教育过程中发挥关键作用。

1.4   跨学科研究与合作

跨学科研究是指在两个或多个学科领域之间进行的研究活动，这种研究通常涉及不同领域的知识和方法论。在当今时代，跨学科研究与合作已成为推动科学进步和解决复杂问题的重要途径。特别是在人工智能与教育领域，跨学科的合作不仅能够促进理论的创新，还能够加速技术的应用和推广。

1.4.1　发展现状

在人工智能教育领域，跨学科研究的现状可以从以下几个方面来描述：

（1）研究主题的多样性。跨学科研究的主题非常广泛，涵盖了从基础理论研究到应用技术开发的各个方面。例如，教育心理学、计算机科学、认知科学、数据科学等领域的专家可能会合作研究如何通过人工智能技术提高学习效率、个性化学习路径的设计、学习数据分析等[1]。在人工智能与教育的交叉领域，研究者们关注的问题从如何利用人工智能进行个性化教学到如何通过数据分析优化教育资源分配。例如，教育心理学家可能与数据科学家合作，研究学生的学习行为数据，以发现影响学习成效的关键因素。计算机科学家则可能与教育专家合作，开发智能教学系统，以提供定制化的学习内容和反馈。此外，跨学科研究还涉及伦理、隐私保护、教育公平等社会问题的探讨。随着人工智能技术的广泛应用，如何在保护个人隐私的同时充分利用数据资源，成了一个亟待解决的问题。研究者们正在探索如何在不同的法律和文化背景下，制定合适的数据使用和保护政策。

（2）合作模式的创新。跨学科合作模式不断创新，包括学术机构之间的合作、产学研结合、国际合作等。例如，大学与企业的合作可以促进研究成果的商业化，而国际合作则有助于分享最佳实践和资源。跨学科合作模式的创新体现在多个层面。在组织结构上，许多大学和研究机构建立了跨学科研究中心或实验室，如斯坦福大学的人工智能实验室（SAIL）和麻省理工学院的媒体实验室（Media Lab）。这些中心鼓励不同学科背景的研究者共同工作，促进知识和技术的交流与融合。

在产学研结合方面，企业与学术机构的合作日益紧密。例如，谷歌、微软等科技公司与大学合作，共同开展人工智能教育项目，将最新的人工智能技术应用于教学实践，同时也为学生提供实习和就业机会。国际合作也成为跨学科研究的重要趋势。全球化的背景下，不同国家和地区的研究者通过国际会

1　闫广芬、石慧：《人工智能背景下职业教育跨学科研究的再审思》，《中国电化教育》2020 年第 6 期。

议、合作研究项目等形式,分享研究成果,共同解决全球性教育问题。例如,欧盟的"地平线 2020"计划就资助了一系列跨国研究项目,旨在推动教育创新和技术发展[1]。

(3)研究方法的融合。跨学科研究方法的融合是实现研究目标的关键。研究者们利用各自的专业知识和技能,结合不同的研究方法,如定量分析、定性研究、实验设计等,共同解决教育领域的问题。在人工智能教育领域,研究者们采用了多种研究方法,包括但不限于实验设计、案例研究、行动研究、模拟实验等。这些方法的结合使得研究能够从不同角度深入探讨问题,提高研究的全面性和深度。

例如,为了评估一个智能教学系统的有效性,研究者可能会设计一个随机对照试验(RCT),同时采用定性访谈来收集教师和学生的主观反馈。通过定量数据和定性信息的结合,研究者能够更全面地理解系统的实际影响。

(4)研究成果的广泛影响。跨学科研究的成果不仅对学术界产生影响,也对教育实践、政策制定、技术开发等产生深远的影响。例如,智能教育软件的开发和应用,改变了传统的教学和学习方式。在教育实践中,基于人工智能技术的智能教学系统和学习分析工具已经被广泛应用于课堂教学和在线教育平台,帮助教师更好地理解学生的学习需求,提供个性化的教学支持。在政策制定方面,跨学科研究为教育决策者提供了科学依据。例如,关于在线教育和终身学习的研究,为政府制定相关政策提供了数据支持,促进了教育的普及和公平。在技术开发方面,跨学科研究推动了教育技术的进步。研究者们不断探索新的人工智能算法和模型,以提高教育软件的智能化水平,同时也在探索如何将这些技术更好地集成到教育环境中。

跨学科研究与合作在人工智能教育领域的现状表明,这一领域正处于快速发展之中。研究主题的多样性、合作模式的创新、研究方法的融合以及研究成果的广泛影响,共同推动了教育领域的进步。然而,要充分发挥跨学科研究的潜力,还需要解决学科壁垒、资源分配、成果归属和人才培养等挑战。未来的研究需要在这些方面进行更深入的探索和改进,以实现跨学科研究与合作的持续发展和创新。

---

1 张丽、朱山立:《〈2020 地平线报告(教与学版)〉对高校智慧课堂发展的启示》,《科技与创新》2021 年第 5 期。

1.4.2　现有挑战

（1）学科壁垒难以打破。跨学科研究的一个主要挑战是打破学科之间的壁垒。这些壁垒可能包括专业术语的差异、研究方法的多样性以及学术评价体系的单一性。专业术语的差异可能导致误解和沟通障碍，特别是在人工智能与教育这样的领域，涉及的技术术语和教育理论术语可能截然不同。研究方法的多样性也可能导致合作困难，因为不同学科的研究者可能习惯于使用不同的数据分析和实验设计方法。此外，学术评价体系往往鼓励学科内的深入研究，而不是跨学科合作，这可能抑制研究者参与跨学科项目的积极性。

（2）资源倾斜不够。跨学科项目通常需要更多的资源，包括资金、人力和时间。在资源有限的情况下，如何公平有效地分配资源成为一个挑战。跨学科项目可能难以获得足够的资金支持，因为它们可能不符合传统学科的资金申请标准。此外，跨学科项目的管理和协调也比单一学科项目更为复杂，需要更多的行政支持和跨领域沟通。在人力资源方面，跨学科团队需要具备多学科知识和技能的人才，但这样的人才可能难以找到或培养。

（3）成果归属不清。在跨学科合作中，成果归属和知识产权问题可能引起争议。不同学科的研究者可能对成果的贡献有不同的看法，特别是在发表论文、申请专利或获得研究资助时。缺乏明确的合作协议可能导致合作双方在成果分配上产生分歧，影响合作关系的稳定性。此外，知识产权的保护和商业化也可能涉及复杂的法律问题，需要专业的法律知识和经验。

（4）人才培养困难。跨学科研究需要具备多学科知识的复合型人才，但目前的教育体系可能还未能完全适应这种需求，导致跨学科人才的培养存在缺口。传统的教育体系往往侧重于学科内的深入教育，而不是跨学科的综合教育。这导致学生可能缺乏跨学科合作所需的沟通能力和创新思维。此外，跨学科人才的培养也需要教师具备跨学科的知识和教学经验，这在现有的教师队伍中可能较为稀缺。

为了克服这些挑战，需要学术界、产业界、政策制定者和教育机构的共同努力。可能的解决方案包括改革学术评价体系以鼓励跨学科合作、增加跨学科项目的资助、制定明确的合作协议以及改革教育体系以培养跨学科人才。通过这些措施，可以促进跨学科研究与合作的健康发展，实现科学和社会的共同进步。

1.4.3　未来发展趋势

面对挑战,跨学科研究与合作的未来发展趋势可能包括:

(1) 制度创新。为了支持跨学科研究的发展,制度创新将成为关键。学术机构和政府机构可能会推出更多鼓励跨学科合作的政策,例如设立专项基金、建立跨学科研究中心以及提供跨学科研究的奖励机制。这些措施将有助于打破传统学科界限,促进不同领域间的知识和技术交流。同时,学术评价体系也可能逐步改革,以认可和激励跨学科研究成果的产出。在制度创新方面,一些领先的大学已经开始实施跨学科研究的鼓励政策。例如,麻省理工学院的"Media Lab"是一个著名的跨学科研究实验室,它鼓励来自不同领域的专家合作,共同探索科技与社会的交汇点。该实验室已经产出了许多创新项目,如可穿戴技术、交互式媒体等。这些项目往往涉及计算机科学、设计、社会学等多个学科。

(2) 技术驱动。技术的进步将是推动跨学科研究的另一个重要因素。随着人工智能、大数据、云计算等技术的不断发展,将为跨学科研究提供新的工具和平台,研究者们将能够更有效地处理和分析大量复杂的数据集,促进不同领域之间的数据共享和协作,从而在教育领域提出新的研究问题和解决方案[1]。例如,通过机器学习算法对学习行为数据进行分析,可以揭示学生学习过程中的深层次模式,为个性化教育提供支持。技术驱动的跨学科研究可以通过 OpenAI 项目来体现。OpenAI 是一个致力于人工智能研究的组织,它通过开放合作的方式,鼓励全球研究者共同解决 AI 领域的关键问题。OpenAI 的 GPT－4 模型就是一个典型例子,它通过大规模的数据训练,实现了自然语言处理领域的重大突破,为教育领域的个性化学习提供了新的可能性。

(3) 教育改革。教育体系将更加注重跨学科能力的培养,开设更多跨学科课程,鼓励学生发展多元化的兴趣和技能。教育体系的改革将更好地支持跨学科研究与合作。教育机构可能会开设更多跨学科课程,鼓励学生发展多元化的兴趣和技能。此外,教育模式可能会更加灵活,以适应不断变化的技术环境和社会需求。例如,终身学习的概念可能会得到更广泛的推广,以帮助专业人士更新他们的知识和技能。在教育改革方面,斯坦福大学推出了名为"Stanford Introductory Studies"的项目,该项目旨在鼓励学生跨学科选课,探索不同领域

1　龚洁芸:《拥抱人工智能,激发创造性学习》,《解放日报》2024 年 4 月 5 日,第 001 版。

的知识。通过这种方式,学生可以获得更广泛的教育体验,同时培养跨学科思维和解决问题的能力。这种教育模式的推广有助于培养未来的跨学科研究人才。

(4) 国际合作。随着全球化的深入,国际的跨学科合作将更加频繁,这不仅有助于资源共享,还能促进不同文化和观念的交流。全球化趋势下,国际合作在跨学科研究中将扮演更加重要的角色。研究者们将更容易跨越国界进行合作,共享数据和资源,共同解决全球性问题。国际合作项目和学术交流活动将增加,促进不同文化和观念的交流,推动全球教育的共同进步。国际合作的趋势可以从"国际热核聚变实验堆(ITER)项目"中看出。ITER 是一个全球性的科研项目,旨在开发核聚变能源。该项目汇集了来自多个国家的科学家和工程师,共同研究和解决聚变能源技术中的挑战。这种跨国界的合作模式为跨学科研究提供了一个成功的范例,展示了国际合作在解决全球性问题中的重要作用。

(5) 社会参与。跨学科研究将更加注重与社会的联系,鼓励公众参与和反馈,使研究成果更好地服务于社会需求。研究者们可能会通过社交媒体、公共讲座、在线平台等方式与公众沟通,分享研究成果,收集公众意见。这种开放的交流模式不仅能够提高研究的社会影响力,还能够促进科学知识的普及和公众科学素养的提升。社会参与在"公民科学"项目中得到了体现。例如,Zooniverse平台允许公众参与科学研究,通过在线分类和分析数据来帮助科学家研究各种问题,从气候变化到生物多样性保护。这种模式不仅提高了科学研究的效率,还增强了公众对科学的理解和参与。

通过以上例子,我们可以看到跨学科研究与合作的未来发展趋势正在逐步实现。制度创新正在推动学术界和研究机构之间的合作;技术驱动正在加速跨学科研究的进展;教育改革正在培养新一代的跨学科人才;国际合作正在解决全球性问题;社会参与正在使科学研究更加开放和包容。这些趋势的发展将为跨学科研究带来更多的机会,同时也需要我们不断探索和适应新的合作模式和研究方法。

跨学科研究与合作的未来充满机遇和挑战。制度创新、技术驱动、教育改革、国际合作和社会参与等趋势将共同塑造跨学科研究的新面貌。为了充分利用这些机遇,需要各方面的共同努力,包括政策制定者的支持、教育机构的改革、科研人员的创新和社会的广泛参与。通过这些措施,跨学科研究将能够更好地解决复杂的社会问题,推动科学和社会的共同进步。

1.5   伦理、隐私与安全

在数字化时代,伦理、隐私与安全问题在教育领域变得尤为重要。在现代教育环境中,学生的数据收集和分析已经成为常态。教育机构和在线学习平台通过各种数字化工具和系统,如学习管理系统、学生信息系统(SIS)、智能教室设备等,收集学生的学习行为数据、成绩、反馈以及社交互动信息。这些数据被用于制定个性化学习路径、评估教学效果、优化课程内容和提高教育质量。随着学生数据的大量收集,隐私泄露的风险也随之增加。数据泄露事件在教育领域并不罕见,这可能包括学生的个人信息、学术记录甚至健康和行为数据。家长和学生对于个人数据的安全和隐私保护越来越关注,他们要求教育机构对数据的处理和存储采取更加透明和安全的方法。

另外,教育技术的快速发展也引发了众多伦理问题。例如,AI在学生评估和行为监控中的应用可能导致对学生隐私的侵犯和自主性的限制。此外,算法偏见和歧视也是人们关注的焦点,错误的数据分析和算法可能导致对学生的不公平对待[1]。

为了应对这些现状,教育机构和技术提供商正在采取一系列措施:

● 加强数据安全。采用加密技术、安全协议和访问控制来保护学生数据不被未授权访问或泄露。

● 提高透明度。向学生和家长清晰地解释数据收集的目的、使用方式和存储期限,提供数据访问和删除的途径。

● 伦理审查。建立伦理审查委员会,对涉及学生数据的教育技术项目进行评估,确保其符合伦理标准。

● 法律法规遵循。遵守相关的数据保护法律和政策,如欧盟的通用数据保护条例(GDPR)和美国的家庭教育权利和隐私法(FERPA)。

伦理、隐私与安全在人工智能技术的应用应用于教育的过程中是一个复杂且不断发展的领域。随着技术的进步,教育机构和技术提供商必须不断更新他们的数据保护措施和伦理指导原则,以确保学生的数据安全和隐私权得到尊重

---

1   王素月:《人工智能教育应用背景下教师教学伦理研究》,硕士学位论文,西南大学,2021。

和保护。同时,他们也需要与学生、家长和政策制定者进行沟通,共同构建一个安全、透明和公正的教育环境。同时,人工智能教育依然存在着数据保护、伦理规范以及法律法规遵循相关的挑战。

教育环境中的数据保护面临的挑战包括确保学生个人信息的安全、防止数据泄露以及应对网络攻击。教育技术平台可能存在软件漏洞或配置错误,导致数据泄露。教职工或学生可能因操作不当或安全意识不足而导致数据安全事件。黑客攻击和网络犯罪手段不断进化,对教育机构的数据安全构成持续威胁。

在伦理规范方面,人工智能技术在学生评估和行为监控中的应用可能引发关于学生隐私和自主权的伦理争议。人工智能系统可能会因为训练数据的偏见而产生不公平的评估结果。学生可能对被持续监控感到不适,这可能侵犯他们的隐私权和学习自由[1]。人工智能决策过程的不透明可能导致学生和教师难以理解和质疑系统的结果。

现有的法律法规可能未能完全涵盖教育技术的所有新应用,特别是在跨境数据流动和云计算等方面的问题,法律法规的制定和更新往往滞后。不同国家和地区的数据保护法规存在差异,给跨国教育项目带来合规挑战。另外,教育机构可能面临高昂的合规成本,特别是小型和资源有限的机构。

随着对数据泄露后果的认识加深,教育领域将更加重视数据保护。这将推动更强大、更复杂的加密技术和安全协议的发展,以及更严格的数据访问和身份验证措施的实施:采用先进的加密技术来保护存储和传输中的数据;实施多因素认证和生物识别技术来增强账户安全;开发和部署更多的内部和外部安全审计程序,以识别和修复潜在的安全漏洞[2]。

与此同时,教育技术的发展将伴随着更加明确的伦理规范和指导原则的制定。这些规范将帮助确保人工智能和数据分析的应用不会侵犯学生的隐私权和自主权:制定人工智能和数据使用的伦理框架,明确可接受的使用范围和限制;在教育技术开发过程中,引入伦理审查和透明度要求;增强学生和教师对伦理问题的意识,提供相关的教育和培训。

另外,随着教育技术的不断进步,法律法规将不断更新以应对新的挑战。教育机构和政策制定者将需要密切关注技术发展,确保法律能够及时反映最新的教育实践:定期审查和更新数据保护法规,以保护新的教育技术应用;推动国际

1　张坤虹:《人工智能教育应用伦理问题初探》,硕士学位论文,云南师范大学,2023。
2　张悦:《人工智能教育应用的伦理问题及其应对》,硕士学位论文,浙江师范大学,2023。

合作,制定跨国教育数据流动的共同标准和协议;为小型教育机构提供合规指导和支持,确保所有学生的数据安全。

隐私教育作为教育课程的重要组成部分,可以帮助学生理解和保护他们的数字身份。通过在学校课程中加入隐私和数据安全的主题,贯穿从小学到高等教育各个阶段,增强学生数据保护的意识。研讨会和工作坊让学生了解如何安全地使用互联网和社交媒体。学校提供资源和指导,与家长合作,帮助他们在家庭中实施隐私保护措施。

最后,教育技术的发展将要求更高的透明度和问责制。教育机构和技术提供商将需要公开他们的数据处理实践,并对其后果负责。具体体现为:提供清晰的数据使用政策,让学生和家长了解他们的数据如何被收集和使用;实施数据保护官等角色,监督数据处理活动,确保合规;在数据泄露或其他安全事件发生时,采取及时的通报和响应措施。

伦理、隐私与安全问题在教育技术的应用中至关重要。教育领域的伦理、隐私与安全问题将继续成为焦点。随着技术的发展和社会意识的提高,我们可以预见到更加严格的数据保护措施、更明确的伦理规范、更及时的法律法规更新、更广泛的隐私教育以及更高的透明度和问责制。这些发展趋势将共同推动教育环境向更加安全、公正和包容的方向发展。教育机构、政策制定者和技术开发者需要共同努力,确保技术的发展与学生的权益保护相协调。通过加强数据保护、推广伦理教育和制定相关法规,为学生创造一个更加安全和公平的学习环境。

从以上探讨的人工智能教育发展的趋势来看,其影响也是长期且多维度和深远的。从学生的学习成果和认知发展来看,人工智能教育通过个性化学习路径和智能辅导系统,能够更精准地满足学生的学习需求,从而可能提高学习效率和成果。长期来看,人工智能辅助的教育可能会促进学生认知能力的发展,如批判性思维、问题解决能力和创新能力。随着学习资源的智能化和丰富化,学生的学术和职业发展可能会更加多元化和专业化。在教育公平方面,人工智能技术有助于突破地理和资源限制,为偏远地区的学生们提供高质量的教育资源,从而缩小教育差距。长期而言,人工智能教育可能促进教育机会的均等化,使得不同背景的学生都能获得优质教育,提升社会整体的教育水平。从学生的职业发展方面来看,人工智能教育可能会改变劳动力市场的需求——高技能和创新型人才的需求将增加。学生需要适应快速变化的工作环境,人工智能教育可以帮助他们更新知识和技能,提高终身学习的能力和适应性。长期来看,人工智能技术可能会创造新的职业领域和工作方式,教育系统需要调整课程和教学方法以适应这些变化。从社会和文化影响来看,人工智能教育可能会影响社会对知识和技能的看法,以及人们对学习和教育的态度。长期而言,人工智能技术可能会促进文化的交流和融合,通过在线教育平台和虚拟交流,学生可以接触到不同文化背景的知识和观点。社会对于人工智能技术的依赖可能会增加,这要求公众对人工智能有更深入的理解和批判性思考。在教育政策和制度变革方面,人工智能教育的长期影响可能会推动教育政策和制度的变革,以适应新的教育模式和技术发展。教育机构和政策制定者需要不断评估和调整教育政策,以确保教育质量、促进教育公平,并应对新技术带来的挑战。教育制度的变革可能会涉及教师培训、课程设置、评估标准和认证程序的更新。在伦理和隐私的问题上,随着人工智能在教育中的广泛应用,学生的隐私和数据安全问题将变得更加严重。长期来看,需要建立更加完善的伦理规范和法律法规,以保护学生的个人信息不被滥用,并确保教育技术的透明度和公正性。人工智能教育的发展可能会引发关于自主性、公平性和责任归属等伦理问题的讨论和反思。

　　总之,人工智能教育的长期影响是全方位的,它不仅会改变教育实践和学习方式,还会对社会、文化、经济和伦理等多个领域产生深远的影响。因此,需要从多方面综合考虑和规划,以确保人工智能教育的健康发展和社会的和谐进步。在人工智能教育趋势的推动下,学习者和教育者需要适应新兴技术带来的变化,并采取相应的策略来最大化教育的效果。

　　对于学习者来说,应该培养终身学习的态度,认识到学习是一个持续的过程,要不断更新自己的知识和技能以适应不断变化的工作环境。利用在线课程、开放教育资源和人工智能辅助的学习工具,主动扩展学习领域。要加强学科学习,探索不同学科之间的联系,培养综合性思维和解决复杂问题的能力。参与跨学科项目和团队合作,以获得更广泛的知识和技能。同时要不断提高数字素养,学习如何有效地使用数字工具和平台,包括学习管理系统、虚拟实验室和在线协作工具。理解数据隐私和网络安全的重要性,保护自己的个人信息和学习数据。更重要的是发展批判性思维和创新能力,利用人工智能教育工具进行探究式学习,培养解决问题和创新的能力。学会质疑和评估信息的来源和质量,从而形成独立的思考和判断。

　　对于教育者来说,要不断更新教学方法和教学策略,采用混合式学习、翻转课堂等创新教学模式,提高课堂互动和学生参与度。在人工智能技术快速发展的背景下，提升自己的技术应用能力，定期参加专业发展培训，学习最新的教育技术和人工智能应用。可以尝试与技术专家合作，开发和整合适合自己教学目标的教育工具。教育者应致力于消除教育资源分配的不平等，为不同背景和能力的学生提供平等的教育机会。通过设计无障碍学习材料和环境，确保所有学生都能充分利用人工智能教育工具。教育者更要关注伦理和隐私的问题，在使用人工智能教育工具时，确保遵守数据保护法规和伦理准则。同时要教育学生关于数据隐私和网络安全的知识，培养他们的安全意识。另外，在必要时积极参与教育政策的制定和评估，为人工智能教育的发展提供专业意见和建议。也可以在公共论坛和学术会议上分享自己的经验和研究成果，促进教育者之间的交流和合作。

总体而言，学习者和教育者都需要积极适应人工智能教育的趋势，通过不断学习和创新来提高教育的效果，实现教育的个性化、高效化和公平化。同时，他们还需要关注人工智能教育可能带来的伦理、隐私和社会问题，并共同努力构建一个安全、公平和包容的教育环境，推动教育技术的健康发展和社会进步。

第 2 章

人工智能技术在教育领域的应用与发展

　　人工智能为教育教学、管理和学习体验的升级提供了重要支持。虽然存在许多被冠以"智能"的教学工具和系统，但从技术角度分析，其中一些工具可能仅仅使用了信息技术或物联网等技术，并未真正充分利用人工智能技术。举例来说，一些工具可能只是简单地使用语音播报来提供决策建议，而这并不一定需要人工智能技术的支持。

　　为了更好地研究智能教育领域人工智能技术的应用现状，本研究中所描述的智能教育工具和系统指的是在实际使用过程中必需的工具和系统。因此，本章节仅分析人工智能技术，不涉及其他信息领域技术的分析。特别地，一些智能教育工具和系统，如教育数字基座等平台系统，虽然在教育领域有一定的应用，但它们并不是人工智能技术起到核心作用，因此未被列入本章节的研究范围。

　　为了更明确地研究人工智能技术在教育领域的应用，本研究采用了联合国世界知识产权组织（WIPO）发布的《2019 技术趋势——人工智能报告》（WIPO Technology Trends 2019：Artificial Intelligence）中对人工智能技术的界定。根据该报告，人工智能技术包括机器学习、逻辑编程、模糊逻辑、本体工程和概率推理等技术。而深度学习、强化学习等目前较为流行的算法模型则属于机器学习类别。同时，人工智能技术的具体功能应用包括机器视觉、自然语言处理等技术及其具体应用。

2.1   人工智能技术在教育领域的应用

在当今教育领域，人工智能技术正展现出蓬勃的发展态势，其具体应用场景日益丰富且不断拓展。从教学信息的精准采集，到实现智能教育管理，再到构建互动性更强的智慧课堂，人工智能技术正全方位地重塑着教育生态。本节将深入且详尽地探讨人工智能技术在教育领域各个层面的具体应用，解析其如何为教育带来创新与变革。

2.1.1   基于安全伦理的教学信息采集与识别技术

数据采集是信息分析和决策的基础。传统的数据采集技术通常依赖于人工手工录入。然而，基于人工智能技术的信息采集则可以在被观察者弱感知甚至无感知的情况下，进行大量的实时数据采集，并进行识别和分类。目前，智能教育信息采集技术已经在教学、学习、评估、管理等各个环节得到应用，例如基于视频会议的网课系统、可穿戴设备如手环等，以及多源多态的教学信息采集。这些技术的应用不仅为教育学和心理学等学科提供了新的研究方法，也为教育领域的教学和管理提供了支持。

然而，教育是一项面向人的社会活动，因此在信息采集与识别过程中必须考虑到学生和教师的个人隐私保护、信息安全等问题。为此，需要建立符合教育安全伦理的信息采集框架，并开发相应的端处理技术，以保障教育信息的安全和隐私。这些框架和技术应当能够有效地平衡数据采集的需求与个人隐私保护之间的关系，确保信息采集的合法性、透明性和公平性，同时保护个人隐私不受侵犯。计算机视觉（Computer Vision）是利用计算机实现人类视觉功能的领域，旨在感知、识别和理解客观世界的三维场景。具体而言，计算机视觉涉及通用计算机视觉、增强现实、图像视频分割、字符识别、对象跟踪、场景理解、图像视频生成等技术[1]。目前，主要使用卷积神经网络算法，并且近年来大规模预训练模型也开始在计算机视觉领域得到应用[2]。

---

1 Szeliski R.，"Computer Vision：Algorithms and Applications，" *Springer Nature*，2022.

2 He K.，Chen X.，Xie S.，et al.，"Masked autoencoders are scalable vision learners"（paper presented at the IEEE/CVF Conference on Computer Vision and Pattern Recognition，2022）.

在教育领域,计算机视觉相关技术的应用非常广泛,主要包括人脸识别、表情识别、动作识别、环境识别、字符/版面识别、虚拟场景构建、图像视频分割等。这些技术在教育中有着多种应用场景:

- 人脸识别,用于学生考勤、身份验证和个性化学习跟踪等方面。
- 表情识别,用于了解学生的情绪状态,以便及时调整教学策略。
- 动作识别,可用于评估学生的姿势和动作,例如体育教学或手语教学。
- 环境识别,识别教室或学习环境的特征,以优化教学环境和资源分配。
- 字符/版面识别,用于扫描文档、识别文字并进行自动评分等任务。
- 虚拟场景构建,利用虚拟现实技术创建沉浸式学习环境,例如虚拟实验室或历史场景重现。
- 图像视频分割,用于教学素材的处理和提取,以及图像视频内容的理解和解释。

这些应用为教育提供了更多可能性,能够改善教学效果、个性化学习和提升教学体验。因此,计算机视觉技术在教育领域的应用不仅能提升教学效率,也能为个性化学习和特殊教育群体提供有力支持,是推动教育现代化、智能化进程的重要技术手段之一[1]。

语音处理(Speech Processing)技术涉及对语音进行分析,并将其转换为相应信号的过程,其核心在于对人类语言内容的识别和理解。具体而言,语音处理需要运用包括通用语音处理、音韵学、语音识别、语音合成、语音对话、说话人识别等技术。目前,语音处理主要使用动态时间规整(DTW)算法、矢量量化(VQ)、隐马尔可夫模型(HMM)等传统方法[2]。但近年来深度学习方法如卷积神经网络、循环神经网络等也开始在语音处理领域广泛应用,取得了优异的性能[3]。

在教育领域,语音处理相关技术的应用也十分广泛,主要包括语音识别、语音合成、智能对话、声纹识别、音韵等。这些技术在教育中的主要应用场景包括:

- 语音识别,用于语音输入的转换和识别,例如学生语音笔记、口语评测等。

1 Loos S. A. M., Klapp S. H. L., "Fokker-Planck equations for time-delayed systems via Markovian embedding," *Journal of Statistical Physics* 177, no.1(2019): 95 – 118.
2 Rabiner L R., "A tutorial on hidden Markov models and selected applications in speech recognition," *Proceedings of the IEEE* 77, no.2(1989): 257 – 286.
3 Graves A., Mohamed A., Hinton G., "Speech recognition with deep recurrent neural networks" (paper presented at the IEEE International Conference on Acoustics, Speech and Signal Processing, 2013).

● 语音合成，将文字转换为语音，用于教学内容的朗读、语音教学助手等。

● 智能对话，基于语音识别和自然语言处理技术的智能教育助手，能够回答学生问题、提供学习建议等。

● 声纹识别，用于学生身份验证、课堂考勤等，或者用于个性化学习跟踪。

● 音韵学，研究语音的音素、音韵特征及其规律，有助于语言学习和语音教学。

这些技术的应用为教育提供了更多的可能性，能够提升教学效率、个性化学习和改善学习体验。通过语音处理技术，教育可以更加智能化、便捷化地进行，是推进教育信息化、智能化进程的重要技术手段。

聚身学习技术指的是利用力、声音、光线、热量、化学、生物等传感器设备[1]，采集人类与动物的触觉、味觉、嗅觉等感觉的物理痕迹，并将采集的信息识别为行为数据的技术。目前，常见的聚身学习传感设备包括校园卡、手环、压力贴（贴在鞋底）等。在智能教育领域，许多传感器设备已被广泛应用，尤其是在与学生生理健康相关的监控检测上，例如体育课使用的智能跳绳、智能标志杆、标志桶、压力垫等。

聚身学习技术在教育领域的应用主要涉及眼动追踪、MRI（磁共振成像）、脑电信号、脑机接口等技术。这些技术的主要应用场景包括：

● 眼动追踪，用于研究学生在阅读、观看教学材料时的视觉注意力分布和眼动模式。

● MRI，通过磁共振成像技术，了解学生大脑活动和结构变化，用于认知研究和学习障碍诊断。

● 脑电信号，通过记录学生脑电信号，分析学习过程中的认知活动和情绪状态。

● 脑机接口，使学生可以直接使用大脑信号与计算机或其他设备进行交互，例如通过脑波控制游戏或学习软件。

这些聚身学习技术的应用为教育研究提供了更多的数据来源和研究手段，有助于深入了解学习过程中的生理和心理机制，从而优化教学方法和个性化学习。同时，这些技术也促进了教育科学与技术的融合，推动了教育领域的创新和发展。保护隐私的数据采集（privacy-preserving data acquisition）是指在从传感

1　Chen L., Hoey J., Nugent C. D., et al., "Sensor-based activity recognition," *IEEE Transactions on Systems, Man, and Cybernetics, Part C (Applications and Reviews)* 42, no.6(2012)：790－808.

器和其他待测设备等模拟和数字被测单元中自动采集信息的过程中,采取措施以保护用户的隐私。在数据传输过程中,第三方可能会截获传输的数据,从而获取用户的行为数据,这些数据可能包含用户的个人信息,因此必须重视隐私保护。

在教育领域,保护隐私的数据采集技术的应用主要包括联邦学习等。联邦学习是一种分布式机器学习方法,它允许在不共享原始数据的情况下进行模型训练。在联邦学习中,各个参与方在本地训练模型,然后通过加密或其他隐私保护技术将模型参数聚合,从而实现模型更新,而不暴露个体数据。这样一来,即使在数据传输过程中被截获,也无法直接获取用户的个人信息。

保护隐私的数据采集技术可以应用于学生学习行为的分析、个性化学习推荐系统的构建等方面。通过采用隐私保护技术,教育机构可以充分利用学生的数据进行教学和学习的优化,同时确保学生的隐私权不受侵犯。这有助于建立一个安全、可信赖的教育数据环境,促进教育信息化的发展和应用。

2.1.2　跨模态的教学信息对齐、清洗预处理技术

数据预处理在教育领域的应用非常重要,主要包括实体对齐、数据清洗、数据集成等方面。

在教育数据中,可能存在来自不同来源的数据,需要对不同实体进行对齐,以确保数据的一致性和完整性[1]。例如,将学生信息系统中的学生身份信息与学习管理系统中的学生身份信息对应起来,以便进行学生学习行为的分析和跟踪。

教育数据往往包含噪声、缺失值和异常值等问题,需要进行数据清洗以提高数据质量。例如,去除重复记录、填补缺失值、纠正错误数据等,以确保后续分析和挖掘的准确性和可靠性[2]。

教育数据通常来自多个来源,包括学生信息系统、学术成绩系统、在线学习平台等,需要将这些数据整合起来以进行综合分析和挖掘。数据集成可以帮助教育机构全面了解学生的学习情况和表现,并提供个性化的教学和学习支持。

1　Christen P., *Data Matching: Concepts and Techniques for Record Linkage*, *Entity Resolution*, *and Duplicate Detection* (Berlin: Springer Science & Business Media, 2012).

2　García S., Luengo J., Herrera F., *Data Preprocessing in Data Mining* (Cham, Switzerland: Springer International Publishing, 2015).

　　除了以上主要的数据预处理技术外，还需要特别关注数据的公平性。在构建训练数据集时，应该考虑到不同群体的数据分布差异，避免数据偏见对模型训练和应用的影响。此外，数据的自增长和自补齐也需要遵循智能教育伦理的要求，确保数据的合法性、透明性和公正性。

　　综上所述，数据预处理技术在教育领域的应用有助于提高教育数据的质量和可用性，为教育决策和个性化教学提供了有力支持。通过有效的数据预处理，可以更好地发现和理解教育数据中的规律和趋势，从而促进教育的持续改进和发展。教育与知识之间存在天然的联系，而知识图谱作为认知智能的关键技术基础，在教育智能化发展中扮演着至关重要的角色。随着教育智能化向认知智能的更高级阶段发展，知识图谱的作用变得至关重要。

　　基于教育知识图谱的应用能够实现教学的精准化和学习的自适应性，为教育领域带来了巨大的变革和提升。通过构建教育知识图谱，可以将教育领域的知识、概念、关系等信息进行系统化、结构化的表示和管理。这样的知识图谱不仅可以帮助教师更好地组织和呈现知识，还能够为学生提供个性化的学习路径和教学资源推荐。

　　在智能化应用方面，基于教育知识图谱的智能化应用场景包括但不限于以下几个方面：

　　● 精准教学，根据学生的知识水平、学习习惯和兴趣爱好等个性化特征，为每位学生提供定制化的教学内容和学习计划，实现教学的精准化。

　　● 自适应学习，基于学生的学习情况和反馈信息，动态调整学习路径和教学资源，使学习过程更加高效和个性化。

　　● 智能辅导，利用知识图谱中的教育领域知识和规律，为学生提供智能辅导和答疑服务，解决学习中的问题和困惑。

　　● 教学资源推荐，根据学生的学习需求和兴趣爱好，智能推荐适合的教学资源，包括教材、视频、文章等，丰富学习体验。

　　● 教育评估与监测，基于知识图谱对学生学习情况进行全面、深入的评估和监测，为教育决策提供数据支持。

　　总的来说，基于教育知识图谱的智能化应用将为教育领域带来更加个性化、高效和智能化的教学和学习体验，推动教育的不断创新和发展。

　　知识抽取、知识表示和知识融合在构建和管理知识图谱等知识库方面发挥着关键作用。这些技术的进步不仅可以帮助我们更好地理解和利用海量的文本数据,还可以为自然语言处理、信息检索、智能问答等领域提供支持。

● 知识抽取(knowledge extraction)技术可以从结构化和非结构化数据中提取出特定的事件、事实或实体关系。这些技术通常涉及自然语言处理、文本挖掘和机器学习等领域的方法和算法。例如,通过命名实体识别和关系抽取,可以从文本中识别出实体及其之间的关系,从而构建知识图谱或语义网络。

● 知识表示(knowledge representation)是将现实世界中的实体、属性和关系以符号或数值形式表示出来的过程。传统的知识表示方法采用了符号性的描述方式(如 RDF),而近年来基于深度学习的表示学习技术则提供了一种更加高效的方式,将实体的语义信息表示为低维稠密向量,从而在低维空间中进行更有效的语义计算和关联分析。

● 知识融合(knowledge fusion)旨在将来自不同数据源的信息整合到一个统一的知识表示中,以形成更全面、准确的实体描述。这通常涉及实体链接和知识合并两个过程。实体链接旨在识别不同数据源中描述同一实体的记录,而知识合并则是将这些记录整合到一个一致的实体描述中,消除冗余信息并保留重要特征。

这些技术的发展有助于构建更加全面、准确的知识库,为各种应用场景提供更精准、个性化的服务和支持。例如,在智能问答系统中,知识抽取和表示可以帮助系统理解用户提出的问题,而知识融合则可以确保系统从不同来源的知识库中获取到最准确和完整的答案。在推荐系统中,这些技术可以帮助系统更好地理解用户的兴趣和偏好,从而提供更加精准的推荐内容。因此,知识抽取、表示和融合技术的不断进步将为人工智能应用带来更多可能性和机遇。

2.1.3 个性化教学与智能教育管理技术

用户画像(user profiling)通过分析用户在互联网服务中所遗留的信息,获得有助于提供精准的个性化服务的描述用户特性和偏好的属性和指标的方法[1]。基于教育图谱的精准画像,通过对用户的行为信息,与各种资源对象的联系,提取关键信息,来刻画用户,基于知识图谱的用户画像可以增强用户画像数据,对

---

1 牟智佳:《电子书包中基于教育大数据的个性化学习评价模型与系统设计》,《远程教育杂志》2014 年第 32 卷第 5 期,第 90—96 页。

用户的刻画更加全面精准[1]。

教学数据智能分析技术是教育领域中利用数据科学和人工智能技术来分析教学过程和学生学习情况的一种重要手段[2]。以下是一些教学数据智能分析技术的具体应用：

（1）课堂行为分析。通过监测学生在课堂上的行为和互动，如举手、回答问题、参与讨论等，可以分析学生的参与度、专注度和活跃度。这有助于教师了解学生对课程内容的理解程度，及时调整教学策略和内容[3]。

（2）学习分析。利用学生的学习数据，如作业成绩、在线学习行为、考试表现等，进行学习分析，可以评估学生的学习进度和学习效果。通过分析学生的学习行为模式和学习习惯，可以为教师提供个性化的学习建议和指导[4]。

（3）运动行为分析。对学生在体育课或其他体育活动中的运动行为进行分析，可以评估学生的运动能力和身体健康状况。这有助于教师制定针对性的体育训练计划，促进学生身心健康的全面发展[5]。

（4）教学效果分析。通过比较教学前后学生的表现和成绩变化，以及学生教学内容的反馈和评价，可以评估教学效果。这有助于教师发现教学中存在的问题和不足，进而改进教学方法和提高教学质量[6]。

教学数据智能分析技术的应用不仅可以帮助教师更好地了解学生的学习情况和需求，还可以为学校和区域管理者提供科学的决策依据，从而全面提升教育教学质量和管理水平。

个性化教学在人工智能时代的实现确实为教育带来了革命性的变化。通过人工智能和大数据等技术手段，教育者能够更加全面地了解每位学生的学习情况，有针对性地帮助他们提升学习成绩。以下是个性化教学在人工智能时代的

1　郑蕾：《大数据时代下通识教育在高校学生干部培养中的应用价值与实施体系构建》，《公关世界》2023年第4期，第86—87页。

2　朱雪梅、潘竹娟：《基于数据分析的数字化课堂教学评价研究》，《中国教育信息化》2023年第29卷第9期，第91—98页。

3　郑永和、张登博、管彤彤，等：《智能技术在科学教育中的应用：研究现状、关键方法与发展趋势》，《中国教育信息化》2023年第29卷第9期，第3—11页。

4　邓伟、杨晓丹、高倩倩，等：《人工智能支持下的课堂教学评价模型研究》，《中国教育信息化》2023年第29卷第8期，第3—14页。

5　谭伟、张曼茵、陈良：《人工智能应用于教育的风险及其应对》，《中国教育信息化》2023年第29卷第7期，第22—29页。

6　郑永和、张登博、管彤彤，等：《智能技术在科学教育中的应用：研究现状、关键方法与发展趋势》，《中国教育信息化》2023年第29卷第9期，第3—11页。

一些具体应用：

（1）实时数据分析。利用人工智能技术，能够对学生的学习数据进行实时分析，包括学习进度、知识点掌握程度、错误模式等。这些数据可以帮助教育者更快速地发现学生的学习问题，并及时调整教学策略[1]。

（2）个性化学习路径。基于学生的学习数据和个人特点，可以为每位学生制定个性化的学习路径。这些学习路径可以根据学生的兴趣、学习速度和学习能力进行调整，以更好地满足其学习需求[2]。

（3）智能辅导系统。利用人工智能技术开发智能辅导系统，能够根据学生的学习情况提供实时的个性化辅导。这些系统可以通过语音交互或文字提示，向学生提供针对性的学习建议和解决问题的方法[3]。

（4）自适应评估。传统的评估方式可能无法全面地反映学生的学习水平。利用人工智能技术可以开发自适应评估系统，根据学生的实际掌握情况动态调整评估内容和难度，确保评估的准确性和公平性[4]。

（5）跨学科学习。通过人工智能技术，可以将不同学科的知识进行关联，帮助学生更好地理解知识之间的联系。这样的跨学科学习模式有助于提高学生的综合能力和创新思维[5]。

（6）个性化反馈机制。利用人工智能技术可以实现个性化的反馈机制，根据学生的学习情况和表现及时给予积极的反馈。这样的反馈可以帮助学生更好地认识自己的优势和不足，有针对性地调整学习策略[6]。

（7）情感计算教育。情感计算教育是指利用情感识别、情感建模等技术，感知学生的情绪状态，并据此调整教学策略。通过计算机视觉、语音识别等技术可以检测学生的面部表情、语音情绪等，分析学习过程中的注意力、压力、挫折感等

1　谢浩然、陈协玲、郑国城，等：《人工智能赋能个性化学习：E-Learning 推荐系统研究热点与展望》，《现代远程教育研究》2022 年第 34 卷第 3 期，第 15—23 页＋第 57 页

2　许锋华、胡先锦：《人工智能技术赋能个性化学习：意蕴、机制与路径》，《广西师范大学学报（哲学社会科学版）》2023 年第 59 卷第 4 期，第 68—79 页。

3　Wang S.，Yu H.，Hu X.，et al.，"Participant or spectator? Comprehending the willingness of faculty to use intelligent tutoring systems in the artificial intelligence era," *British Journal of Educational Technology* 51，no.5(2020)：1657 - 1673.

4　顾小清、刘桐：《大模型时代的智适应学习研究：进展、实例与展望》，《中国教育信息化》2024 年第 30 卷第 5 期，第 55—66 页。

5　周进、叶俊民、李超：《多模态学习情感计算：动因、框架与建议》，《电化教育研究》2021 年第 42 卷第 7 期，第 26—32 页，第 46 页。

6　董艳、李心怡、郑娅峰，等：《智能教育应用的人机双向反馈：机理、模型与实施原则》，《开放教育研究》2021 年第 27 卷第 2 期，第 26—33 页。

负面情绪，从而实现个性化的情绪干预和教学调节[1]。

（8）虚拟教学助手。基于自然语言处理、知识图谱等技术，可以开发虚拟教学助手系统，为学生提供 7×24 小时在线辅导服务。这些虚拟助手可以像真人一样与学生对话互动，回答各种问题，解释难点概念，并根据学生的反馈情况调整解释方式，实现高度个性化的辅导[2]。

（9）学习行为分析与预测。通过分析学生的操作日志、学习轨迹等数据，利用机器学习算法可以对学生的学习行为进行分析和建模，从而发现学习规律，预测学习效果和潜在的风险，为制定个性化教学策略提供依据[3]。

（10）智能课件自动生成。基于学生的知识层次、学习能力等特征，可以运用自然语言生成等技术自动生成个性化的教学课件和练习题库，确保难度适中，内容贴近学生实际需求[4]。

（11）沉浸式学习环境。运用虚拟现实（VR）、增强现实（AR）等技术，可以为学生创造高度沉浸和交互的学习环境，并根据个人特点呈现不同的情景和场景，增强学习体验感，提高学习效率[5]。

综上所述，个性化教学在人工智能时代不仅仅是简单地根据学生的特点进行教学调整，更是借助先进的技术手段，实现对学生学习过程的全面监测和个性化指导，从而更好地满足学生的学习需求，提高教育质量。人工智能的技术为综合素质测评带来了技术变革，在综合素养测评的活动任务设计、任务实施中实现了全面的智能化。

推动基于大数据的区域教育管理与发展，能够促进平等面向每个人的教育，促进教育公平化。搭建智能教育分析决策平台能够促使各种决策咨询建议的精炼与重组，为教育行政部门的科学决策提供服务，是区域教育研发机构发挥教育创新能力的重要表现，具体内容有：

（1）数据驱动的决策支持。智能教育分析决策平台能够通过收集、整理和

1　翟雪松、许家奇、王永固：《在线教育中的学习情感计算研究——基于多源数据融合视角》，《华东师范大学学报（教育科学版）》2022 年第 40 卷第 9 期，第 32—44 页。
2　卢宇、马安瑶、陈鹏鹤：《人工智能＋教育：关键技术及典型应用场景》，《中小学数字化教学》2021 年第 10 期，第 5—9 页。
3　董艳、李心怡、郑娅峰等：《智能教育应用的人机双向反馈：机理、模型与实施原则》，《开放教育研究》2021 年第 27 卷第 2 期，第 26—33 页。
4　卢宇、余京蕾、陈鹏鹤等：《生成式人工智能的教育应用与展望——以 ChatGPT 系统为例》，《中国远程教育》2023 年第 43 卷第 4 期，第 24—31 页，第 51 页。
5　黄奕宇：《虚拟现实（VR）教育应用研究综述》，《中国教育信息化》2018 年第 1 期，第 11—16 页。

分析大量的教育数据,为决策者提供全面的数据支持。这些数据可以涵盖学生的学习成绩、教师的教学质量、学校的资源配置等方面,帮助决策者更好地了解教育现状和问题,并制定针对性的政策和计划。

(2) 个性化的教育方案。基于大数据分析,智能教育分析决策平台可以为不同学生、学校和地区制定个性化的教育方案。这些方案可以根据学生的学习特点和需求进行调整,确保每个学生都能够获得适合自己的教育资源和支持。

(3) 资源优化与配置。通过对大数据的分析,可以更好地了解教育资源的分布和利用情况。智能教育分析决策平台可以帮助教育管理部门优化资源配置,确保资源能够更加均衡地分配到每个学校和每个学生身上,从而促进教育的公平和平等。

(4) 监测与评估。智能教育分析决策平台可以实时监测教育的进展和效果,并对教育政策和计划进行评估。这样可以及时发现问题和不足,及时调整政策和措施,保障教育改革和发展的方向和效果。

(5) 教育决策的科学化与精准化。通过智能教育分析决策平台,教育决策可以更加科学、精准。基于大数据的分析,可以更好地了解教育问题的本质和复杂性,为决策者提供更加全面和深入的信息,从而使决策更加科学、合理和有效。

(6) 促进教育创新。智能教育分析决策平台不仅可以为决策者提供数据支持,还可以为教育研究和创新提供平台和支持。通过对大数据的分析,可以发现教育领域的新趋势和新问题,为教育研究和创新提供新的方向和思路,推动教育改革和发展的进程。

教育资源服务通过对教育资源的开放,让更多的教育资源能共享、互动和协作,促进优质教育均衡发展,提升教学质量和效率,具体内容有:

(1) 多样化的资源类型。教育资源服务可以涵盖各种类型的资源,包括教学视频、教学文档、在线课程、教学工具等。通过开放这些资源,学生和教师可以从多个渠道获取丰富多样的学习和教学内容,满足不同学习需求和教学目标。

(2) 全球化资源共享。通过教育资源服务的开放,可以实现全球范围内的资源共享。教育资源不再受限于地域和机构,学生和教师可以跨越地域和国界获取和分享优质教育资源,从而获得更广阔的学习和教学机会。

(3) 个性化学习和教学。开放的教育资源服务可以根据学生和教师的个性化需求进行定制和调整。学生可以根据自己的学习兴趣和学习水平选择适合自己的资源,而教师可以根据学生的学习情况选择适合的教学资源,从而实现个性化学习和教学。

（4）共同协作与创新。教育资源服务的开放促进了教育领域内的共同协作与创新。教师可以共享自己的教学资源，与其他教师进行交流和合作，共同提高教学质量；学生也可以通过协作学习和共享资源，增强学习效果和创新能力。

（5）教育研究与实践的支持。开放的教育资源服务为教育研究和实践提供了支持和便利。研究者可以获取到丰富的教育资源数据进行研究分析，从而深入了解教育现状和问题，并提出相应的解决方案；教育从业者也可以通过共享和获取教育资源，不断优化教学实践，提高教学效果。

（6）教育公平与包容。开放的教育资源服务有助于促进教育的公平与包容。所有学生和教师都可以平等地获取和分享优质教育资源，无论其地理位置、经济状况或社会背景如何，都有机会获得高质量的教育资源和服务，从而实现教育的公平和包容。

在知识化、信息化、竞争激烈的现代社会，学生的心理素质和心理健康状况不仅关系到国家的稳定和发展。探索一个及早发现、及时干预心理行为问题的心理服务模式，有利于我国教育现代化稳定发展。

2.1.4　学伴、助教机器人及教学智能体群智技术

教育智能体可以定义为面向教育领域专门研发的、以培养学生分析创造能力和实践能力为目标的软件或机器人。教育智能体是处于学习环境中并可作为学习环境组成部分的虚拟角色，它通过语音、文本、肢体动作、面部表情等为学习者提供学习支持，旨在促进学习者的认知学习和情感体验。教育智能体由计算机生成，多扮演教师、激励者、伙伴、专家、导师等角色，随时可以感知环境并且执行相应的动作，同时逐渐建立自己的活动规则，以应对未来可能感知到的环境变化。教育智能体可以是简单的二维形象，也可以是复杂的三维形象，它提供的与学习者之间的情境互动，使其有别于传统课件，学习者可通过与一个或多个教育智能体的互动来进行学习。在构建"智慧学伴"（软件/教育机器人）时，经常使用以下智能技术：① 使用知识图谱技术构建教育认知地图。② 使用机器学习技术构建学习者模型。③ 基于自然语言处理技术的问答系统与聊天系统是支持学习者与智慧学伴有效教学的关键交互环节。④ 使用情感计算技术估计学习情绪与专注度。

虚拟及实体学伴助教机器人在教育领域的所需技术，主要包括：计算机视

觉、情感计算、机器学习、知识图谱、自然语言处理、人机交互、机器人学等，其中各类技术的主要应用有：

（1）计算机视觉。识别学生的面部表情和身体语言，从而了解学生的情绪状态和专注程度[1]；监控学生在学习过程中的行为，例如是否在专心听讲、是否在做笔记等[2]；辅助教师进行课堂管理，例如检测学生是否存在违规行为。

（2）情感计算。分析学生的情绪，例如是否焦虑、沮丧或兴奋，以调整教学方法和内容[3]；提供情感支持，例如安慰学生、鼓励学生等[4]。

（3）机器学习。根据学生的学习行为和反馈数据，优化学习路径和内容，实现个性化教学[5]；不断改进机器人的交互方式和教学策略，以提高教学效果和用户满意度[6]。

（4）知识图谱。构建教育知识图谱，整合各类教育资源和知识，为机器人提供丰富的教学内容和参考信息[7]；基于知识图谱为学生提供答疑解惑、个性化学习推荐等服务[8]。

（5）自然语言处理。理解学生的语言输入，包括口头提问、书面文字等，以便准确地回答问题或提供帮助；生成自然流畅的语言回复，与学生进行自然的对话和交流[9]。

（6）人机交互。提供友好的界面和交互方式，使学生更容易与机器人进行

1 Raca M., Kidzinski L., Dillenbourg P., "Translating head motion into attention-towards processing of student's body-language" (paper presented at the 8th International Conference on Educational Data Mining, 2015).

2 Anh N. B., Son T. N., Lam T. P., et al., "A Computer-Vision Based Application for Student Behavior Monitoring in Classroom," *Applied Sciences* 9, no.22(2019).

3 Bahreini K., Nadolski R., Westera W., "Towards multimodal emotion recognition in e-learning environments," *Interactive Learning Environments*, (2016): 590 – 605.

4 Leite I., Castellano G., Pereira A., et al., "Modelling empathic behaviour in a robotic game companion for children: an ethnographic study in real-world settings," *Proceedings of the Seventh Annual ACM/IEEE International Conference on Human-Robot Interaction*, 2012: 367 – 374.

5 Preeti Y, C. S. S., "Unveiling the Cutting Edge: A Comprehensive Survey of Localization Techniques in WSN, Leveraging Optimization and Machine Learning Approaches," *Wireless Personal Communications*, (2023): 2293 – 2362.

6 Castera C., Ochs P., "From Learning to Optimize to Learning Optimization Algorithms," *arXiv preprint*, arXiv:2405.18222, 2024.

7 Zhao B., Sun J., Xu B., et al., "EDUKG: a heterogeneous sustainable k-12 educational knowledge graph," *arXiv preprint*, arXiv:2210.12228, 2022.

8 Huang X., Zhang J., Li D., et al., "Knowledge graph embedding based question answering," *Proceedings of the Twelfth ACM International Conference on Web Search and Data Mining*, (2019): 105 – 113.

9 Gao J., Galley M., Li L., "Neural approaches to conversational AI," The 41st International ACM SIGIR Conference on Research & Development in Information Retrieval, (2018): 1371 – 1374.

互动；支持多种交互方式，例如语音交互、图形界面、触摸屏等，以满足不同学生的需求[1]。

（7）机器人学。实现机器人的运动控制，使其能够在教室内自由移动和定位[2]；教育机器人的外观和行为设计，使其更具吸引力和亲和力，增强学生的参与度和学习积极性[3]。

多智能体（agent）是在特定环境下的智能系统，通过自身对所处环境的感知学习，同时还要完成与其他智能体之间的沟通协作，自主实现所处环境下特定的目标。教学智能体群智技术在教育领域的应用，主要包括：模糊匹配和推理技术、数据库管理技术，强化学习等。其中各类技术的主要应用有：

（1）模糊匹配和推理技术。① 个性化学习路径规划：利用学生的学习历史和偏好，智能体可以模糊匹配学习资源和教学策略，推断出最适合学生的学习路径，实现个性化教学。② 课程推荐系统：根据学生的学科兴趣和能力水平，智能体可以模糊匹配和推理出适合学生的课程和教材，提供针对性的课程推荐。

（2）数据库管理技术。① 教育资源管理：利用数据库管理技术，智能体可以管理和维护教育资源的数据库，包括课程资料、试题库、学生档案等，实现教育资源的有效管理和利用。② 学生数据分析：通过数据库管理技术，智能体可以分析学生的学习数据和行为，发现学生的学习模式和趋势，为教学决策提供数据支持。

（3）强化学习。① 智能教学策略优化：智能体可以利用强化学习技术，根据学生的学习反馈和结果，不断调整教学策略和资源分配，提高教学效果和学生满意度。② 个性化学习支持：通过强化学习，智能体可以根据学生的学习进度和需求，自主地调整学习路径和内容，为学生提供个性化的学习支持。

（4）其他扩充应用。① 互动式教学辅助：智能体可以根据学生的回答和表现，动态调整教学内容和难度，提供个性化的辅导和反馈，促进学生的学习效果。② 教学决策支持：基于学生和教师的反馈数据，智能体可以利用群智技术进行决策分析和预测，为教学管理和规划提供科学依据。

1　Belpaeme T., Kennedy J., Ramachandran A., et al.. "Social robots for education: A review," *Science Robotics* 3, no. 21 (2018).

2　Martinez-Martin E., del Pobil A. P., "Personal robot assistants for elderly care: an overview," *Personal Assistants: Emerging Computational Technologies* (2018): 77 – 91.

3　Hung I. C., Chao K. J., Lee L., et al., "Designing a robot teaching assistant for enhancing and sustaining learning motivation," *Interactive Learning Environments* 21, no. 2 (2013): 156 – 171.

教育智能体依托其先进的技术优势,不仅能够帮助实现个性化教学,还能通过分析学生的学习习惯、能力水平和情感状态,量身定制学习路径,极大地提高学习效率和学生的积极性。具体来说,教育智能体通过计算机视觉技术识别学生的面部表情和身体语言,从而了解学生的情绪状态和专注程度。这种能力使得智能体可以实时调整教学方法,利用情感计算技术为学生提供安慰与鼓励。此外,机器学习技术让智能体能够根据学生的学习行为和反馈数据,优化学习路径和内容,持续提高教学效果。同时,知识图谱为智能体提供了丰富的教学资源,能够实现精准的个性化学习推荐和答疑解惑。自然语言处理技术则使得智能体能够理解学生的语言输入,生成自然流畅的对话,提升学生的学习体验。而人机交互技术和机器人学则进一步丰富了与学生的互动方式,提供了多样化的教学手段。多智能体技术在教育中的应用潜力也不容小觑。模糊匹配和推理技术可以根据学生的学习历史和偏好规划个性化学习路径;数据库管理技术则负责管理和分析学生数据,提升教育资源的管理效率;强化学习技术用于不断优化智能体的教学策略,为学生提供个性化支持。当然,这些技术也面临着技术依赖和数据隐私的挑战,尤其是在硬件和软件成本较高的情况下。然而,这些挑战并不能掩盖教育智能体在远程教育和资源匮乏地区的应用潜力。随着技术的不断进步,教育智能体将在未来的教育变革中发挥越来越重要的作用。它们将支持多样化的教学模式,如翻转课堂和游戏化学习,推动个性化教育成为主流趋势,促使教育体系向更加灵活和以学生为中心的方向发展。

2.1.5　互动课堂与虚拟课堂教育环境技术

互动/虚拟“双课堂”教学模式是指在开展现实课堂教学的同时,利用互联网技术同步建立虚拟课堂,通过虚拟和现实两个课堂相互支撑、线上和线下的相互补充的一种新的课堂教学模式。

互动课堂通过构建实时在线交互系统,利用网络在两个或多个地点的用户之间实时传送视频、语音、图像,使课堂教学的用户可通过系统发表文字、语音,观察对方视频图像,并能将文件、图片等实物以电子版形式显示在白板上,参与交流的人员可同时注释白板并共享白板内容,效果与现场开设的课堂一样。

互动课堂在教育领域的应用十分广泛,主要包括互动式电子白板、云计算等技术。这些技术的主要应用场景包括:

(1)互动式电子白板。互动式电子白板是一种结合了传统白板和数字化技术的教学工具,可以实现教师和学生之间的实时交流和互动。通过电子白板,教师可以展示教学内容、书写笔记、绘制图表等,学生可以通过触摸屏或其他输入设备进行实时反馈和参与讨论。

（2）云计算。云计算技术可以为互动课堂提供强大的支持和基础设施。通过云计算平台,可以实现课堂教学内容的存储、管理和共享,学生可以随时随地通过网络访问教学资源,进行在线学习和互动交流。同时,云计算还可以实现课堂数据的实时同步和备份,确保教学过程的稳定性和安全性。

（3）视频会议技术。利用视频会议技术,可以实现远程教学和远程学习的互动。教师和学生可以通过网络在不同地点进行实时视频通话和互动交流,共享教学资源和讨论问题,实现跨地域的教学和学习。

（4）移动设备应用。通过移动设备应用,如平板电脑、智能手机等,学生可以随时随地参与互动课堂,观看课堂直播、提交作业、参与讨论等。教师也可以利用移动设备进行课堂管理和教学控制,提高教学效率和灵活性。

（5）实时数据传输和处理技术。互动课堂需要实现教学内容的实时传输和处理,包括文字、语音、图像等多种数据形式。因此,实时数据传输和处理技术是互动课堂的关键技术之一,可以保证教学过程的流畅和高效。

综上所述,互动课堂的应用技术涵盖了多个领域,通过这些技术的有效整合和应用,可以实现高质量、高效率的教学和学习体验,促进教育的现代化和智能化发展。

面向 K12 教育,VR/AR 虚拟课堂提供的课程包括科学、历史、地理、生物、物理、化学艺术等。通过 VR/AR 课件,帮助学生亲身"体验"各种知识,"身临其境"参与各类实验。全息课堂可以不需要佩戴头显,通过肉眼就能浏览到 360 度全方位三维（3D）影像。通过与课本同步协同,学习者在翻阅实体书时,可以联动全息影像,虚实一体,看到书本内容对应的静态或动态 3D 形象,更形象地感知所学的知识。结合深度传感器和图像分析跟踪技术,使得教学中师生能广泛地进行实时、多点虚实交互,提升教学效果。虚拟和全息课堂在教育领域的应用,主要包括：虚拟现实/增强现实、全息投影、边缘计算等。

智慧校园是物理与信息两大空间之间的有机对接,让所有人可以在任意场合、任意时间均可以方便快捷获取资源。智慧校园是高级形态的教育信息化表现,是数字校园的进一步发展和提升。其具体特点表现在：学校环境的全方位感知、数据的智能化分析、个性化与便利化服务、网络高速泛在等。其综合运用了多种先进技术,如虚拟化、云计算、大数据、人工智能数据挖掘等,同时将数据的科学管理、决策的智能分析当作主导方向,促使高校内部与外部不同类型的人、业务以及流程实现智能化、深层次结合。智慧校园在教育领域的应用,主要包括:视频识别技术、人脸识别、云计算、虚拟现实、人工智能等。

2.1.6　智能教育伦理相关技术支持

人工智能技术对教育伦理的威胁主要体现在隐私泄露、算法黑箱、算法歧视、弱鲁棒性、和问责风险、个人福祉等方面。与教育伦理风险相关的技术和评测方案,主要包括:安全、透明、公平、鲁棒、问责、福祉等。

教育数据在产生、收集、存储、开放、使用和管理等各个环节均面临严峻的安全隐患,未经授权的访问、披露、破坏、篡改、删除和非法使用等,对教育数据安全产生深挖时也侵犯了个人隐私。教育数据的收集与使用是人工智能时代智慧教育得以持续发展的重要驱动力。支持安全智能教育伦理相关技术,主要包括:联邦学习、信息安全技术、哈希函数、数据加密等,其中各类技术的主要应用场景为:

(1)联邦学习是一种保护数据隐私的分布式学习方法。它允许在不共享原始数据的情况下进行模型训练。在教育领域,联邦学习可以用于跨机构、跨平台的数据合作和共享,同时保护敏感数据不被泄露。

(2)信息安全技术包括网络安全、数据安全、身份认证等多方面的技术手段,用于保护教育数据在传输、存储和处理过程中的安全性。例如,防火墙、入侵检测系统、数据备份与恢复等技术都是信息安全的重要组成部分。

(3)哈希函数是一种将任意长度的消息映射为固定长度的摘要信息的加密算法。在教育数据安全中,哈希函数可以用于对敏感信息进行加密处理,保护数据的完整性和安全性。

(4)数据加密是保护教育数据隐私的重要手段,通过对数据进行加密处理,使其在未经授权的情况下无法被读取和理解。常见的数据加密技术包括对称加密、非对称加密、混合加密等。

这些安全智能教育伦理相关技术在教育数据安全保护方面发挥着重要作用。它们的主要应用场景包括:教育数据传输过程中的安全保护,包括网络通信的加密和身份验证;教育数据存储过程中的安全保护,包括数据库的加密和访问控制;教育数据处理过程中的安全保护,包括数据分析和挖掘过程中的隐私保护。

　　通过采用这些安全技术，可以有效地保护教育数据的安全性和隐私性，为智慧教育的持续发展提供了重要保障。同时，也有助于建立一个安全、透明、公平、可信的教育数据环境，促进教育信息化的健康发展。

　　支持透明智能教育伦理相关技术在解决智能教育系统"黑箱"问题方面具有重要意义。这些技术旨在提高智能教育系统的决策透明度和可解释性，使决策结果更加可信和可理解。其中一些关键技术包括：

　　（1）自解释模型。自解释模型是指具有良好解释性的机器学习模型，如决策树、K近邻等。这些模型能够直观地展示决策过程和依据，帮助用户理解系统的工作原理和决策依据。

　　（2）模型无关解释。模型无关解释技术旨在通过独立于具体模型的方式解释模型的决策结果。例如，局部解释方法可以分析模型在特定样本或区域上的决策过程，视觉解释方法可以通过可视化模型的特征映射来解释模型的决策逻辑。

　　（3）反事实解释。反事实解释技术通过对模型进行干扰实验，分析改变输入条件对输出结果的影响，从而推断模型的决策逻辑。这种方法能够帮助用户了解模型对不同情况的敏感性和稳定性，提高决策结果的可靠性。

　　这些技术的主要应用场景包括：

　　（1）透明智能教育系统可以为教育决策者提供可靠的决策支持和参考意见，帮助其理解决策结果的合理性和可信度。

　　（2）通过解释智能教育系统对学生学习行为和能力的评估结果，帮助教师和学生理解学习过程中的强项和改进空间，提高学习效果。

　　（3）透明智能教育系统可以分析学生对不同教学内容的理解程度和偏好，为教师提供优化教学内容的建议和方向，提升教学效果。

　　通过采用透明智能教育伦理相关技术，可以有效解决智能教育系统"黑箱"问题，提高系统的可信度和可接受性，推动智慧教育的发展和应用。

　　支持公平智能教育伦理相关技术在推动教育公平方面具有重要意义，但目前对其潜能的关注确实还不够，有待进一步发掘和应用。这些技术旨在通过各种手段和方法，促进教育资源的公平分配、学习机会的均等化，从而实现教育公平。除了通过联邦学习方法整合多方数据来实现教育资源公平分配和共享外，其他一些关键技术包括：

　　（1）随机森林：随机森林是一种集成学习方法，通过构建多个决策树，并通过投票或取平均值的方式进行预测。在教育领域,随机森林可以应用于学生评估、学习成绩预测等任务,通过综合多个决策树的结果,提高预测的准确性和公平性。

（2）知识图谱:知识图谱是一种将知识进行结构化表示和组织的技术,可以将教育领域的知识、概念、关系等信息进行有效管理和利用。通过知识图谱,可以实现对教育资源的全面理解和有效利用,为不同学生提供个性化的学习路径和支持,促进教育公平。

（3）对抗学习:对抗学习是一种通过训练生成对抗网络来提高模型的鲁棒性和公平性的方法。在教育领域,对抗学习可以应用于消除模型中的偏见和不公平,确保模型对所有学生群体都能公平评估和支持。

这些技术的主要应用场景包括:

（1）通过对学生学习需求和背景进行分析,公平智能教育系统可以实现对学习资源的公平分配和优化配置,确保每个学生都能获得适合自己的学习支持和帮助。

（2）公平智能教育系统可以利用先进的技术手段对学生进行全面、客观地评估和监测,减少人为因素的影响,确保评价结果的公正和客观。

（3）通过分析学生的学习数据和行为,公平智能教育系统可以为每个学生提供个性化的教学内容和学习路径,充分发挥每个学生的潜能,促进学习的公平和均等。

机器学习模型大量应用在智能教育场景中,人工智能模型的安全鲁棒性分析与评估问题已经开始引起人们的关注。对于没有经过防御设计的模型,攻击者通过给样本添加微小的人眼不可察觉的扰动,可以轻易地使模型产生误判,从而导致严重的安全性问题。这种安全隐患不仅对教育技术的发展构成威胁,也给教育过程中的各方主体带来新的伦理挑战和责任界定难题。在这种背景下,问责制度变得尤为重要。当人工智能具有主体价值时,师生等教育主体间的责任归属与关系可能存在较多风险冲突与伦理困境。研发过程中技术可能会侵犯到主体的合法权益,当风险预警制度不够完善时,将会造成灾难的结果;开发训练部署过程中权责不对等会导致数据的使用权与所有权出现失衡的现象;系统正式上线后也会遇到问题责任难以追溯的情况。所以问责制度是智能教育伦理所不可或缺的部分。目前,对于系统本身的判断决策以及教学支持的评估,可以利用成熟的商业工具 FAT-Forensics 来确保系统的问责制和透明度。但是对于研发人员的评估,还需要人工进行干预,并要考虑群众的差异性。对项目发生不良事件后的追责,也必须由人工进行干预,必须在上线之前明确各个参与人员的角色分工,具体到可能发生事故的某个部分达成契约,方便事后追责以及补救,若发生重大事故则需查明事故发生原因,依照法律处理。

然而,除了技术与伦理的考量外,学生的福祉同样是智能教育中不可忽视的关键因素。

智能教育对于传统教育而言是否具有优越性,则需要看其能否给学生带来福祉。智能教育对于学生主观能动性和社交能力的影响,情感上的变化,学生自主创新能力,认知上的变化以及是否受到生理或心理上的伤害。学生情感画像可以用来分析学生的情感,但是该项技术仍处于研究阶段。目前最好的方法还是人工判断接受智能教育的学生是否更加优秀。还有处于试用阶段的可穿戴设备也可用来引导学生的行为。但是该项技术在商用时需要考虑到商家为牟利有意通过算法隐形控制诱导学生,压制学生的自主性,使学生过度依赖人工智能产品,进而使其艺术性、主体性、创造性受到负面的干扰。

2.1.7　小结

在智能教育领域,人工智能技术的应用正在逐渐改变传统的教学和学习方式。这些技术包括但不限于计算机视觉、情感计算、机器学习、知识图谱、自然语言处理、人机交互、机器人学、多智能体技术等。这些技术的应用使得教育更加个性化、智能化,能够根据学生的学习情况和需求提供定制化的教学内容和学习计划,实现教学的精准化。同时,智能教育技术也推动了教育资源的公平分配和学习机会的均等化,促进了教育公平。

教育智能体可以作为虚拟角色,通过语音、文本、肢体动作、面部表情等为学习者提供学习支持,促进学习者的认知学习和情感体验。在构建智慧学伴、助教机器人等方面,它们能够识别学生的情绪状态和专注程度,分析学生的学习习惯、能力水平和情感状态,量身定制学习路径,极大地提高学习效率和学生的积极性。

此外,智能教育技术还包括了互动课堂与虚拟课堂教育环境技术、智慧校园技术等。这些技术使得教学更加灵活、高效,同时也提高了教育资源的利用效率。例如,互动课堂通过实时在线交互系统,利用网络在两个或多个地点的用户之间实时传送视频、语音、图像,使课堂教学的用户可通过系统发表文字、语音,观察对方视频图像,并能将文件、图片等实物以电子版形式显示在白板上,参与交流的人员可同时注释白板并共享白板内容。

　　在智能教育伦理方面,安全、透明、公平、鲁棒、问责、福祉等非常重要。例如,联邦学习、信息安全技术、哈希函数、数据加密等技术可以有效地保护教育数据的安全性和隐私性,为智慧教育的持续发展提供了重要保障。同时,透明智能教育伦理相关技术可以提高智能教育系统的决策透明度和可解释性,使决策结果更加可信和可理解。

　　总的来说,智能教育技术在教育领域的应用具有广泛的前景,它们能够推动教育领域的创新和发展,提高教育质量和效率,实现教育的个性化、智能化、公平化。然而,这些技术也面临着技术依赖和数据隐私的挑战,需要在技术发展的同时,充分考虑教育伦理和学生的福祉。

2.2　智能教育领域人工智能技术发展分析

　　通过上一节人工智能技术在教育领域应用的梳理,可以发现教育功能应用是基于不同教育场景的多层次的复合型技术应用,同一教育功能场景,汇聚了多种不同的人工智能技术的发展分析。本研究将智能教育领域应用的人工智能技术按信息处理环节维度和人工智能技术通用性维度进行矩阵分析。进一步对矩阵中所涉及技术的通用性应用类别进行识别,所有相关技术分为 5 类:人工智能共性技术及其在教育领域的定制化应用技术;自适应学习相关技术;人机交互相关技术;赋能教育学、心理学研究新范式的相关人工智能技术;"以人为本"的教育伦理相关技术。其中,智能教育的人机交互相关技术,又可以根据其作用对象的差别,分为面向教学过程的人机协同教育技术和虚拟教学环境技术。

2.2.1　定制化应用的人工智能共性技术

　　这一类技术既包括如人脸识别、语音识别等目前已经成熟商用的人工智能技术,也包括像通用机器人本体等尚处于实验室研究阶段的技术,还有跨模态信息表征与分析、情感计算等仍有待理论突破的前沿技术。此类技术除了在教育领域,在医疗、城市治理、科学研究、无人驾驶等领域也同样有着应用需求。复杂光照环境下的视觉对象识别、复杂语言与语言障碍人群的语音识别等问题,也是多领域应用中的普遍问题。此类技术的发展主要依靠人工智能头部企业和高校、科研院所相关研究团队，一旦所有突破，就可以快速地被运用到智能教育领域。

根对人工智能共性技术在教育领域应用的技术成熟度分析（见表 2-1），我们可以看到，这些技术在教育领域的应用呈现出不同的发展阶段。一些技术已经较为成熟，并得到了广泛应用，如语音识别技术、自然语言处理技术、计算机视觉等技术，也有一些技术仍处于理论研究或实验室阶段，需要进一步突破，如知识图谱技术、机器学习模型的可解释性、人工智能在教育伦理方面的应用。

表 2-1　人工智能共性技术在教育领域应用的技术成熟度

大　类	技术类型	应用场景	技　术　成　熟　度
知识表示与推理	逻辑表示	翻译模型，语义搜索，语义消歧，智能问答	逻辑表示形式有限制，且很难使用。
	语义网络表示	校园管理，人员管理	语义网络运行耗时，表示形式不足够。异质网络以其复杂性可以蕴含丰富的语义信息但性能较差。
	框架表示	师生画像，学习效果预测，学科知识表示	师生画像已经商用，但存在画像数据不完整、画像数据不正确等问题。虽然能够简化编程，灵活易用，但存在框架中推理机制不容易处理等技术难点。
语音处理	通用语音处理	复杂环境下语音分离、优化	降噪去噪、环境音识别
	音韵学	朗读口音纠正，音乐课程，特殊教育，情绪侦测	在口语练习方面已商用。目前的技术难点是特征选择存在不足，量化情感较为复杂。结合声学特征和音韵表征的情感识别有着不错的效果。
	语音识别	语言类作业批改，笔记记录	口语测评技术已商用。目前的技术难点是输入语音序列过长、位置编码信息不敏感、参数量大等。基于 Transformer 工具的语音识别模型，其能够很好地识别离线任务，已有实验室成果。但存在在线识别时延较大等技术难点。

续　表

大　类	技术类型	应用场景	技 术 成 熟 度
语音处理	语音合成	朗读示范，语言情感建立，有声教育素材，虚拟教师形象生成	在学前教育领域、有声教育素材上已商用，语音故事在帮助学前儿童增大阅读量、建立语言情感方面作用较大。 使用深度神经网络进行的研究已有实验室成果。不仅能够提高学生的听辨能力、理解能力，也能减轻对听力学习的畏难情绪。目前的技术难点在于提高情感分析与表达能力。
	语音对话	虚拟助教，虚拟学伴，智能导学系统	具备一定交互能力的作业辅导问答机器人、虚拟学伴已商用，但其带来的成绩提升，虽优于计算机辅助教学系统，但不及人类教师的一对一辅导。 当前由于学习效率不足、开发成本高，因此大规模应用困难，仅限于核心学科知识应用。目前的技术难点在于扩展领域知识、优化教学策略。
	说话人识别	课堂数据分析	目前的研究热点是结合教学行为分析法进行教学行为分析。基于声纹识别的 S－T 分析法已有实验室成果，能够为教师呈现较为全面的课堂信息。 而 FIAS 系统的编码分类过于复杂，目前的技术还不能使计算机准确判断。 目前的技术难点是分析结果准确率不高，因此很少有落地使用。
预测性分析	数据集成	高风险学生预测	智慧校园的建设已商用，促进了基于大数据模式下的教育管理与教学，能够建立教育大数据服务平台。 目前的技术难点是防范学习者数据泄露、保护学习者隐私，遵循教育及其研究伦理是研究者下一步关注的重点。
	关系抽取	行为预测	仍处于前沿研究，有待构建以用户为中心、自适应、可移植的知识抽取系统。
	知识图谱	偏好预测，学业成绩预测，职业倾向预测	师生画像已商用，但存在画像数据不完整、画像数据不正确等技术难点。 目前，图谱构建主要依靠人工构建，存在密度低、粒度粗、时效性差的问题。

大　类	技术类型	应用场景	技 术 成 熟 度
		学业成绩预测，职业倾向预测	存在画像数据不完整、画像数据不正确等技术难点。图谱构建同样主要依靠人工构建，存在密度低、粒度粗、时效性差的问题。
	反事实解释	学习行为预测	采用反事实解释方法，通过选择特定实例来解释机器学习模型的行为，得到输出的特征列表与分析值。目前处于理论研究阶段。 技术难点在于解释强度不足，学习者理解和解释这些列表值仍较为困难。
自然语言处理	通用自然语言处理	使用自然语言与机器进行交互通信	自然语言识别、提取、分析、翻译、生成。
	信息提取	数字教育资源优化，学科知识抽取	目前通过知识图谱抽取学科知识概念及其关系、实现智能导学的技术处于理论研究阶段，部分应用到智能辅助工具中。 目前的技术难点是训练数据不完善、学习能力不足、文档级关系抽取能力弱。
	机器翻译	外语教育	教育文本的翻译已经商用。神经机器翻译作为研究热点，仍有过度翻译（重复翻译）、翻译不充分的技术难点；同声传译的技术难点则是难以兼顾时延与准确性。
	自然语言对话	答疑，口语练习，特殊教育，收集教学反馈，智能导学	具备一定交互能力的作业辅导问答机器人、虚拟学伴已商用。 技术难点是机器人/虚拟学伴无法真正理解对话历史中的复杂句间关系、缺乏人类先验知识。
	自然语言生成	幼儿教育笔记，记录文本摘要、更正	数据到文本、文本到文本的生成技术已商用。 当前的技术难点是图像到文本的生成：对于复杂场景或是新颖事物的生成效果欠佳。 基于深度学习的生成式图像描述处于理论研究当中。

续　表

大　类	技术类型	应用场景	技　术　成　熟　度
	语义学	语义消歧，语义搜索，提高阅读能力	语义消歧已商用。 当前的技术难点是基于语义学规则的语义分析推理复杂，使用范围小；基于统计学的语义分析缺少大规模语料库支持。
	词汇形态学/词法分析	语文、外语教育，古文学习，提高阅读能力	词法分析已商用。 当前的技术难点是性能依赖语料库的优劣，因此需要大规模语料库的支持。
	情绪/情感分析	语言情感建立，提高阅读能力	对于显式的、含有明显情感词文本的情感分析较为准确，已商用。 当前的技术难点是对于某些隐式词以及复杂语句的检测效果不佳。
计算机视觉	通用计算机视觉	复杂环境图像优化	去噪、增强、修补
	增强现实	虚拟教室，虚拟环境课件，仿真实验，幼儿教育	技术趋于成熟，在教学内容、教学形式上大量商用：如虚拟现实卡片、数形结合、虚拟课堂、虚拟实验室等。能够激发学生的学习兴趣。也可以实现资源共享。
	图像和视频分割	学科知识抽取，教学课件自组织	视频图像中的文字识别准确率很高，已商用。 当前的技术难点是对于图形（如数学中的几何图形、物理受力分析等）意义的识别。
	字符识别	课堂分析，作业/考卷自动，批改及辅导学科，知识抽取	中英文的字符识别已商用，能够进行基于题库的上机作业批改，以及机考方式的自动阅卷。当前的技术难点是对数学、物理等场景的公式识别；复杂版面、低幼学童手写识别率较低。
	对象跟踪	课堂分析监考，智能体育运动监控，智能实验操作训练，手语识别	仍处于前沿研究，对已定义的或是运动幅度较大的动作识别效果较好。 当前的技术难点是无更多动作训练库。
	图像和视频	体育教学	虚拟形象与表情生成技术已商用。

大　类	技术类型	应用场景	技 术 成 熟 度
	生成	虚拟学伴形象与表情生成	当前的技术难点是降低算力要求以及降低成本。
	场景理解	监考智能体育运动监控	仍处于前沿研究,存在着鲁棒性较差、事件识别困难等技术难点。
控制规划调度	关系抽取	学习路径规划	目前通过知识图谱抽取学科知识概念及其关系、实现智能导学的技术处于理论研究阶段,部分应用到智能辅助工具中。当前的技术难点是构建以用户为中心、自适应、可移植的知识抽取系统。
	学习分析	学习路径规划	在校内教学方面仍处于前沿研究,应用很少,应加强校内应用。
	自适应学习	学生画像,学习路径规划,个性化学习资源推荐	学习者画像技术目前已商用,其利用大数据技术对学习主体的历史数据进行提取、分析和挖掘,对学习者的行为特征进行刻画,从而全面概括学习者的特征信息目前在成绩、行为刻画技术较为成熟。当前的技术难点是情感刻画技术:技术管控有待加强,避免"信息茧房"
机器人学	机器人本体	机器人助教,机器人学伴	仍处于前沿研究,教育机器人本体设计与研发还处在初级阶段。目前计算能力、控制能力、场景融合等方面都是技术难点。

　　未来,随着人工智能技术的不断发展,相信这些技术难题将会逐步得到解决,人工智能技术在教育领域的应用将会更加广泛和深入,为教育发展带来更多可能性。例如,随着知识图谱技术的突破,我们可以构建更加完善的教育知识图谱,为学生提供更加精准和个性化的学习路径和资源推荐。随着机器学习模型可解释性的提升,我们可以更加信任人工智能系统的决策,并将其应用于更加重要的教育场景,例如学生评估、教学策略制定等。随着人工智能在教育伦理方面的应用得到加强,我们可以确保人工智能技术的应用更加公平、公正,并真正服务于学生的学习和成长。

2.2.2　自适应学习技术

早期的自适应学习概念仅包括计算机系统根据学习者的学习方法进行调整,使用户获得更好、更有效的学习体验。但随着智能技术在教育领域的各类场景的应用,目前所有可支持个性化学习的应用,都被定义为自适应学习系统,其所使用的技术也均被收入自适应学习相关技术范围。自适应学习系统主要包括学习者本体数据分析,学科知识库,和个性化导学三个大类。教学过程的人机协同教育技术是一种基于大数据驱动知识学习和人机协同增强智能技术的教育方法。它旨在探索人机智能共生的行为增强与脑机协同,在教学过程中实现人与智能技术的紧密合作和互动,从而提升教学效果和学习体验。以下是具体的应用类型和相关的人工智能技术:

(1) 个性化学习系统。这种系统利用大数据技术分析学生的学习数据和行为模式,根据个体差异性和学习需求,为每位学生量身定制个性化的学习路径和教学内容。相关的人工智能技术包括机器学习、数据挖掘和推荐系统等,用于分析学生的学习情况和预测其未来学习需求[1]。

(2) 智能辅助教学工具。这类工具包括智能教学软件、虚拟实验平台等,通过模拟真实教学场景和交互式学习方式,提供更具吸引力和趣味性的学习体验。人工智能技术在其中扮演着重要角色,如自然语言处理、计算机视觉等,用于实现智能对话、自动评估和个性化反馈等功能[2]。

(3) 智能辅助教师系统。这种系统通过人工智能技术,为教师提供个性化的教学支持和指导,帮助其更好地理解学生需求、调整教学策略和提升教学效果。例如,智能辅助教师系统可以通过语音识别和自然语言处理技术,自动生成教学材料或解答学生问题,提高教学效率和质量[3]。

(4) 虚拟实境教学环境。基于虚拟现实和增强现实技术,创建具有身临其境感的教学场景,为学生提供更直观、沉浸式的学习体验。人工智能技术在其中扮演着重要角色,如计算机视觉和机器学习,用于实现虚拟环境中的感知

1　Bhutoria A.,"Personalized education and artificial intelligence in the United States, China, and India: A systematic review using a human-in-the-loop model," *Computers and Education: Artificial Intelligence* 3,(2022):100068.

2　Hicke Y., Agarwal A., Ma Q., et al.,"ChaTA: Towards an Intelligent Question-Answer Teaching Assistant using Open-Source LLMs," *arXiv preprint* arXiv:2311.02775 (2023).

3　Abdelhamid S., Katz A.,"Using chatbots as smart teaching assistants for first-year engineering students"(paper presented at *the First-Year Engineering Experience*,2020).

和交互。

这些人机协同教育技术将学习者和智能技术融合在一起，形成了一个新的教育生态系统，为教学过程带来了更多的可能性和创新。随着人工智能技术的不断发展和应用，这些技术将进一步促进教育的智能化和个性化，提升学习者的学习效果和体验。

教育元宇宙是在数字化与智能化科技革命的背景下，利用元宇宙技术构建的虚拟教学环境，其引入了多种新兴技术，包括人工智能技术，为教育带来了全新的发展机遇。教育元宇宙可以为自适应学习技术提供一个更加丰富和沉浸式的学习环境。在这个环境中，自适应学习技术可以更好地发挥其作用，通过分析学生在元宇宙中的学习数据，提供更加个性化的学习内容和路径。同时，教育元宇宙也可以为自适应学习技术提供更多的数据来源，如学生在元宇宙中的互动行为、学习表现等。这些数据可以帮助自适应学习技术更准确地了解学生的学习需求和能力，从而提供更加有效的个性化学习支持。以下是教育元宇宙的具体应用类型以及相关的人工智能技术：

（1）个性化学习环境。教育元宇宙可以根据学习者的个性化需求和学习风格，提供定制化的学习环境和内容。通过人工智能技术，如机器学习和自然语言处理，系统可以分析学习者的学习行为和偏好，从而个性化地推荐学习资源和活动，提升学习者的学习效果和体验。

（2）虚拟实验与模拟。在教育元宇宙中，学生可以通过虚拟实验室进行实验和模拟操作，无须受限于物理空间和实际设备。人工智能技术可以模拟真实环境，并根据学生的操作行为进行实时反馈和指导，提供更具交互性和反馈性的学习体验。

（3）智能导师和助教。教育元宇宙中可以集成智能导师和助教系统，为学生提供个性化的学习指导和支持。这些系统通过人工智能技术，如自然语言处理和机器学习，可以理解学生的提问和需求，并提供即时的解答和指导，提高学习效率和效果。

（4）情境式学习体验。在教育元宇宙中，学生可以通过沉浸式的虚拟场景进行情境式学习。人工智能技术可以实现对虚拟场景的感知和交互，从而提供更真实、生动的学习体验，激发学生的学习兴趣和动力。

教育元宇宙的出现为教育带来了全新的教学范式和机遇，通过整合多种新兴技术，尤其是人工智能技术，可以实现更个性化、交互式和沉浸式的学习体验，推动教育的创新和发展。

2.2.3　人机协同技术

人机协同技术也可以看作是自适应学习的一部分,其中面向教学过程的人机协同教育技术是指"以学习为中心"的,面向学生的新型教师与智能教育系统协同个性化教学模式相关的技术;虚拟教学环境技术,则是指个性化学习的新学习环境技术,同时虚拟教学环境技术还是教育、心理学理论研究的新工具。具体的应用类型和与之相关的人工智能技术主要有:

1. 面向教学过程的人机协同教育技术

这项技术旨在建立以学习者为中心的教学模式,通过教师与智能教育系统的协同合作,实现个性化的教学。其中,智能教育系统可以利用机器学习、自然语言处理等人工智能技术分析学生的学习数据和行为,为教师提供个性化的教学建议和指导。这种技术的应用有助于提高教学的针对性和效果。其具体的应用类型和与之相关的人工智能技术主要有:① 以教师端—机器协同为研究主体,个性化导学、学习过程监测、教学结果评测等应用类型。② 以学生端—机器协同为研究主体,存在学习者特征、学习路径规划、个性化资源推荐、智能辅助服务机器人等应用类型。

人机协同技术在教育领域应用的技术成熟度(见表2-2),涵盖了教师端和学生端两个层面。从表中可以看出,人机协同技术在教育领域已经取得了一定的进展,但同时也面临着一些挑战和瓶颈。

表 2-2　人机协同技术在教育领域应用的技术成熟度

研究主体	应用类型	应用场景	技 术 成 熟 度
教师端—机器协同	个性化导学	智能导学	智能导学系统目前已商用,利用人工智能技术辅助教师进行实现个性化教学,但目前在学生情感监测层面技术仍不成熟。
		辅助教学设计	目前大量教学设计自动化工具已经商用,教师可依靠这些工具和资源,走出传统的经验式备课模式,拓展教师开展同课异构的选型范围。

研究主体	应用类型	应用场景	技 术 成 熟 度
		个性化组卷	基于题库的自动组卷已成熟商用,目前研究者提出各类算法提高其准确度。
	学习过程监测	实时学情分析	学情分析系统已商用。学习分析技术通过对教与学过程数据的采集、教与学行为的分析,可以实现对学习过程的评价,为学生提供及时预警,教师也可以根据反馈提供有针对性的教学干预,从而实现更加精准有效的教学服务。
		学习者实时情绪,心理分析	学习者情绪、心理监测系统正在研发 帮助教师可以根据系统的反馈信息及时调整教学方式及进度,改进教学,提高教学质量。
	教学结果评测	作业,练习自动批改,自动阅卷	基于题库的机考作业批改和机考方式自动阅卷已成熟商用;纸质作业和答卷的自动批改目前存在复杂版式识别的技术难点;非题库作业、考题批改、语文、外语等学科,有部分商用系统,数理化等学科,题目批改与自动做题存在同样技术难点,目前有部分实验室成果。
学生端—机器协同	学习者特征	学习者画像	学习者画像技术目前已试用在一些自适应系统中,其利用大数据技术对学习主体的历史数据进行提取、分析和挖掘,对学习者的行为特征进行刻画,从而全面概括学习者的特征信息。目前在成绩、行为刻画技术较为成熟,情感刻画技术仍处于起步状态。
		知识追踪	以 BKT 为代表的知识追踪模型已被广泛地试用于实际教育场景中,但基于深度学习的知识追踪模型总体上其实践应用较少。近年来,研究者开始积极推进知识追踪模型的落地应用。
		学习者建模	学习者建模在知识水平、认知水平层面技术研究成熟,在情感水平建模方面仍处于初级阶段。

续　表

研究主体	应用类型	应用场景	技 术 成 熟 度
机器端	学习路径规划	知识点诊断	知识图谱自动抽取出课程中的概念及其相关关系,进而提示学习者某一知识点的先修知识与后续知识,学习者可以根据自身情况选择不同的知识点进行学习。目前其技术处于理论研究阶段,部分应用到智能辅助工具中。
		认知地图构建	知识图谱叠加学习者知识点掌握程度等认知状态信息,可以进一步构建教育领域的认知地图,直观呈现给学习者,帮助学习者了解其学习进程和掌握程度,但在构建过程中仍存在数据稀疏、冗余性高问题。
	个性化资源推荐	智能试题推荐,智能课程推荐,智能知识点推荐	目前关于个性化资源推荐的方法聚焦于基于内容推荐、协同过滤推荐、社交网络推荐算法,已显示出不错的性能,但存在冷启动、好友数据获取困难、可解释性差等问题。
	智能辅助服务机器人	监督助手,学生学伴,监督助手	智能辅助服务机器人目前已经开始商用,主要用于教学课程与课堂教学活动,作为教辅工具与用户进行人机交互,辅助用户进行相关知识的学习与监测,但是目前其仍存在重游戏化、重同质化、交互性差,感知力差等问题。

　　教师端方面,智能导学系统已经实现商用,能够辅助教师进行个性化教学。然而,在学习者情感监测方面,技术仍不成熟,无法准确捕捉和解读学生的情绪变化。此外,辅助教学设计和个性化组卷技术虽然已经成熟商用,但缺乏对学生学习情况和知识掌握程度的深入分析,难以实现真正意义上的个性化教学。学习过程监测方面,学情分析系统已经商用,能够为教师提供学生学习和行为数据,但缺乏对学生心理状态的评估和干预机制。教学结果评价方面,基于题库的自动组卷和阅卷技术已经成熟商用,但纸质作业和试卷的自动批改技术仍存在技术难点,无法应用于所有学科。

　　学生端方面,学习者画像技术已经试用在一些自适应系统中,能够利用大数据技术分析学生学习行为和特征，但目前主要集中在成绩和行为刻画方面，对情感刻画技术仍处于起步阶段。知识追踪和建模方面，基于深度学习的知识追踪模型实践应用较少，知识图谱的构建也面临着数据稀疏和冗余性高等问题。个性化资源推荐方面，现有的推荐算法存在冷启动、好友数据获取困难、可解释性差等问题，难以满足学生多样化的学习需求。智能辅助服务机器人方面，虽然已经开始商用，但存在重游戏化、重同质化、交互性差、感知力差等问题，难以真正融入教学过程。

总体而言，人机协同技术在教育领域的应用还处于初级阶段，需要进一步完善和改进。未来，需要加强人工智能技术的研发和应用，提高系统的智能化水平，同时也要注重教育学、心理学理论的融合，才能真正实现个性化、智能化的教学。

2. 虚拟教学环境技术

随着数字化与智能化科技革命的发展，整合多种新兴技术优势的元宇宙、虚拟世界为虚拟教学环境提供了技术支撑，人类正在逐步突破时空界限，打造虚拟与现实相互融合的教育发展形态。当前以元宇宙为代表的虚拟世界走进教育场域不断引发教学活动创新发展，极大拓展了教与学的时空边界，并促进教学观念与模式的变革。在关键技术支撑下的教育元宇宙能够有效提升学习者的认知投入，虚拟世界为大学教学创新提供了新的实践场域，引领教学范式变革新动向。具体的应用类型和与之相关的人工智能技术主要有：① 虚拟现实技术为研究主体，虚拟教学为主要应用类型。② 以教育元宇宙为研究主体，存在情景化学习、游戏化学习、个性化学习、教师研修等应用场景。③ 虚拟评测环境还在研发阶段。其具体技术成熟度见表 2 - 3。

表 2 - 3　虚拟场景技术在教育领域应用的技术成熟度

研究主体	应用类型	应用场景	技 术 成 熟 度
虚拟现实技术	虚拟教学	互动课堂	虚拟课堂理论研究成熟，且应用到了实际场景中。互动课堂通过构建实时在线交互系统，利用网络在两个或多个地点的用户之间实时传送视频、语音、图像，使课堂教学的用户可通过系统发表文字、语音，观察对方视频图像，并能将文件、图片等实物以电子版形式显示在白板上。
		虚拟课堂	

续　表

研究主体	应用类型	应用场景	技 术 成 熟 度
		全息课堂	全息课堂所需虚拟现实、数字孪生、人工智能等信息技术被教育领域广泛应用,发展成熟。
教育元宇宙	情景化学习	连接远程教学场所	利用全息视频、全景直播等技术连接远程教学场所,开展实时可视化在线教学和基于实地实景的课堂互动。
		虚拟课堂互动	在元宇宙支持下,教师虚拟化身可隐身观察小组活动,此技术还处于研发中。
		虚拟实验室	部分企业研发的虚拟实验室已试用。虚拟实验室基于 web 技术、虚拟现实技术构建开放式网络化的虚拟实验教学系统,将各种教学实验数字化和虚拟化。
	游戏化学习	高沉浸式学习,强交互式学习,创造性学习	教育元宇宙借助虚拟现实、增强现实、磁共振、人工智能、脑机接口等技术,打造高仿真的虚拟游戏世界,可以给学习者带来更佳的沉浸式、强交互感体验。目前人工智能、虚拟现实、增强现实、磁共振、脑机接口等技术发展成熟。
	个性化学习	跨时空的课堂学习,高仿真的观察学习,多元评价方式	教育元宇宙支持的个性化学习强调个体在逼真的虚拟情境中自主学习,不同的学习者可以选择不同的学习方式。元宇宙个性化学习系统目前处于研发阶段。
			个性化学习采集学生的全过程学习行为数据(含教师评价、同伴互评),数据来源更丰富、评价方式更多元、评价精度更高。此外,教育元宇宙高算力、低延时,能够做到即时反馈。此技术处于理论研究阶段。
	教师研修	教师管理、评价	研训成本低,可常态化实施此技术,处于理论研究阶段。
虚拟评测环境		评价层次	虚拟评测环境目前还在理论研究中。在虚拟现实、增强现实、磁共振、人工智能、脑机接口等技术支持下,可以构建现实场景中难以创建的问题、事件,情境,改变传统测评方式。

表 2-3 展示了虚拟教学环境技术在教育领域应用的技术成熟度,涵盖了虚拟现实技术、全息课堂和教育元宇宙三个方面。从表中可以看出,虚拟教学环境技术在教育领域已经取得了一定的进展,但仍处于不断发展和完善的过程中。

虚拟现实技术在教育领域已经趋于成熟,并在教学内容和形式上得到了广泛应用,例如虚拟现实卡片、数形结合、虚拟课堂、虚拟实验室等。这些技术能够激发学生的学习兴趣,提高学习效率,但也存在着设备成本高、技术依赖性强等问题。

全息课堂技术发展成熟,能够利用全息投影技术实现虚拟和现实的融合,为学生提供沉浸式的学习体验。但目前全息课堂的应用场景相对有限,主要集中于远程教学和课堂互动等方面。

教育元宇宙作为一种新兴的教育模式,整合了多种新兴技术,为教育带来了全新的发展机遇。在教育元宇宙中,学生可以通过个性化学习环境、虚拟实验与模拟、智能导师和助教等获得更加个性化、交互式和沉浸式的学习体验。然而,教育元宇宙目前还处于理论研究和试点应用阶段,需要进一步完善和优化技术方案,才能真正实现其在教育领域的广泛应用。

总体而言,虚拟教学环境技术在教育领域具有广阔的应用前景,但仍面临着一些挑战和瓶颈。未来,需要加强技术研发和应用,降低技术成本,提高系统的稳定性和可靠性,才能真正实现虚拟教学环境技术在教育领域的普及和应用。

2.2.4　赋能教育与心理学研究的新范式技术

人工智能赋能教育学、心理学实证研究,探索新数字时代下,"数字原住民"数字化学习的行为模式,心理变化,基于智能化教学产品,教师与系统协同教学的新教学方法等工作,目前还处于较为零碎的试验中。经文献调研和专家访谈,目前开展较多的,和此类工作有关的人工智能技术大致如下:

(1)学习者潜发展水平的测量。维果斯基将最近发展区界定为学生现有发展水平和潜在发展水平之间的差距。现有发展水平是指学习者能独立解决问题的能力,其水平可以通过问卷调查、试题测验、学生访谈、教师观察等方式来测量。学习者潜在发展水平是指学生通过支架(教学阶梯)可能达到的发展水平,测量具有一定难度。基于大数据的预测分析技术可为学生的潜在发展水平提供一个参考预测。

(2)最近发展区可计算模型构建。每个学习者的最近发展区都不同,也会受到认知、智力、态度等多方面因素的影响而动态变化。通过人工智能决策支持的数据挖掘,可以从海量的聚身采集数据中,发现最近发展区的影响因素;人工智能的控制决策技术,可通过将影响因素与现有发展水平、潜在发展水平直接作为参数,建立最近发展区的神经网络模型,将内隐的心理概念外显化。人工智能技术参与的最近发展区可计算模型构建不需要认为假设寻找影响因素、现有发展水平、潜在发展水平等复杂多模态的数据关联,但也存在可解释性差的问题。

（3）行为外显、内隐的量化。外显、内隐学习行为的关系,是学习有效性分析的重要参数,但要从教学、学习活动所产生的海量行为数据中识别并量化学习行为的外显、内隐关系,存在数据的挖掘分析难、识别难等问题。人工智能技术介入后,可通过使用行为识别的深度学习算法中的卷积循环神经网络(CNN – LSTM)方法进行外显行为的识别,通过使用贝叶斯算法构建学科及题目的作答语法树通过分析作答过程来识别学生的内隐行为。

（4）课堂学习机制研究。在研究课堂学习机制时,除了利用多摄像头视频和语音数据外,还可以结合自然语言处理(NLP)技术,对课堂教学中的文字信息进行分析和挖掘。通过分析教师和学生的话语内容、情感表达、交互模式等,可以深入理解课堂中的教学过程和学习动态。同时,可以运用图论分析方法,建立课堂知识体系的网络结构,揭示知识之间的关联和演化规律,为构建更有效的课堂教学模式提供理论支持。

（5）综合素养的智能化测评。学生综合素养的评测,以往只能采用人为主观评价的方法。但基于虚拟现实/增强现实和人工智能技术,评测活动任务可以批量自动化生成,具体包括参数完全一致的基于真实情景的复杂任务环境,虚拟环境中的虚拟智能交互对象,评测活动流程,以及评测活动中高开放性的多智能体自适应性交互。

（6）基于脑机芯片的新型学习方式研究。在研究基于脑机芯片的学习方式时,可以利用先进的脑机接口技术,如高密度脑电图(HD – EEG)和功能磁共振成像(fMRI),对学习者的脑活动进行实时监测和记录。通过分析学习任务对脑神经网络的激活模式和连接模式的影响,可以深入理解学习过程中的神经机制和认知规律,为优化学习环境和提升学习效果提供科学依据。

2.2.5　以人为本的教育伦理技术

人工智能在教育领域的应用所带来的革命性影响同时也引发了一系列伦理

问题,这些问题需要我们高度重视并积极解决。以下是一些与教育伦理相关的技术和挑战：

(1) 安全性。教育数据的安全性是人工智能教育应用面临的首要挑战之一。确保学生、教师和学校的数据不被未经授权地访问、篡改或泄露是至关重要的。安全技术的发展和应用能够帮助保护教育数据的安全性,包括数据加密、访问控制、安全认证等。

(2) 透明性。人工智能算法的透明度是另一个重要问题。教育系统中使用的人工智能算法需要能够解释其决策的依据,以便教育工作者和学生理解并信任系统的运行原理。透明性技术的发展可以帮助揭示算法的决策逻辑,提高系统的可信度。

(3) 公平性。人工智能在教育中的应用必须遵循公平原则,确保所有学生都能平等获得教育资源和机会。然而,算法可能会受到数据的影响而产生偏见,导致对某些群体的不公平对待。公平性技术的发展可以帮助识别和纠正算法中存在的偏见,从而实现公平的教育机会。

(4) 鲁棒性。人工智能系统需要具备足够的鲁棒性,在面对不确定性、噪声和攻击时保持稳定性和可靠性。特别是在教育环境中,系统的鲁棒性尤为重要,以确保持续的教育服务和学习体验。

(5) 问责制度和学生福祉。强调教育伦理的发展需要建立有效的问责制度,明确教育系统中各方的责任和义务。此外,必须将学生的福祉置于首位,确保人工智能技术的应用不会损害到学生的权益和福祉,而是为他们的学习和成长提供支持和保障。

2.2.6　小结

根据对人工智能技术在智能教育领域应用的现状及以上五个方面智能教育技术发展成熟程度的分析,可以看到智能教育领域的人工智能技术应用,大致可以分为以下几种情况：① 主要面向人工智能赋能教育学、心理学研究新方法、新范式的前沿探索类技术,且理论上也似乎可行的研究,但究竟哪些人工智能技术可以起到作用,具体到什么程度,是否需要开发新的人工智能技术等问题,都需要多学科理论的深度交叉融合,共同探索。② 理论研究阶段技术,如非题库题目的机器自动做题等。此类大部分为知识驱动的人工智能技术,目前可成熟商用的人工智能技术大多为数据驱动的人工智能技术,知识驱动或知识数据双驱动的人工智能技术还存在理论和技术的瓶颈。面向更泛化、更通用的人工智能技术若有理论上的突破,将会快速使得此类技术从研究转向落地。③ 有实验室成果,或仍处于技术研究阶段的技术,主要为在非教育领域的类似场景已有较为成熟的应用,但在当前应用场景或数据环境,已有算法、模型尚不能达到预期目标的技术,如学习者情绪、心理建模等。对于此类场景,若能将教育学、心理学理论以可量化评估的插件模式嵌入到目前的人工智能算法、模型中,可能会是快速突破的一种途径。如课堂行为分析等已开始试用的产品,一般情况下工作良好,但在复杂环境或人机交互多的开放环境中,系统的稳定性、可泛化性仍存在问题。这类系统人工智能算法模型的优化,部分需要人工智能共性技术的底层架构突破,部分需要一线教育产品使用者参与到产品的设计中,明确产品使用范围,规避高成本优化提升。但同时也要避免因技术实现受限提供的办法造成对教师教学活动的僵化控制。

已成熟大规模商用的系统,如外语学习辅导等,主要为基于数据驱动,对学习者事实性知识机械记忆评估的系统。单纯的机械记忆,使得学习者思维僵化、智能活动受限。若将此类系统作为标杆,将会导致教学法的智能降级,而不是智能升级。综上,人工智能技术当前在智能教育领域的应用和发展趋势,应伴随着人工智能技术从感知智能向认知智能转变,在"以人为本"的教育伦理支持下,更多地将教育学、心理学理论以知识计算、知识驱动的方式,融入人工智能算法、模型中,兼顾学习者、教师的知识、能力、素养、心理等多维评价体系,开展可持续智能升级的个性化自适应教学。

2.3　总结

在 2.1 节中,我们深入探讨了人工智能技术在教育领域的应用现状,涵盖了教学信息采集与识别、数据预处理、个性化教学、智能教育管理、学伴与助教机器人、互动课堂与虚拟课堂等多个方面。通过计算机视觉、语音处理、生物传感器等技术,实现了对学生学习行为、情绪状态、生理特征的实时采集和识别,为个性化教学提供了数据基础。数据清洗、数据集成、知识图谱等技术则对教育数据进行预处理,提高了数据质量,为后续分析提供了保障。个性化学习路径规划、智能辅导系统、自适应评估等技术实现了对学生学习情况的精准分析,并提供个性化的教学方案和资源推荐。学伴与助教机器人则为学生提供个性化学习支持，促进学生的认知学习和情感体验。互动课堂与虚拟课堂则打造了更加灵活和高效的学习环境。此外，本节还探讨了智能教育伦理相关技术支持，例如联邦学习、信息安全技术、哈希函数、数据加密等技术，保障教育数据的安全性和隐私性，并通过透明、公平、鲁棒、问责等技术，确保人工智能技术在教育领域的应用符合伦理规范。

2.2 节从人工智能技术通用性维度和信息处理环节维度对智能教育领域应用的人工智能技术进行了矩阵分析，并将其分为五类：定制化应用的人工智能共性技术、自适应学习相关技术、人机协同技术、赋能教育与心理学研究的新范式技术以及"以人为本"的教育伦理相关技术。定制化应用的人工智能共性技术包括人脸识别、语音识别、知识图谱、自然语言处理等成熟商用技术，以及跨模态信息表征与分析、情感计算等前沿技术。自适应学习相关技术旨在实现以学习者为中心的个性化教学，包括个性化学习系统、智能辅助教学工具、智能辅助教师系统、虚拟实境教学环境等。人机协同技术探索人机智能共生的行为增强与脑机协同，提升教学效果和学习体验，包括面向教学过程的人机协同教育技术和虚拟教学环境技术。赋能教育与心理学研究的新范式技术则包括学习者潜发展水平的测量、最近发展区可计算模型构建、行为外显、内隐的量化、课堂学习机制研究、综合素养的智能化测评、基于脑机芯片的新型学习方式研究等，旨在探索人工智能技术如何赋能教育与心理学研究。最后，"以人为本"的教育伦理相关技术包括安全性、透明性、公平性、鲁棒性、问责制度和学生福祉等技术，旨在确保人工智能技术在教育领域的应用符合伦理规范，并真正服务于学生的学习和成长。总而言之，人工智能技术在教育领域的应用已经取得了显著的进展，为教育带来了革命性的变化。然而，随着人工智能技术的不断发展，也带来了一系列新的挑战和机遇。未来，智能教育的发展需要在技术进步的同时，更加关注教育伦理和学生的福祉，确保人工智能技术在教育领域的应用真正服务于学生的学习和成长，推动教育的公平化、个性化和智能化发展。

第 3 章

智能教育社会实验

　　智能教育社会实验作为人工智能技术与教育深度融合创新的研究方法,承载着探索教育技术实践与社会影响的重任。它不仅关注教育效率的提升,还着眼于技术赋能教育过程中潜在的社会风险与伦理问题。与传统教学实验不同,智能教育社会实验强调在真实社会情境中的大规模、长周期观察与干预,注重通过实证研究揭示技术在教育领域的实际效果及其演化规律。本章将围绕智能教育社会实验的概念、历史与发展、实验类型与方法设计、经典案例、社会实验执行中的挑战和应对策略等核心内容展开讨论,旨在为构建具有人文温度和社会责任感的智能教育生态提供理论支持和实践指引,同时探索智能教育在技术创新、教育改革与社会发展中的深远影响。

3.1　智能教育社会实验概述

　　智能教育社会实验,作为人工智能与教育深度融合创新的关键实践,专注于探究二者融合所引发的社会影响。与传统教学实验相比,它尤为注重在真实社会环境下,展开大规模、长周期的观察与调控,以此洞悉技术在教育领域的实际成效以及潜在风险。该实验方法不仅传承了传统实验与准实验的要素,更以提升教育效能、防范风险为核心目标,推动教育领域实验方法的创新发展。在本节内容中,我们将深入探讨智能教育社会实验的基本概念,追溯其历史发展脉络,并详细解析实验类型与方法设计。

3.1.1　智能教育社会实验的基本概念

智能教育社会实验是一项基于人工智能与教育深度融合创新的实践，旨在探究这种融合对社会产生的影响。相比传统教学实验，教育社会实验更加强调在真实社会情境中的大规模、长周期的观察与调控，以揭示技术在教育领域的实际效果和可能带来的风险。这种实验方法继承并发展了传统实验、准实验的要素，其核心在于以教育效能提升与风险防范为目标，推动了教育领域实验方法的革新。习近平总书记在 2019 年首届国际人工智能与教育大会的贺信中明确指出人工智能教育的两层含义：培养人才和技术与教育深度融合创新[1]。而我们所关注的智能教育社会实验更注重的是后者，即技术与教育融合创新对社会的影响。

具体而言，智能教育社会实验是对传统实验、准实验等方法要素的继承与发展，侧重于探究人工智能等新一代信息技术对教育领域的社会影响和发展规律。它在真实社会情境中引入了"控制—对照—比较"的研究逻辑，通过建立实验组与对照组、规范科学抽样方法、拓展数据采集方式、创新数据分析方法、严格伦理审查等过程，开展大规模、长周期、多学科的实证研究[2]。其目的是将人工智能与教育融合创新过程中产生的社会影响转变为内涵准确、边界清晰、可测度的特征变量，科学评估技术对教育教学的影响，形成相应的研究报告、干预措施、政策建议，加深利益相关者对新技术的认识，并最终反馈于人工智能技术赋能教育改革的实践路径。通过超前开展人工智能教育社会实验，可以提前关注技术应用可能带来的各类问题，形成对人工智能技术赋能教育的社会影响和演化规律的系统性研判与前瞻性预测，推动技术创新向技术的"负责任"创新转变，实现具有人文温度的智能教育生态。

3.1.2　智能教育社会实验的历史和发展

智能教育社会实验的起源可以追溯到 19 世纪末期，随着社会科学的制度化，芝加哥社会学派的学者提出了"社会实验室"的概念，将社会视为实验室，将

1　中华人民共和国国务院：《习近平向国际人工智能与教育大会致贺信》，2019 年 5 月 16 日。

2　鲍婷婷、柯清超、马秀芳：《人工智能教育社会实验的理论基础与实践框架》，《电化教育研究》2023 年第 44 卷第 1 期，第 54—60 页。

城市、社区等社会环境作为研究对象进行观测和记录,以了解社会运作规律[1]。杜威和胡适进一步发展了"实验主义"哲学,认为社会实验是一种对实验主义逻辑下社会科学研究方法体系的统称。杜威强调通过实践经验来解决问题。他认为,人们通过不断地实践和经验积累来获取知识,而这种知识是动态变化的,需要不断地根据新的经验进行修正和完善[2]。胡适也主张通过实践来检验理论的正确性。他认为,实验主义是一种不断试错的过程,只有通过实践的检验,理论才能得到验证[3]。他们的理论对智能教育社会实验的发展具有重要的启示意义。

20 世纪 20 年代,费希尔指出了社会实验的关键要素,包括随机化、重复性和干预控制[4]。他强调这些要素是构成社会实验研究和保证内部效度的基础。根据这些要素的不同,学者们划分出了准实验、自然实验和实地实验等不同类型。准实验只是在研究中引入了实验推理,没有实现随机分组和控制干预等基本条件;自然实验利用自然形成的随机分组开展研究,但无法实现对干预的自主控制;实地实验则实现了随机对照处理,是真正意义上的实验研究。这些实验逐渐成为实验研究方法谱系的重要组成部分。

智能教育社会实验是对教育实验和社会实验的继承与发展,侧重于探究人工智能等新一代信息技术对教育领域的社会影响和发展规律。教育实验是指在教育领域中进行的系统性、科学性的实验活动,旨在验证教育理论、评估教育方法和改进教育实践[5]。而社会实验则是将实验方法应用于社会科学领域,通过对社会现象的观察和实验来验证社会理论和政策效果[6]。智能教育社会实验将这两种实验方法相结合,以人工智能技术为工具,探究技术与教育融合创新对教育领域的影响,是对传统教育实验和社会实验的一种延伸和创新。

未来,智能教育社会实验将呈现以下发展趋势:① 随着人工智能技术的不断发展,智能教育社会实验将更加注重技术创新,尝试利用更先进的技术手段进行教育实验和社会实验。② 智能教育社会实验将进一步与其他学科领域进行

1 Small A. W., Vincent G. E, *An Introduction to the Science of Society* (New York: American Book Co, 1894).
2 杨勇:《行动的发生:杜威实用主义社会理论的开端》,《学海》2022 年第 3 期,第 93—103 页。
3 刘欢欢:《胡适实验主义评述》,《科学导报》2024 年 1 月 30 日。
4 Dean A., Voss D. (eds.), *Design and analysis of experiments* (New York: Springer New York, 1999).
5 Marshall S, *An experiment in education* (Cambridge: Cambridge University Press, 1963).
6 Heckman J. J., Smith J. A., "Assessing the case for social experiments," *Journal of Economic Perspectives* 9, no.2(1995): 85-110.

跨学科研究,探索人工智能与教育融合创新对社会的综合影响。③ 智能教育社会实验的研究成果将更多地影响教育政策的制定和实施,推动教育领域的发展和变革。

3.1.3   实验类型和方法设计

1. 根据实验级别分类

在当今数字化时代,人工智能的应用已经深入各个领域,教育领域也不例外。智能教育的发展为传统教育模式带来了全新的可能性和挑战。为了更好地理解和评估智能教育的效果和潜力,人们进行了许多智能教育社会实验。这些实验根据其目的、规模和影响范围的不同,可以分为探索性实验、验证性实验和应用性实验。

探索性实验。探索性实验是一种旨在探索智能教育新技术或新方法在教育领域应用可能性的实验[1]。这类实验通常在小规模的样本中进行,注重对新技术或新方法的初步探索。在探索性实验中,研究人员可能会进行技术的初步测试,探讨教育理念,并尝试初步实施教学方法。探索性实验的风险主要集中在技术失败和数据不足上。为了降低风险,研究人员需要进行技术可行性分析和预期数据量的评估。质量评估侧重于实验设计的合理性,包括假设的明确性、实验方法的科学性以及数据收集的可行性。通过探索性实验,人们可以评估新技术或新方法的基本适用性和潜在的教育价值。

验证性实验。验证性实验旨在验证探索性实验中发现的技术或方法在更广泛的教育环境中的有效性[2]。这类实验通常在更大的样本和多样化的教育场景中进行,以获取统计学上的显著性。在验证性实验中,研究人员会严格控制变量,进行多轮迭代实验,并对比控制组和实验组的结果差异。验证性实验的风险评估需要扩展到参与者的隐私保护、数据安全性以及技术的稳定性。质量评估需要关注实验的可重复性和结果的一致性。通过验证性实验,人们可以得出技术或方法的可靠性、有效性以及对不同学习者的影响。

应用性实验。应用性实验是将经过验证的技术或方法推广到更广泛的教育

---

1   Franklin L. R.,"Exploratory experiments,"*Philosophy of Science* 72, no.4(2005)：888 - 899.

2   Stevens N. T.,"Anderson-Cook C M. Design and analysis of confirmation experiments,"*Journal of Quality Technology* 51, no.2 (2019)：109 - 124.

实践中,评估其在实际教育环境中的应用效果[1]。这类实验涉及多个教育机构,可能跨越不同教育阶段和区域。在应用性实验中,研究人员实施全面的应用计划,包括教师培训、学习材料的整合和技术的优化。应用性实验的风险评估需要涵盖更广泛的因素,包括对教育系统的长期影响、技术推广的可持续性以及可能的社会伦理问题。质量评估需要关注实验的实际影响,包括教学成效的提升、学生满意度以及教育公平性的改善。通过收集大规模实施后的反馈,人们可以对教育技术的普及效果和长期影响进行综合评价。

2. 根据实验类型分类

根据实验设计和目的的不同,教育社会实验可以分为中间实验、探索实验、对比实验和协作实验四种类型。每种类型都有其独特的特点和适用范围,可以根据具体的研究目的和需求进行选择和应用。这些实验类型为教育研究和实践提供了重要的方法和工具,有助于推动教育领域的持续发展和改进。

中间实验。中间实验是指已完成论证、尚未大范围施行的政策条例、技术方案的试点/测试工作,以人为引入为主。中间实验介于探索性实验和验证性实验之间的实验类型。它旨在进一步探索教育政策、方案或技术的可行性和有效性,但规模和影响范围较小,通常在局部或特定群体中进行。中间实验的特点是具有一定的实验性质,但又不像验证性实验那样需要严格控制变量和大规模实施。这种实验通常用于评估教育创新项目的初步效果,为进一步扩大实验规模提供参考依据。

探索实验。探索实验指向驱动因素成熟(如人才素养结构变化、智能技术涌入等)、但其作用的过程及其终极效果不明确时的探索性工作,以自然观察为主[2]。它旨在探索新的教育理念、方法或技术的实验类型。这种实验通常在小规模的样本中进行,旨在了解新方法的可行性和可能的效果。探索实验的目的是为教育研究和实践提供新思路和新方向,为未来的教育改革和创新提供参考。

对比实验。对比实验指向需依次探明所关心的变量其作用强弱最终汇集影响实验对象的所有变量,框架实验为主[3]。对比实验是一种常见的教育社会实验

1　Borman G. D., *Experiments for Educational Evaluation and Improvement* (London: Routledge, 2018), pp. 7-27.

2　范颖、张旭、姜芸苓、曹盛吉、李冰、段梦汐:《"学生为中心+形成性评价"探索实验诊断学实验教学》,《继续医学教育》2022 年第 36 卷第 11 期,第 13—16 页。

3　杨九民、艾思佳、皮忠玲等:《教学视频中教师出镜对教师的作用——基于对比实验和访谈的实证分析》,《现代教育技术》2021 年第 31 卷第 1 期,第 54—61 页。

类型，旨在比较不同教育政策、方案或技术的效果。对比实验通常包括实验组和对照组，实验组接受新政策、方案或技术的介入，对照组则不接受介入，作为对照。通过比较两组的表现，可以评估介入的效果。对比实验的优势在于能够控制其他变量的影响，从而更准确地评估介入的效果。

协作实验。协作实验指为了一个特定的目的和按照预定的程序所进行的跨主体合作研究活动（如居家学习指导、馆校协同活动等），以人为组织为主[1]。它是一种侧重于合作和共同学习的实验类型。在协作实验中，研究者、教师、学生和其他相关人员共同参与实验的设计、实施和评估过程。协作实验的目的是通过共同努力，促进教育领域的创新和改进。这种实验强调团队合作和互动，可以带来更丰富的实验结果和更广泛的影响。

3. 根据实验方法分类

在教育研究领域，教育社会实验是一种重要的研究方法，旨在评估教育政策、方案或技术的效果和影响。根据实验所涉及的方法和技术的不同，教育社会实验可以分为多种类型，包括自然实验、实地实验、调查实验、计算实验和混合实验。

自然实验。自然实验是一种利用自然形成的实验条件进行研究的方法[2]。自然实验是指在现实世界中已经存在的条件下，观察和分析因果关系的研究方法。自然实验不是通过人为设置条件来控制变量，而是利用已经存在的条件或事件进行研究。自然实验通常发生在自然环境中，研究对象不知道自己正在参与实验，因此可以更真实地反映社会行为和现象。

自然实验的显著特点包括自然性、随机性、观察性和归因性。自然性指自然实验利用现实世界中已经存在的条件或事件进行研究，不需要人为干预或控制，具有较高的自然性和真实性。随机性指虽然自然实验不是人为设置条件，但由于条件的自然性，实验组和对照组之间的分组通常是随机的，保证了实验结果的可靠性和有效性。观察性指自然实验通常是通过观察已经发生的事件或现象来获取数据，而不是通过实验干预来收集数据。归因性指自然实验可以帮助研究人员确定事件或条件之间的因果关系，因为这些事件或条件是自然发生的，而不是人为设置的。

1　郑重、王雷、谭立湘等：《计算机程序设计分层次协作型实验教学模式》，《实验室研究与探索》2022 年第 41 卷第 5 期，第 188—191 页。

2　Morrison F. J., Smith L., Dow-Ehrensberger M., "Education and cognitive development: A natural experiment," *Developmental Psychology* 31, no.5(1995): 789.

自然实验的设计方法包括识别自然条件、确定实验组和对照组、收集数据、分析数据和得出结论。首先需要识别现实世界中已经存在的条件或事件,作为自然实验的基础。然后根据现实条件的不同,确定实验组和对照组。实验组是受到影响的群体,对照组是未受到影响的群体。接着通过观察和记录实验组和对照组的行为或现象,收集实验数据。利用统计方法分析数据,确定实验组和对照组之间是否存在因果关系。最后根据数据分析的结果,得出关于现实条件影响的结论。

自然实验在智能教育中的应用包括评估智能教育技术的效果、研究智能教育对学习者的影响、探索智能教育的优化策略、促进智能教育技术的推广和应用以及深入理解智能教育的作用机制。通过自然实验,可以评估各种智能教育技术在实际教学中的效果,验证智能教育技术的有效性。利用自然实验可以研究智能教育对学习者认知、情感和行为等方面的影响,深入理解智能教育的作用机制。通过自然实验,可以探索智能教育的优化策略,提高教学效果,促进智能教育技术在不同教育环境下的推广和应用。

实地实验。实地实验是指研究人员在真实的生活环境中设置条件,观察和记录研究对象的行为和反应的一种研究方法[1]。在实地实验中,研究者通常不干预研究对象的行为,而是观察他们在自然环境中的表现,以获取研究数据。实地实验通常用于研究人类行为、社会互动、环境影响等问题,具有较高的真实性和可靠性。

实地实验的显著特点包括真实性和自然性、控制实验条件、观察和记录以及复杂性和难度。真实性和自然性指实地实验在真实生活环境中进行,能够更真实地反映人们的行为和态度,具有较高的自然性。虽然在实地实验中无法完全控制所有条件,但研究人员可以尽可能地控制一些关键条件,以确保实验的有效性和可靠性。实地实验通常通过观察和记录研究对象的行为和反应来获取数据,而不是通过实验干预来收集数据。由于实地实验涉及真实生活环境中的多种因素和互动关系,因此设计和实施实地实验通常比较复杂,需要考虑多方面的因素。

实地实验的设计方法包括确定研究问题、选择研究场景、设置实验条件、观察和记录数据、分析数据和得出结论。首先需要明确研究的目的和问题,确定需

1　罗俊、黄佳琦、刘靖姗等:《保障性住房、社会身份与公平感——来自社区实地实验的证据》,《经济理论与经济管理》2022 年第 42 卷第 10 期,第 47—61 页。

要研究的内容和范围。然后根据研究问题选择合适的实地场景,确保能够真实反映研究对象的行为和态度。在实地场景中设置条件,包括实验组和对照组,以及其他可能影响实验结果的条件。通过观察和记录研究对象的行为和反应来获取数据,可以使用录像、录音等方法。利用统计方法和分析工具对数据进行分析,找出规律和结论。最后根据数据分析的结果,得出关于研究问题的结论和建议。

实地实验在智能教育中的应用包括评估智能教育技术的实际效果、验证智能教育技术的适用性、探索智能教育的最佳实践、促进教育改革与创新、提升教育质量与效率。通过实地实验,可以在真实的教育环境中评估智能教育技术的实际效果,验证技术的适用性,探索最佳实践。实地实验有助于促进教育改革与创新,提高教育质量与效率,推动智能教育的发展。

调查实验。调查实验是社会科学研究中常用的一种实验方法,通过调查和观察被试者的行为、态度和反应,以获取关于特定问题的数据和信息[1]。

调查实验的显著特点包括真实性、多样性和可控性。真实性指调查实验通常在真实的环境中进行,反映了被试者真实的态度和行为。多样性指调查实验可以采用多种形式,包括问卷调查、面对面访谈和观察等。可控性指调查实验可以通过设计合适的调查问卷或观察方法,控制实验条件,确保数据的准确性和可靠性。

调查实验的设计包括确定研究目的、被试者选择、测量工具、数据收集和数据分析。首先需要明确研究的目的和问题,确定需要获取的信息和数据。然后选择符合研究目的的被试者群体,确保样本的代表性和多样性。设计合适的调查问卷或观察表,确保能够准确地获取数据和信息。通过发放问卷或进行观察,收集被试者的数据和信息。最后对收集到的数据进行统计分析,得出结论并进行解释。

调查实验在智能教育中的应用包括需求调查与问题诊断、用户体验评估、效果评估与改进、教育政策制定和教育资源优化配置。通过调查实验,可以帮助教育工作者了解学生和教师的需求,诊断教育中存在的问题,为智能教育技术的应用提供依据。同时,调查实验还可以评估智能教育技术的用户体验,提出改进建议,并为制定教育政策和优化教育资源配置提供数据支持,推动智能教育的发展。

计算实验。计算实验是一种利用计算机模拟或处理数据进行实验研究的方法,通过建立数学模型、运用统计学方法和计算技术,对研究对象进行模拟、分析

1　李论、过勇:《媒体报道内容如何影响腐败感知?——基于调查实验的实证发现》,《公共管理评论》2024 年第 6 卷第 1 期,第 46—65 页。

和预测,从而获取研究结论[1]。在科学研究、工程设计、经济分析等领域,计算实验具有广泛的应用。

计算实验的显著特点包括灵活性、可控性和高效性。灵活性体现在可以根据研究对象的特点和问题,灵活地调整模型和参数,以获得更准确的结果;可控性指通过控制模型的输入和参数,控制实验条件,确保实验结果的准确性和可靠性;高效性体现在可以利用计算机的高速计算能力,快速地进行模拟和分析,节省时间和成本。

计算实验的设计包括确定研究问题、建立数学模型、模型求解和数据分析。确定研究问题时,需要明确研究的目的和问题,并确定需要建立的数学模型和参数;建立数学模型时,根据研究问题和目的,建立相应的数学模型,包括变量、参数和方程等;模型求解时,利用计算机对数学模型进行求解,获取模型的解析解或数值解;数据分析时,对求解结果进行统计分析和图表展示,得出研究结论。

在智能教育中,计算实验可以应用于智能教育系统设计与优化、个性化学习路径推荐、智能教学内容生成、智能评估与反馈、教学过程优化和教育决策支持等方面。例如,通过建立模型、仿真和实验,可以评估不同设计方案的性能,选择最优方案并进行系统优化;通过分析学生的学习行为和反馈,建立个性化学习模型,为每个学生推荐最适合的学习路径,提高学习效果;通过分析学科知识结构和学生学习需求,自动生成适合学生的教学内容,提高教学效率和质量;通过分析学生的学习表现和问题,自动生成针对性的评估和反馈,帮助学生及时发现和解决问题;通过分析教学过程中的数据和反馈,优化教学策略和方法,提高教学效果和学生满意度;通过分析教育数据和趋势,为教育管理部门提供科学依据和决策支持,促进教育改革和发展。

混合实验。混合实验是一种实验设计方法,将两种或两种以上的研究方法结合起来,以利用它们各自的优势来解决复杂问题或达到更全面的研究目的。在智能教育领域,混合实验通常将定性研究和定量研究相结合,以获得更全面和深入的研究结果。混合实验的设计和实施过程相对复杂,但可以提供更全面和深入的研究结果,有助于揭示问题的本质和机理。

混合实验的显著特点之一是综合性。它结合了定性和定量研究方法,可以从

1　余胜泉、徐刘杰:《大数据时代的教育计算实验研究》,《电化教育研究》2019 年第 40 卷第 1 期,第 17—24 页。

不同的角度和层面全面地研究问题,提供更全面和深入的研究结果。其次是灵活性。混合实验可以根据研究问题和目的灵活选择研究方法,适用于不同类型和复杂度的研究问题。再者是多样性。混合实验可以采用多种不同的数据收集和分析方法,从而获取更多样化和丰富的研究数据。此外,混合实验还可以提高研究的有效性和可靠性,提高研究的科学性和可信度,为教育实践和政策制定提供科学依据。

混合实验的设计方法包括确定研究问题、选择实验方法、设计实验方案、实施实验、整合研究结果和撰写研究报告等步骤。首先,确定研究问题和目的,明确需要解决的核心问题和研究范围。然后,根据研究问题和目的选择合适的实验方法,可以选择定性研究、定量研究或两者结合的混合研究方法。接着,设计实验的具体方案,包括实验的内容、流程、参与者和数据收集方式等,确保实验设计符合科学原则和伦理要求。然后,按照实验方案进行实验,确保实验过程的严谨性和可靠性,根据需要进行数据收集、分析和解释。最后,将定性和定量数据进行整合,分析并解释研究结果,揭示问题的本质和机理,撰写研究报告,确保报告的科学性和可读性。

在智能教育中,混合实验可以应用于教学设计、学习路径推荐、教学评估、教学改进和教育决策支持等方面。通过结合定性和定量研究方法,可以更好地理解学生的学习需求和行为,设计出更有效和适应的教学内容和方法,实现个性化学习路径推荐,评估教学效果和学生学习成果,提出教学改进方案,支持教育决策,促进教育改革和发展。

3.2   智能教育社会实验的方法体系

智能教育社会实验方法是对教育领域传统实验研究要素的继承和发展。学者们在社会研究与教育研究中形成的方法体系为智能教育社会实验研究方法的创新和发展提供了基础。如北京大学的陈向明教授指出,社会学研究方法一般包含三个层面:第一,方法论,即指导研究的思想体系;第二,研究方式,即贯穿于研究全过程的程序与操作方式;第三,具体的技术和技巧,即在研究的某一阶段使用的具体工具、手段和技巧等[1]。

---

1   陈向明:《质的研究方法与社会科学研究》,北京:教育科学出版社,2000 年。

3.2.1 方法论

方法论是指我们如何看待和解释社会现象的理论假定、研究原则或逻辑。方法论是具有一般性、普遍性原则的理论体系,是解决问题的一种具有一般性的方法。传统社会科学方法论体系主要分为三种:哲学方法论、学科方法论和逻辑方法论。哲学方法论是一种以唯物辩证法为指导讨论哲学的方法。其主要观点包括:尊重现实,一切从实际出发,实事求是。学科方法论是学科研究的最高或原则性的指导思想,学科方法论都是以人文主义或实证主义做指导。逻辑方法论的核心是科学的程序,通过建立预期假设,并经过操作化后再由经验观察引出结论。作为人类早期的认知方法之一,逻辑的本质是经验,源自人类的感应信息与经验总结。当前,计算机技术结合社会科学体系形成了计算社会科学方法论,它结合了计算机科学、数据科学和社会科学的原则和方法,旨在研究和解决社会科学问题。能够利用计算机技术和大数据分析来探索社会现象、行为和关系,以深入理解社会现实,逐渐成为智能教育社会实验的重要方法论之一。

3.2.2 研究方式

研究方式主要是用来确定研究途径和研究路线,不同的研究方法可以提供不同的数据来源和研究视角,帮助研究者深入探索问题并获得全面的研究结果。通过选择合适的研究方法,研究者可以灵活运用各种数据收集和分析技术,以满足研究目的和问题的需要。智能教育社会实验的研究方式结合了社会科学和计算科学的方法,为教育研究带来了更广泛的研究视野。

传统的社会科学将研究方式基于资料的获取途径、分析深度以及时间视角进行分类。基于资料获取途径的研究方式包括文献研究、调查研究、实验研究以及实地研究。其中实验研究最常用,主要分为:自然实验、实地实验、调查实验和计算实验。自然实验指受试对象被自然地或被其他非观察者控制因素暴露在试验或控制条件下的一种试验研究方法[1]。由于自然实验无法实现对干预的自主控制,它并不是真正意义上的实验研究。但自然实验作为自然力驱动的随机化实验,在压缩研究成本、控制伦理风险等方面具有独特优势,因此,成为智能教育社会实验研究方法体系的重要组成部分。实地实验则是指在自然条件下或在

---

[1] 冯瑞玲、郭茜:《教育领域的自然实验因果推断研究——以语言教育研究的应用为例》,《清华大学教育研究》2023 年第 44 卷第 2 期,第 88—148 页。

真实生活的环境中所做的实验[1]。在情境允许的条件下尽可能地控制和操纵变量。实地实验类似于自然实验，即都是在真实生活环境中进行的有控制的实验。但实地实验强调实验情境的自然而不是在实验室那样的人为情境；自然实验强调实验处理并不是实验者来操作的，是被试在生活中自然发生的。实地实验实现了随机对照处理且满足干预控制和可重复进行等基本实验原则，侧重通过人为干预来观测现象演化规律，是智能教育社会实验最常用的方法之一。调查实验是指通过调查方法实施的以个人为对象的实验[2]，通常将实验干预嵌入在调查中，观察信息供给差异如何影响受试者态度和认知的社会实验方法。调查实验结合了调查法和实验法的双重优势。从调查的角度来说，它侧重于采用问卷调查、访谈等方法收集数据，从学习者和教育者的角度获取信息。从实验的角度来说，调查实验允许研究者操纵处理变量，即核心自变量，并且可以对样本进行随机化分组，从而保证了因果推断的准确性以及内部效度。

基于资料分析深度的研究方式包括探索性研究、描述性研究和解释性研究。探索性研究指研究者不清楚研究对象的内在联系，不能确定假设和研究方向，并且缺乏前人的研究信息和理论支持的情况下所用的一种研究方法。此类研究旨在探索和形成相关假设，或为现象的一个或多个层面的集中分析研究做好准备。描述性研究是描述教育现象，运用观察、调查、访谈等方法对教育现象问题和事实进行客观记录和真实描述的研究。解释性研究是指通过种种方法和手段对调查搜集来的各种资料进行整理分析，以阐明所了解到的社会现象发生原因，并预测其变化趋势的社会实践活动。许多调查研究不但描述社会现象，而且力求解释社会现象，即阐述社会现象是为何发生和如何发生的。解释性研究是解释教育现象的一种研究。解释性研究的目的包括两方面：一是解释现存社会现象为什么发生和如何发生的；二是对现存社会现象在何种条件下将导致另一社会现象发生的可能性进行预测。

基于时间视角的研究方式包括横向研究和纵向研究。横向研究旨在通过对多个独立个体或群体进行同时观察和比较，来分析它们之间的差异和相似之处。在横向研究中，研究者关注的是同一时间点上不同个体或群体的特征、行为或结

1　赖玥、柳式袆：《解读"穷人思维"：贫困农户风险态度的影响因素分析——来自广西、贵州贫困山区入户实地实验的证据》，《贵州财经大学学报》2019 年第 6 期，第 92—101 页。

2　汤志伟、龚泽鹏、韩啸等：《公众对智能政务服务和人工政务服务的感知与选择——基于调查实验的研究发现》，《电子政务》2023 年第 9 期，第 105—116 页。

果,以揭示它们之间的关系和变化。在教育领域中,横向研究可以比较和识别出不同个体或群体之间的差异、共同点和趋势,为教育改革和政策制定提供参考依据。需要注意的是,横向研究只提供了同一时间点上的观察数据,无法捕捉到个体或群体的变化和发展趋势。纵向研究也叫追踪研究,用于跟踪和观察同一个体或群体在一段时间内的变化和发展。它关注的是在时间上的连续性,以探究因果关系、发展趋势和长期影响,有助于揭示个体或群体的发展轨迹、变化模式和长期效应。

计算社会科学的研究方式主要包括半自动化实验研究和计算实验研究两大类。自动化社会实验研究是指利用计算机技术和工具来设计、管理和执行教育社会实验。在实验过程中,研究者不仅可以使用在线实验室等技术设计和实施教育实验,还能够利用此类工具完成数据收集、数据分析等工作。相比传统实验研究方式,自动化社会实验具有精准控制、可重复等特点,还能够做到在提高实验效率的同时,降低了人工操作出错的风险。然而,自动化实验缺乏人类参与者之间的情感互动和社会因素,研究者也需要更加关注实验的伦理问题,特别是参与者的隐私保护问题。因此,在智能教育社会实验方法体系中,我们建议研究人员作为有效的监督者全程参与自动化实验中,形成具有监督机制的半自动化实验研究,以规避或减少风险的产生。计算实验研究是运用计算方法推演不同场景下社会系统演化规律的实验方法[1],通常利用计算机模拟和仿真技术进行实验,通过抽象与符号化,把教育现象,如教育主体的心理活动与行为、教育体系的基本特征与功能、教育模式及其运行机制等进行建模,构造虚拟的教育环境,以此为基础来开展各种教育现象和动态演化过程的实验,有助于研究者研究教育问题,理解和预测社会现象。

3.2.3　研究方法

智能教育社会实验研究的具体方法主要指收集和分析资料的方法和技术。大致可以分为三类方法:定量研究方法,定性研究方法以及混合研究方法。

定量研究方法是社会科学研究中最常用的方法[2],在智能教育社会实验中也

1　刘征驰、周莎:《个体认知、群体共识与互联网众筹投资绩效——基于计算实验方法的研究》,《管理评论》2022 年第 34 卷第 10 期,第 24—36 页。
2　Bloomfield J., Fisher M. J., "Quantitative research design," *Journal of the Australasian Rehabilitation Nurses Association* 22, no.2 (2019): 27–30.

被广泛使用。定量研究方法强调数值化数据的收集和分析，以量化学习者、教师或其他参与者的行为和反应。常用的定量方法包括问卷调查、实验设计、统计分析等。通过定量研究方法，研究者可以获得大量的研究数据，经过量化分析能够揭示智能教育的效果和影响因素。当前，智能技术支持下的智能教育社会实验研究为传统定量研究带来新突破。一方面，智能技术的应用使得研究数据的收集和处理变得更加高效和精确。通过自动化的数据采集和分析工具，研究人员能够获取大规模、高质量的数据，从而支持更全面和准确的定量研究。另一方面，智能技术的出现促进了研究方法的创新和发展。例如，智能技术丰富和优化了传统定量研究方法，机器学习和大数据技术可以帮助研究人员发现数据中的隐藏模式和关联性，从而揭示更为深入和全面的教育现象和规律。

质性研究是指通过发掘问题、理解事件现象、分析人类的行为与观点以及回答提问来获取敏锐的洞察力[1]。定性研究注重对参与者观点、经验和主观感受的深入理解，以文字、图片、录音等形式收集数据，并通过内容分析、主题编码等技术进行分析，以发现社会现象诸要素的存在，推设它们之间的相关性，为进一步的研究、检验提供方向。定性研究通常使用灵活的研究设计和质性分析方法，如扎根理论和人种学等，以获取深入的洞察力和理论发展。随着智能技术的发展，质性研究也呈现出了新的可能性。首先，智能技术为质性研究提供了更广泛的研究对象和数据来源。传统质性研究通常依赖于有限的研究样本和数据源，受到时间、地域和人力资源等限制。而智能技术可以通过数据挖掘、社交媒体分析等手段获取大量的数字化数据，扩大了研究的广度和深度，使研究者能够更好地理解社会现象和个体行为。其次，智能技术还为质性研究提供了新的分析工具和方法。例如，自然语言处理和情感分析等技术可以帮助研究者从大量文本数据中提取有意义的信息，发现隐藏的主题和模式。虚拟现实和增强现实等技术可以提供沉浸式的研究环境，帮助研究者更深入地理解个体和社会行为。

值得注意的是，无论是定量研究方法或是质性研究方法都不是一种万能的研究方法。在智能时代，教育正面临着深度信息化和智能化转型的挑战和机遇。在这个新的发展背景下，研究者需要不断调整和优化实验方法，以适应不断变化的场景和利用人工智能所带来的新资源、新方法和新工具来推动科学研究的创新。同时，为了更全面，客观地探索教育问题，研究者需要根据研究问题的性质

1　Fossey E.，Harvey C.，McDermott F.，et al. "Understanding and evaluating qualitative research," *Australian & New Zealand Journal of Psychiatry* 36，no.6 (2002)：717–732.

和目标,灵活运用各种研究方法。也可采用将定量和定性方法结合起来的混合研究方法,以综合、多维度的方式进行智能教育社会实验研究。通过混合研究方法,可以整合不同类型的数据,深入理解智能教育的多个维度和因素。

3.3　智能教育社会实验的伦理规范

随着人工智能技术在教育领域的广泛应用,智能教育社会实验逐渐成为研究和实践的热点。然而,与之伴随的是一系列伦理风险。这些风险主要来源于三个方面:一是人工智能技术层面的风险,二是社会实验的风险,三是教育的风险。下文将从这三个方面对智能教育社会实验的伦理风险进行分析,旨在引起社会对这一问题的关注,并为相关研究和实践提供参考。

3.3.1　人工智能技术层面的风险

(1)算法偏见[1]。人工智能算法可能受到数据偏见的影响,导致对某些群体或个体的不公平对待。例如,在学生评价方面,如果算法基于不平衡的数据集进行训练,可能会对某些学生进行错误地评价,进而影响他们的学习机会和发展。

(2)数据隐私泄露[2]。智能教育系统需要收集和分析大量的学生数据,包括学习行为、兴趣爱好等。如果这些数据未经妥善保护,可能会导致学生隐私泄露的风险,进而引发个人信息安全问题。

(3)技术依赖性[3]。人工智能技术在教育中的广泛应用,可能导致对技术的过度依赖。如果教育系统过分依赖人工智能技术,可能会削弱教育者和学习者的自主性和创造性,进而影响教育的质量和效果。

3.3.2　来自社会实验的风险

来自社会实验层面的风险主要涉及实验相关者、实验过程和实验结果三个方面。对实验相关者来说,实验对象可能会受到身心安全、隐私及权益保护方面

1　解正山:《算法决策规制——以算法"解释权"为中心》,《现代法学》2020 年第 42 卷第 1 期,第 179—193 页。
2　林伟:《人工智能数据安全风险及应对》,《情报杂志》2022 年第 41 卷第 10 期,第 105—111＋88 页。
3　刘蕾、张新亚:《人工智能依赖对创造力的影响与未来教育发展路径的省思》,《广西师范大学学报(哲学社会科学版)》2024 年第 60 卷第 1 期,第 83—91 期。

的威胁。研究者可能因对实验干预负面效应的无知，或者有意避免类似于"霍桑效应"的研究困境，而违背了研究规范，如公开、公正、平等、知情同意、隐私保密和尊重受试者自主权等。他们可能会以不当的方式，如隐瞒、欺骗等，获取信息和数据，损害受试者的利益。

（1）在实验过程中，实验可能会带来消极副作用。社会实验以真实的社会情境为实验场域，其中的伦理风险包括：① 研究可能会对社会中未参与该实验的其他个人或群体产生负面影响。这些"间接参与者"虽未直接介入实验，但生活轨迹却暴露在实验干预设置的环境中，可能会受到干预的侵扰。② 实验可能会在场景区域造成其他领域的伦理危害，如生态破坏、环境污染等。③ 实验面临偏离预期的风险，环境变化或意外因素等可能导致实验失控或失败，甚至实验设计中未被发现的缺陷在过程中暴露，导致实验耗费大量人力物力与时间成本却未能达到预期效果，甚至适得其反[1]。特别是在人工智能技术的不确定性下，技术失控致使实验意外或失败的风险概率不可忽视。

（2）在实验结果方面，实验的产出阶段存在研究公开不当、数据造假和结果滥用风险。研究成果公开发表时，如未做妥当的匿名化处理或相关信息的披露，可能会暴露研究对象身份，导致一些敏感人群在社会曝光中受到不公待遇。此外，在大数据资料收集情况下，实验的研究结果若被滥用，便会对受试者的隐私形成威胁。而数据造假则会造成严重的学术不端伦理问题。

3.3.3　来自教育的风险

来自教育层面的风险包括教育内容不当和对学生造成心理压力等。智能教育系统可能会传递不当的教育内容，例如错误的历史观点或不健康的价值观。如果这些内容未经过滤和审查就被传播，可能会对学生产生误导和负面影响。同时，智能教育系统可能会通过各种方式对学生进行评价和管理，这可能会给学生带来心理压力。长期处于高压的学习环境中可能会对学生的身心健康产生不良影响。

综上所述，智能教育社会实验的伦理风险是一个复杂而严峻的问题，需要社会各界的共同努力来加以解决。在推动智能教育发展的过程中，我们应该充分考虑到这些风险，并采取有效措施来规避和管理这些潜在的问题，以确保智能教育的可持续发展和良性运行。

1　Diener E., Crandall R., *Ethics in Social and Behavioral Research* (*Chicago: University of Chicago Press*, 1978).

3.4　智能教育社会实验的伦理规范体系构建

智能教育社会实验的伦理规范体系应包括以下三个方面：

1. 针对人工智能技术层面的伦理规范

（1）算法偏见的规范。确保算法训练数据的多样性和公平性，避免对特定群体或个体造成不公平对待。建立数据审查机制，及时发现和纠正算法中的偏见。

（2）数据隐私的规范。制定严格的数据采集、存储和处理规范，确保学生数据的安全和隐私不被泄露。强调数据使用的透明度和可控性，让学生和家长了解数据的使用目的和方式。

（3）技术依赖性的规范。提倡技术与人的合作，强调人的主体性和创造性在教育中的重要性。建立技术使用的指导原则，避免技术过度干预教育过程。

2. 针对社会实验层面的伦理规范

（1）实验设计的规范。确保实验设计符合科学原则和伦理标准，避免设计上的偏差和失真。加强实验设计的审查和评估，确保实验的科学性和可靠性。

（2）参与者权利的规范。尊重参与者的权利和利益，确保他们能够自主选择是否参与实验，并了解实验可能带来的风险和利益。建立参与者权利保护机制，保障其在实验中的权利不受侵犯。

（3）实验结果的后果规范。在实验设计和实施过程中考虑到可能产生的各种后果，包括意想不到的后果。建立实验结果评估机制，及时评估实验结果可能对社会和参与者造成的影响，采取必要措施减轻负面影响。

3. 针对教育层面的伦理规范

（1）教育内容的规范。建立教育内容审查机制，确保教育内容符合教育原则和社会价值观。避免传播错误信息和不健康价值观，保护学生的身心健康。

（2）心理健康的规范。关注学生的心理健康问题，建立心理健康评估和干预机制。避免教育过程给学生带来过度的心理压力，保障他们的身心健康。

综上所述，智能教育社会实验的伦理规范体系应该是一个多方参与、多层次、多角度的体系，旨在保障实验的科学性、公正性和安全性，确保智能教育的健康发展和社会效益。

3.5   智能教育社会实验经典案例

在本节内容里，我们将一同回顾两个极具代表性的社会实验：霍桑实验与教育减贫实验。这两个实验在社会研究领域意义非凡，为诸多学科发展提供了宝贵借鉴。随后，我们会深入剖析并详细介绍这两个经典案例，探寻其中蕴含的深刻价值与启示。

3.5.1   霍桑实验

霍桑实验是 20 世纪 20 至 30 年代间在美国西方电器公司霍桑工厂进行的一项重要试验，旨在研究工作条件、社会因素与生产效率之间的关系，以探求提高劳动生产率的途径[1]。这项试验被视为西方行为学派早期研究的一个重要活动，其代表人物是美国哈佛大学教授梅奥。

霍桑实验经历了两个阶段。第一阶段始于 1924 年 11 月，主要研究工作条件与生产效率的关系。首先进行的是照明试验，将装配电话继电器的女工分为两个小组：一个是"实验组"，照明度不断变化；另一个是"控制组"，在照明度不变的情况下工作。结果显示，照明条件的改变几乎没有对生产效率产生影响。随后进行了福利试验，逐渐增加了一些福利，如缩短工作日、延长休息时间、免费供应点心、改变工资支付办法等，但也未能直接提高生产效率。

第二阶段始于 1927 年，梅奥应邀参加领导这项试验，重点研究社会因素与生产效率的关系。研究人员与职工进行了两年间达两万多次的无指示性访谈，让工人们自由地发泄心中的怨气。他们将以往从事压制监督的领班改为由试验的研究人员领导，并以同情的态度征求、听取和采纳工人的意见，逐步形成一种具有个人联系和相互协作的"社会状态"。同时，研究了非正式组织的行为、规范以及奖惩对生产效率的影响。

霍桑实验的结果对工业生产管理和组织行为学的发展产生了深远影响，引发了人们对工作环境和组织文化的关注，对于现代企业管理和人力资源管理理论的发展具有重要意义。

---

1   徐为列：《对霍桑实验的思考》，《企业经济》2003 年第 2 期，第 10—11 页。

1. 霍桑实验共经历了五个实验

（1）照明实验，时间为 1924 年 11 月至 1927 年 4 月。当时主流观点认为，提高照明度可以减少疲劳，从而提高生产效率。然而，经过两年多的实验，发现照明度的改变几乎不影响生产效率。实验组和控制组在不同照明条件下均呈现增产的趋势，直至照明减至几乎看不清的程度，产量才显著下降。

（2）福利实验，时间为 1927 年 4 月至 1929 年 6 月。试图通过改变福利待遇来影响生产效率，但两年多的实验表明，无论福利待遇如何改变，都不影响产量持续上升。主要原因包括工人对参与实验的光荣感以及成员间良好的相互关系。

（3）访谈实验，持续时间较长。最初设想是让工人就管理政策、工作条件等问题回答问题，但工人更倾向于谈论工作以外的事情。经过调整，访谈计划改为不规定内容，工人得以发泄不满和意见，从而提高了士气和产量。

（4）群体实验，选择 14 名男工人在单独房间从事工作，并实行特殊的工人计件工资制度。结果发现，工人为维护群体利益而自发形成规范，使得产量维持在中等水平。

（5）态度实验，对两万多人次进行了态度调查。实验者必须耐心倾听工人的意见和牢骚，并作详细记录，不作反驳和训斥。结果发现，谈话内容缓解了工人与管理者之间的矛盾，形成了良好的人际关系，进而提高了产量。这一阶段的实验表明，人际关系比人为措施更能有效地提高生产效率。

2. 霍桑实验的主要实验结论

（1）职工是"社会人"。在人际关系学说出现之前，西方社会普遍将职工视为"经济人"。然而，霍桑实验的结果支持了一个与"经济人"观点不同的理论，即将职工视为"社会人"。这一观点强调金钱并非唯一的激励因素，而应重点关注社会和心理因素，以促进人们之间的合作，并提高生产率。

（2）存在"非正式组织"。霍桑实验揭示了企业内部存在着"非正式组织"。由于人类是社会性动物，在共同工作的过程中，人们自然而然地建立起相互联系的关系，形成了一种无形的群体。这种非正式组织具有特殊的情感、规范和倾向，影响着群体成员的行为。传统管理理论忽视了这种非正式组织对员工行为的影响，实际上非正式组织与正式组织相互依存，对提高生产率有着重要影响。

满足工人的社会欲望是关键：传统的科学管理理论认为，提高生产效率取决于作业方法和工作条件。然而，霍桑实验表明，生产效率的提高关键在于工人的工作态度，即工作士气的提高。而工人的工作士气又主要取决于其社会满足感，包括在企业中的地位是否得到认可等因素，其次才是金钱的刺激。因此，满足工人的社会欲望，提高工人的士气，是提高生产效率的关键。

3. 邹平实验

邹平乡村建设实验是中国农村改革开放初期的重要实践，旨在解决农村经济发展中的问题，并探索建立适合中国国情的农村经济体制[1]。中国在 1978 年启动改革开放，农村改革成为其中重要的组成部分。长期以来，中国农村存在着土地承包经营制度不完善、农村经济发展缓慢等问题，急需进行改革和创新。在农村改革初期，中国开始尝试建立以农村集体经济为主体、多种形式经营共存的农村经济体制，而邹平实验正是在这样的背景下展开的。该实验由中国社会科学院农村发展研究所与山东省潍坊市联合开展，旨在通过理论研究与实践相结合的方式，推动农村经济改革的深入发展。这也是当时中国改革开放初期探索学术与实践相结合的一次尝试。邹平县位于中国东部沿海地区，是一个农业发达的县份，但也存在着农业生产组织不完善、农村经济发展不平衡等问题。因此，开展邹平乡村建设实验的目的在于推动当地农村经济的发展，提高农民的生活水平。

《邹平方案》的理论设计来自中国知识分子在民国时期主导的乡村建设运动中的一次重要实践。该方案的主要负责人是梁漱溟和晏阳初，其中梁漱溟在理论探索和实践中发挥了重要作用。这一时期，中国社会面临着巨大的变革和挑战，西方文化的冲击使中国传统文化与现代化之间产生了巨大的张力。梁漱溟作为一位哲学家，以独特的哲学和文化视角，探讨了中国文化如何应对现代化的问题，提出了重建中国社会结构的思路。

首先，梁漱溟认为，中国传统文化与西方文化在根本精神和意欲上存在着巨大的差异。西方文化强调个人权利和自由竞争，而中国传统文化则注重团体生活和伦理关系。他认为，要重建中国社会，必须学习西方的团体生活和科学技术，但又要以中国传统文化为基础，建立起一种新的社会结构。其次，梁漱溟强调经济发展与社会组织的密切关系。他提倡在乡村建设中建立合作社，通过合作组织化的方式发展农村生产力，实现资本的公有化，推动乡村社会的现代化和

1　唐金武：《民国乡村建设运动中卫生医疗事业研究——以定县实验与邹平实验为比较》，《锦州医科大学学报(社会科学版)》2022 年第 20 卷第 6 期，第 23—29 页。

工业化发展。第三,梁漱溟主张以道德代替法律来维持社会秩序。他认为,中国社会需要通过道德教育和知识分子的作用,建立起一个以伦理为基础的社会秩序,实现社会的自治和现代政治的基础。

总的来说,《邹平方案》是一种试图融合传统文化和现代化理念的中国式现代化方案。它提出了一种以乡村为单位,以传统文化为基础,融合西方团体生活和科学技术的社会结构,试图通过改造乡村社会实现整个中国社会的重建。然而,该方案在实践中最主要面临如何平衡传统与现代的矛盾,以及如何有效地实现合作社的发展和道德教育的落实等问题。

邹平方案在乡村建设实验中取得了一些初步效果: ① 提高了农村的组织化水平和治理能力。通过以乡农学校为核心,构建由知识分子、地方乡绅等新老精英群体和农民共同参与的地方自治组织,乡村的组织化水平得到提升,治理能力也得到增强。② 推动了农村教育的发展。乡学、村学的设立和工作内容的开展,包括学校式教育和社会式教育工作,帮助农民子女获得了学习机会,推广了文化教育,提高了农民的文化素质。③ 促进了农村经济的发展。通过建立合作组织、推广科学技术和改良作物品种等措施,重振了乡村经济,提高了农民的生产水平和经济收入。④ 改善了农村社会风俗。通过宣传复兴良好礼俗和反对陋习,如敬老、慈幼、礼贤、恤贫等美德,以及反对妇女缠足、男孩早婚等不良习俗,改善了农村社会风气。⑤ 改善了农村卫生状况。建立了卫生院和卫生所,开展了卫生教育,普及了卫生知识,有效控制了传染病的传播,提高了农民的健康水平。总的来说,邹平方案在乡村建设实验中取得了一定的成效,为当时乡村建设和改革提供了有益的经验和启示。

3.5.2 教育减贫实验

教育被认为是促进人力资本积累最主要的途径之一。欠发达地区普遍面临着儿童受教育时间不足和教育机会性别分布不均衡等一系列问题,严重阻碍了这些地区的脱贫进程。如何更好地提升贫困地区儿童的受教育时间并促进适龄儿童公平享有受教育机会,成为全球扶贫工作中的重要议题。

在这一问题上,学者和实践界形成了截然不同的观点。一部分学者和实务工作者强调从优化教育资源供给入手,即教育政策的核心是建设足够规模的学校并配置足量的、训练有素的教师,从而达到诸如"95%的儿童都能在离家半英里内的学校"这样的政策目标。另一部分专家则更加关注需求侧,强调提升贫困地区儿童受教育水平的重点是帮助穷人更好地认识到教育带来的积极影响。一旦穷人父母意识到教育的价值，提升家庭对于教育的投入便水到渠成。两派观点争执不下，亟须扎实的实证证据支撑教育扶贫政策的制定。

班纳吉团队的研究者在印度北部三个城邦中人迹罕至的 160 个村庄展开实验研究。其中，实验组和对照组按 1：1 分配。在这些地区，儿童受教育程度相对有限，且存在较为明显的性别差异。实验中，研究者与离岸电话呼叫中心展开合作，邀请离岸电话呼叫中心前往实验组中的村庄举办一次真实的电话女工招聘会。招聘会完成后，研究者持续追踪实验组和对照组村庄女童的教育和健康状况。经过三年的追踪调查，研究者发现实验组村庄中 5～11 岁的女童整体入学率提升了 5%，且整体身体健康状态有了明显的提升。在调研中，研究者发现，驱动这一变化的主要原因是当地的穷人家长开始意识到让女儿上学也能获得可观的经济回报，因此投资教育的意愿有了明显的提升。

上述实验的研究发现具有深刻的理论和政策意义。研究结果表明，教育具有很高的投资属性，而穷人家长在做出投资决策时同样也具有很高的理性，能够对市场的变化做出反应。因此，仅仅从供给一侧推动教育改革可能并不能解决问题。最好的教育政策可能是没有教育政策，政府只要找出急需劳动力的相关行业，让投资教育显得"有利可图"，家长便很可能增加对教育的投资。当然，上述结果并不能完全否定教育资源供给的重要性，只是从一个侧面强调了从需求角度推进教育改革的作用。随着类似实验数据的积累，研究者和实务工作者可以对如何推进教育扶贫改革积累更加系统的认知。

3.6   智能教育社会实验执行中的挑战和应对策略

智能教育社会实验在宏观和微观层面都面临着诸多挑战。

1. 智能教育社会实验面临的挑战和应对策略

（1）在宏观层面，实操困境主要包括资源、政策、跨学科合作和技术更新换代等方面的挑战。资源困难包括人力不足、设备和场地不足、资金不足；政策困难包括政策不明确，缺乏针对智能教育社会实验的具体政策和指导，无法规范实验的开展和结果的解释。即使有相关政策，但政策的执行难度较大，需要消耗大量的时间和精力。而且政策环境不稳定，政策经常变化，导致实验计划的频繁调整和实验结果的不确定性;跨学科合作困难包括不同学科之间存在着理论、方法和思维方式的差异,沟通和合作困难。学科间资源共享不足,缺乏学科间资源共享的机制和平台,无法充分利用各学科的专业优势;技术困难包括技术应用复杂,技术在教育中的应用通常涉及多个层面,需要综合考虑多种因素才能取得有效的结果。技术更新速度快,智能教育涉及前沿的技术和方法,技术更新换代速度快,实验团队需要不断跟进最新的技术和方法。技术更新换代需要大量的投入,包括设备更新、人员培训等,增加了实验的难度和成本。

（2）针对这些挑战制定相应的应对策略。在宏观层面,面对资源、政策、跨学科合作和技术更新换代等方面的挑战,可以采取以下应对策略。对于资源困难,可以加强资源整合,建立资源共享机制,充分利用各方资源,提高资源利用效率。对于政策困难,应制定明确的政策,明确实验的目的、范围、流程和结果评估标准,为实验提供政策保障和指导。对于跨学科合作困难,可以加强学科交叉合作,建立跨学科研究团队,共同解决实验中的问题。对于技术困难,可以积极应用新技术,提高技术应用水平,促进实验效果的提升。

2. 微观层面上智能教育社会实验面临的挑战和应对策略

（1）微观层面上,不同类型实验的实施和实验流程上面临着挑战。

① 对于不同类型的实验来说,主要实施难点也不一样。政策类智能教育社会实验的实施困难包括政策实施的延迟性,教育政策的实施通常需要较长时间,而实验结果需要在政策实施后才能得出,导致实验周期较长。政策效果的多因素影响,教育政策的效果受到多种因素的影响,如学生家庭环境、教师水平等,难以准确评估政策对教育的影响。政策制定者和实验者对政策目的和实验设计可能存在理解偏差,影响实验的设计和实施。技术类智能教育社会实验的实施困难包括技术选择和应用的挑战,技术类实验需要选择适合的技术来支持教育实践,但技术选择和应用的过程可能受到技术本身的局限性和复杂性的影响。技术更新换代,智能教育涉及的技术更新换代较快,实验设计和实施过程中可能面临技术更新的挑战。技术应用的复杂性,技术类实验需要将技术与教育理论相结合,但技术与教育理论之间存在着差异和不确定性,可能影响实验效果的评估和结果的解释。混合类智能教育社会实验的实施困难包括政策与技术的融合难度和多因素影响分析复杂性,整合政策和技术因素,准确评估二者的相互影响,需要设计合适的实验方法和模型。多因素影响分析复杂性,政策和技术的互动关系复杂,可能存在非线性的影响效应,需要综合考虑多种因素进行分析。

② 在实验流程层面,实操困境包括实验设计、实施、数据收集和分析、伦理和法律问题等方面的挑战。实验设计困难包括实验目的不清晰,缺乏明确的实验目的和研究问题,导致实验设计不够准确和有效。实验变量控制困难,难以控制实验中的各种变量,影响实验结果的准确性和可靠性。样本选择困难,难以选择代表性和足够数量的样本,影响实验结果的普适性和推广性。实验实施困难包括实验对象配合度低,实验对象对实验的配合度不高,影响实验的顺利进行和数据的准确采集。实验环境受限,实验环境受到外部因素的干扰,如噪声、温度等,影响实验的结果和可靠性。实验设备故障频发,实验设备经常出现故障,影响实验的正常进行和数据的准确记录。数据收集和分析困难包括数据采集方法不当,采用的数据采集方法不合适或不充分,导致数据的缺失或不准确。数据分析方法不当,没有合适的数据分析工具,采用的数据分析方法不合理或不正确,导致分析结果不准确或无法解释。伦理和法律问题包括伦理审查难度大,实验设计涉及伦理问题,但伦理审查难度较大,需要花费较长的时间和精力。法律法规不明确,缺乏针对智能教育社会实验的法律法规,导致实验设计和实施存在法律风险和不确定性。

（2）微观层面上应对挑战的策略

① 针对微观层面,需要针对不同类型的实验实施困难制定具体的对策。对于政策类实验实施困难,可以完善实验设计,充分考虑政策实施的时间和影响因素,提前做好准备工作,确保实验顺利进行。对于技术类实验实施困难,可以合理利用技术支持,选择适合的技术方案,提高技术应用水平,确保实验效果的有效实现。对于混合类实验实施困难,可以加强政策和技术融合,充分考虑政策和技术因素的相互影响,设计合理的实验方案,确保实验效果的最大化。

② 在实验流程层面,需要做好实验设计、实施、数据收集和分析、伦理和法律问题等方面的工作,可以采取以下应对策略。对于实验设计困难,应明确实验目的,合理设置实验变量,选择适当的样本,确保实验设计科学合理。对于实验实施困难,应加强实施过程管理,提高实验对象的配合度,确保实验环境的稳定性,减少实验设备故障发生。对于数据收集和分析困难,应采用合适的数据采集方法,选择科学有效的数据分析工具,确保数据的准确性和可靠性。对于伦理和法律问题,应加强伦理审查,遵守相关法律法规,确保实验的合法性和道德性。

3.7　小结

　　智能教育社会实验作为教育领域与人工智能技术深度融合的前沿探索，具有重要的理论与实践意义。本文系统梳理了这一实验方法的基本理论、方法体系及伦理规范，通过经典案例揭示了其在实际应用中的潜力，同时也对未来发展可能面临的挑战提出了应对策略。随着技术的不断发展，智能教育社会实验将在推动教育创新和社会进步中发挥更为重要的作用。未来的研究需要在现有基础上进一步深化，确保这一领域的持续创新与健康发展。

第 4 章

人工智能赋能中小学教育的研究

人工智能在中小学教育中的应用已经呈现出多样化的趋势,从教学辅助工具到智能教学系统的转变标志着人工智能技术在教育中的角色愈发重要。特别是在个性化学习、教育评价、课堂管理等方面,人工智能技术的介入改变了传统教学模式,使教育更加精准和高效。本章将深入探讨人工智能赋能中小学教育的技术应用现状,从关键技术、使用现状、技术产品未来趋势以及技术风险等多个维度进行分析。同时,本文还将讨论技术应用中的伦理问题,以及中小学人工智能课程的开展情况,为教育工作者和决策者提供全面而深入的视角,共同推动人工智能教育的健康发展。

4.1 人工智能赋能中小学教育的技术应用现状

在新一代信息技术浪潮中,以人工智能为核心驱动力,各类教学系统应用如雨后春笋般在中小学教育领域蓬勃兴起。这些应用广泛渗透于教、学、管、评等各个教育场景,不仅为中小学教育注入全新活力,推动其实现新的增长,甚至在一定程度上重塑了教育形态。本节将深入探讨人工智能在中小学教育中发挥赋能作用的具体方式,以及全面梳理当前人工智能在该领域的应用现状。

4.1.1 关键技术

在新一代以人工智能技术为核心的信息技术支持下,各类教学系统应用蓬勃发展,涵盖教、学、管、评等各种教育场景[1],为中小学教育带来了新变化,甚至重塑教育形态。为明确界定人工智能赋能教育涉及的关键技术,本研究借鉴由联合国世界知识产权组织发布的《2019 技术趋势——人工智能报告》,其提到人工智能技术可分为以下五类:机器学习、逻辑编程、模糊逻辑、本体工程和概率推理。而我们经常提及的在教育领域应用较多的计算机视觉、语音处理、自然语言处理、预测分析等则属于人工智能功能性应用。具体来说,比如基于自然语言处理的小花狮作文批改平台,基于情感计算的腾讯教育智脑、基于语音识别的科大讯飞语音评测,基于场景理解的腾讯智慧校园等。

为了更好地表示人工智能技术及其相关应用,本文依据腾讯研究院联合华东师范大学、中国教育科学研究院编写的《2022 人工智能教育蓝皮书》中的人工智能教育应用关键技术框架。教育应用层涵盖了学生学习、教师教学、教育管理等直接的教育场景。教育功能应用层则包含了如情感识别、个性化学习推荐等基于智能技术的功能应用。进一步,功能应用层涉及自然语言处理、预测分析等技术应用。最后,技术算法层描述了支撑这些应用的核心技术,如机器学习、逻辑编程等。这些技术最终都依赖于教育数据层提供的数据支持。这表明,人工智能在教育领域的应用过程从实际的教育应用场景开始,由教育功能应用、功能应用到技术算法,再由技术算法到数据,展示了关键技术从数据到应用的整个过程(详细框架见表 4-1)。

表 4-1 人工智能教育应用关键技术框架

教育应用层	学生学习;教师教学;教育管理;教育评价;教育学、心理学研究
教育功能应用层	符合安全伦理的教学信息采集技术,以及支持透明、公平和鲁棒性的智能教育技术;涵盖构建和检索学科知识图谱、知识库的学科知识管理技术;跨模态教学信息对齐、清洗和预处理技术,以及互动课堂、虚拟课堂等教育环境技术;虚拟或实体学伴、助教机器人,以及利用智能体群智技术进行教学辅助的技术;智能化的学生评价系统、学习路径推荐和个性化学习过程优化学习评价与反馈;帮助分析学生学习过程中的情感状态的情感识别与引导技术。
功能应用层	自然语言处理;知识表示与推理;语音处理;预测分析;计算机视觉;控制方法;机器人学
技术算法层	机器学习;逻辑编程;本体工程;概率推理
教育数据层	管理类数据;资源类数据;评价类数据;行为类数据(教与学);个体特征数据

---

1 倪琴、刘志、郝煜佳等:《智能教育场景下的算法歧视:潜在风险、成因剖析与治理策略》,《中国电化教育》2022 年第 12 期。

4.1.2　使用现状

尽管人工智能技术在教育领域应用前景广阔,但通过查阅文献、实地调研,我们发现了一些现实的挑战和限制,比如山东省淄博市中小学校信息化硬件设备配备较完善,交互式一体机等全覆盖,并为全市中小学配备精品录播室,搭建大数据平台为全市教师提供学习交流。然而,关于人工智能技术的软件应用却较为稀缺,课堂上使用的信息化软件多基于信息技术,并不涉及人工智能技术,或者说不是必须技术。

人工智能融合教育教学取得一定进展,但在广大中小学应用层面仍不够完善[1]。首先,尽管人工智能技术在教育中取得了一些进展,例如自动评估和个性化学习,但在整个教育系统中的广泛应用还相对有限。许多学校和教育机构在技术设施、教师培训和资源投入等方面仍然不足,比如我国东部的信息化基础设施走在前列,但是大约只有三成的学校配备了人工智能实验室,而中部和西部地区情况更不乐观。这是因为,公立中小学的学校建设大都依靠政府拨款,而经济落后地区资金支持力度更小。缺乏成熟的智能产品,以及相应的资源与服务,是目前阻碍教师在教学中有效应用人工智能技术的主要因素。其次,人工智能技术在教育中的应用可能受到教育政策、社会文化和教育实践等多方面因素的影响。比如一些地区可能存在对技术的接受度和法规限制,以及对数据隐私和伦理问题的关注。教育实践的多样性和复杂性也可能导致同一技术在不同环境下的效果和应用方式存在差异。最后,人工智能技术的应用需要不断地与教育实践相结合,倾听教师、学生和其他教育参与者的需求和反馈,以确保技术的有效性和可持续性。因此,在探讨人工智能技术在教育领域的变化时,我们需要更加客观地考虑到现实中的各种因素和限制。

4.1.3　技术产品未来趋势

(1) 智能教育产品转移至教与学。2021 年出台了《关于进一步减轻义务教育阶段学生作业负担和校外培训负担的意见》(以下简称《意见》),《意见》严格限制校外培训,同时也为校内教育的发展带来了新的契机,如何在降低学生校内负担的同时提升学生学下效率和效果,不仅是政策的目的,更为我国基础教育的发

1　吴永和、许秋璇、王珠珠:《教育数字化转型成熟度模型研究》,《华东师范大学学报(教育科学版)》2023年第 3 期。

展带来了新的挑战。而人工智能技术在赋能学生学习方面扮演着重要角色,它可以将学习从被动的"游离身外"状态转变为主动的"具身模拟"状态[1]。通过模拟学习者的学习过程,这项技术帮助学生更好地理解知识的独特价值和学习的深层含义,从而实现个性化发展。具身模拟技术促进了"人—机"融合学习,智能地收集学习信息、构建心智模型、推送知识图谱、展示探究路径,并分析学习成效。这种技术能够主动帮助学习者克服潜在的学习障碍,助力他们获得最佳学习效果。

(2)完善个性化学习。个性化学习是未来智能教育产品发展的重要趋势之一。随着人工智能和大数据技术的发展,智能教育产品可以更好地了解学生的学习需求和特点,从而为每个学生量身定制学习路径和内容,提供更加个性化的学习支持。利用学习者个性特征的学习行为数据,结合大数据分析和模型算法,智能地为学习者在规划学习路径、提供学习资源、创造交互情境、提供实时反馈等方面提供选择、决策和服务[2]。通过对学习数据的二次分析和供给,系统可以同步调整和优化学习过程,从而实现个性化学习目标,这种闭环运行机制展示了人工智能技术在个性化学习中的潜力。

4.1.4　技术风险

人工智能在教育领域的运用对教育方式产生了深远影响,同时也带来了一系列的伦理挑战和风险。我们面向教育领导者的人工智能伦理问卷调查研究显示上海周边的中小学校长及教育管理者对人工智能融入教育教学场景持积极态度,但对技术滥用、数据泄露、隐私侵犯以及人工智能与教育主体权利边界的模糊问题等挑战表示担忧。作为教育的带头人,他们急切地盼望相关指导方案的出台以确保人工智能能够安全地融入教学。因此,我们必须高度重视人工智能教育应用中的伦理问题,遵循以人为本的原则,致力于发展"可信赖的人工智能",以促进教育改革与创新。在此背景下,从数据隐私安全、算法偏见与歧视、可解释性不足、系统依赖与故障以及技术边界模糊等方面对技术风险进行研究。

(1)数据隐私安全。数据隐私安全是指在处理和存储数据时,保护个人信

1　董艳、李心怡、郑娅峰等:《智能教育应用的人机双向反馈:机理、模型与实施原则》,《开放教育研究》2021 年第 2 期。
2　许锋华、胡先锦:《人工智能技术赋能个性化学习:意蕴、机制与路径》,《广西师范大学学报(哲学社会科学版)》2023 年第 4 期。

息和敏感数据不被未经授权访问、使用或泄露的行为。这一概念在依赖大数据和智能算法进行决策和分析的现代信息系统中尤为重要。智能系统通常需要对海量数据进行挖掘训练，在教育场景中，如何通过教育数据治理变革来科学处理数据产生、存储、使用和管理过程中的隐私保护和开放获取的关系，无疑会成为一个迫切的新时代议题[1]。这些问题不仅威胁学生的隐私权，还可能导致信息被恶意使用，从而对学生产生不利影响，成为社会对教育信息化的主要批评之一。

（2）可解释性不足。算法的"可解释性"是指能够清楚、透明地说明算法做出决策或预测的过程。在传统的机器学习算法中，如决策树和线性回归，决策规则通常较为直观易懂。然而，随着深度学习和神经网络的普及，黑箱模型成为主流。虽然这些模型能提供良好的预测结果，但其决策原理难以理解。对于那些影响个人生活和利益的决策，如贷款审批、面试选拔等，人们倾向于相信可以理解和解释的决策。当算法给出透明的解释时，人们会对其产生怀疑和不信任。

（3）鲁棒性欠缺。鲁棒性是指系统在面对各种异常或变化时仍能保持稳定性和高效性的能力。在智能算法和大数据应用中，鲁棒性是指算法能够有效地处理各种不确定性和异常情况，不会因为数据的变化或者特殊情况而导致系统性能下降或出现错误。在智能教育系统中，鲁棒性的重要性在于确保系统能够稳定地运行并提供可靠的教育服务。例如，智能教育系统需要具备鲁棒性来应对学生学习行为的变化、教学环境的变化以及系统自身的故障等情况，以确保教学效果和服务质量不受影响。因此，提高智能教育系统的鲁棒性是保障教育信息化稳定发展的重要举措。

（4）算法偏见与歧视。算法歧视是指通过算法进行的歧视行为，主要发生在依赖大数据和机器计算的智能算法进行决策分析时，对不同数据主体采取不同对待方式，导致歧视性结果[2]。随着智能教育系统的广泛应用，算法歧视现象频繁出现，主要针对教育中的弱势群体，导致如"学历歧视"和"性别偏见"等问题，成为社会批评教育信息化的主要原因[3]。

（5）技术边界模糊。技术边界不清是指在技术发展和应用中，技术的边界

1　田贤鹏：《隐私保护与开放共享：人工智能时代的教育数据治理变革》，《电化教育研究》2020年第5期。
2　刘朝：《算法歧视的表现、成因与治理策略》，《人民论坛》2022年第2期。
3　陈丽、徐亚倩：《"互联网＋教育"研究的十大学术新命题》，《电化教育研究》2021年第11期。

和适用范围模糊不清,容易导致技术被错误使用或滥用。在智能算法和大数据应用领域,技术边界不清常常表现为对算法能力和适用场景的误解或过度估计,导致算法被用于不适合的领域或场景,产生负面影响。智能教学系统对学习者的自主度有一定的边界,过高或过低的自主度都可能对学习产生不利影响[1]。再者过度强调算法评估结果而忽视教育过程中的人文关怀,使得教育信息化的实际效果与初衷出现偏差,引发社会的批评和质疑。

4.2　中小学人工智能课程的开展情况

近年来,人工智能技术迅猛发展,在各领域创造了巨大经济价值。而技术的创新与突破,离不开专业人才的支撑。基于此,我国政府高度重视人工智能课程在基础教育阶段的推进,相继颁布一系列政策并提供技术支持,积极推动人工智能教育在中小学的有效落地。本节将深入探讨中小学人工智能课程的定位,全面剖析其当前的开展现状,以期为相关教育实践提供有益参考。

4.2.1　中小学人工智能课程定位

近年来,人工智能技术的飞速发展为各个领域带来了巨大的经济价值,而掌握精尖技术需要人才的加持。我国政府非常重视人工智能课程在基础教育中的开展,并颁布了系列政策和技术来推动人工智能教育的有效开展。2017 年中华人民共和国国务院颁布的《新一代人工智能发展规划》提到:“实施全民智能教育项目,在中小学阶段设置人工智能相关课程,逐步推广编程教育。”[2]中国教育部于 2018 年 4 月发布《教育信息化 2.0 行动计划》中提到:“构建智慧学习支持环境。加快面向下一代网络的高校智能学习体系建设。”[3]2019 年中共中央、中国国务院印发的文件《中国教育现代化 2035》中提到:“建设智能化校园,统筹建设

1　乐惠骁、贾积有:《智能的边界——智能教学系统中的用户自主度研究》,《中国远程教育》2021 年第 9 期。

2　中华人民共和国国务院:《新一代人工智能发展规划》,2017 年 7 月 8 日,https://www.gov.cn/zhengce/content/2017-07/20/content_5211996.htm,访问日期:2024 年 8 月 3 日。

3　中华人民共和国教育部:《教育信息化 2.0 行动计划》,2018 年 4 月 18 日,https://www.moe.gov.cn/srcsite/A16/s3342/201804/t20180425_334188.html,访问日期:2025 年 2 月 11 日。

一体化智能化教学管理与服务平台。"[1]在我国的一些省市和中小学校,随着相关政策的实施,人工智能教育已经开始逐步推广。但是,由于该学科仍处于起步阶段,有些教师对人工智能的认识还不够清晰深刻,容易将其与其他类似概念混淆。在实践过程中,这种混淆导致了一些误区,比如简单地把人工智能课程定义为计算机技术或编程语言课程,或者将创客教育,科学、技术、工程和数学(STEM)教育等内容直接纳入人工智能课程。教师对课程定义的混淆直接影响了课程目标、内容等的设定,最终可能导致教学效果不佳。因此,在开设人工智能课程之前,准确理解课程的定义是至关重要的。

2021年,中国教育学会中小学信息技术教育专业委员会发布了《中小学人工智能课程开发标准(试行)》,详细说明了在中小学阶段人工智能课程的性质、理念、定位和培养目标。在课程性质上,将中小学阶段的人工智能课程将分为三种:

综合性课程旨在融合数学、物理、信息科学、神经科学、逻辑学、认知心理学等众多领域的学科知识,提升学生对所学内容的整体理解与横纵迁移。

实践型课程强调内容贴近日常学习和生活经验,让学生在环境体验和行动实践的过程中感受、理解、掌握人工智能的原理、方法和技能。

发展性课程坚持创新、协调、开放的发展理念,持续修订人工智能课程。

4.2.2　中小学人工智能课程与相关教育比较

根据以上对人工智能课程的描述,人工智能课程因界定模糊常常与编程教育、STEM教育、机器人教育等混淆,并将这些课程照搬进课程内容中。以下将对编程教育、STEM教育以及机器人教育进行说明。

(1)编程教育。编程教育作为培养学生计算思维和解决问题能力的一种重要途径,不仅是教授编程语言的基本语法和结构,更重要的是让学生学会用计算机编程的方式思考和解决问题。通过编程教育,学生可以学习到如何分析问题、设计算法、调试程序等一系列与计算机编程相关的技能,而这些技能对他们未来从事科学、技术、工程和数学领域的工作都具有重要意义。

(2)STEM教育。STEM教育的宗旨是培养学生的综合素养和综合能力,

1　中国共产党中央委员会.中华人民共和国中央人民政府:《中国教育现代化2035》,2019年2月24日,politicis.people.com/cn/n1/2019/0224/c1001_30898642.html,访问日期:2025年2月11日。

其核心思想是将科学、技术、工程和数学这四个学科有机结合起来,通过跨学科的教学方法来培养学生的创新精神和解决问题的能力。STEM 教育注重培养学生的实践能力和团队合作精神,使他们能够更好地适应未来社会的发展需求。

(3)机器人教育。机器人教育围绕让学生学习机器人的原理和应用,培养其动手能力和创新能力。机器人教育可以帮助学生了解机器人的工作原理,学习如何设计和编程机器人,从而培养他们在工程领域的技术能力和解决实际问题的能力。机器人教育也可以激发学生对科学和技术的兴趣,促进他们对未来职业的规划和发展。

4.2.3　中小学人工智能课程开展现状

在政策的加持下,我国各个地方开始关于人工智能教育的探索。南京为促进人工智能教育与中小学教育深度融合,更好地运用人工智能改进教学、优化管理,南京市多个中小学设立人工智能选修课,主要从组织技术培训、组织专题论坛、组织参与竞赛三个方面推动人工智能教育发展。[1]2019 年广州市教育局发布《关于开展人工智能课程改革实验区、校遴选的通知》,在全市遴选若干实验区和 147 所实验校,开展中小学人工智能课程实验。[2]2019 年深圳发布了《深圳市推进中小学人工智能教育工作方案》,随后人工智能教育开始在该市的中小学中全面展开。全市 61 所学校成为首批"中小学人工智能教育项目"实验工作学校,促进人工智能与教育教学的深度融合,着力培养具有人工智能创新潜质的青少年群体[3]。有关人工智能的探索一直持续至今,2024 年 2 月份教育部公布了 184 所中小学人工智能教育基地名单。这将进一步探索人工智能教育的新理念、新模式和新方案,形成可推广的优秀案例和先进经验,推动中小学人工智能教育深入开展。各中小学也在积极探索着中小学人工智能课程的开展。比如中国人民大学附属中学在初中阶段推出了语音识别等人工智能基础概念课程,并组织学生

1　南京市人民政府:《南京多措并举推进中小学人工智能教育》,2018 年 7 月 23 日,https://www.nanjing.gov.cn/bmdt/201807/t20180723_872271.html,访问日期:2024 年 8 月 12 日。

2　广州市教育局:《广州市教育局关于公示广州市中小学人工智能课程改革实验区、校评审结果的通知》,2019 年 8 月 23 日,http://jyj.gz.gov.cn/yw/wsgs/content/post_5691550.html,访问日期:2024 年 8 月 3 日。

3　深圳新闻网:《人工智能教育从青少年抓起 深圳 61 所学校成首批人工智能教育实验校》2024 年 3 月 18 日,https://www.sznews.com/news/content/2024-03/18/content_30808744.htm,访问日期:2024 年 8 月 12 日。

参与无人驾驶、图像处理、自然语言处理等领域的跨学科实践活动[1]。上海浦东教育发展研究院基于皮亚杰的认知发展理论，设计了小学、初中、高中三个学段的课程内容，侧重点各不相同[2]。

总之，中小学人工智能课程的开展仍处于初步探索阶段，国际上一般采用政府部门和学术机构联合的方式来推动人工智能教育。在课程设计、平台建设和资源开发方面，会有人工智能领域的专家参与，以确保理论研究和实践应用能够结合到教学中。相关的课程学习网站和工具资源也会对公众开放，鼓励一线教师和各个年龄段的学习者积极使用。具体实施时，会根据人工智能学科的关键领域知识和特点，为不同学段的学生提供适宜的研究主题，鼓励他们解决现实生活中的问题。此外，在引导学生系统学习人工智能知识和实际应用的同时，也会将人工智能的伦理和道德等问题作为重点内容纳入教学中。这些经验对我国推动人工智能教育具有借鉴意义。

尽管我国中小学人工智能课程如火如荼地开展，但是现存的许多问题仍然阻碍着其发展普及，以下将从几个方面进行归纳总结：

（1）课程定位模糊。有关人工智能课程最早出现在高中信息技术学科教材中，后来在初中信息技术教材上也出现了人工智能模块，但都限于初步感知状态。目前各地区对中小学人工智能课程的定位标准不一，导致了教学内容和教学方法的异质性，难以形成统一的教学体系。而且中小学人工智能课程缺乏统一的教学内容框架，教材编写和教学计划制定缺乏依据，导致教学内容的选择和安排缺乏规范性和针对性。除此之外，由于教育者缺乏对人工智能课程的清晰认识，机器人、创客教育等校本课程还容易与人工智能课程混淆，而校外开展的人工智能课程水平更是参差不齐，多以逐利为主。

（2）师资短缺。人工智能教育师资短缺，教学环境资源不足，是当前中小学人工智能教育面临的重要挑战之一。我国人工智能人才储备严重不足，尤其是在中小学教师岗位上，很难吸引到具有专业人工智能技术背景的人才，导致中小学人工智能课程教师队伍人才匮乏的现象普遍存在。目前大部分中小学由信息科技教师担任人工智能课程的教学。专业型教师在中小学人工智能课程中的地位至关重要，但其紧缺的状况尤其在欠发达地区更为突出。

1　袁中果、梁霄、武迪：《中小学人工智能课程实施关键问题分析——以人大附中人工智能课程实践为例》，《中小学数字化教学》2019 年第 7 期。
2　谢忠新、曹杨璐、李盈：《中小学人工智能课程内容设计探究》，《中国电化教育》2019 年第 4 期。

（3）教学环境欠缺。搭建完善的中小学人工智能课程实验环境也是一个耗资巨大且过程艰难的问题。受教育资源短缺的影响，各地区学校的教学条件存在较大的差异。在基础教育阶段，学校智能设备的缺乏十分明显，有些学校的实验环境甚至难以达到人工智能课程开设的最基本要求。此外，中小学人工智能课程设备更新缓慢，教学环境尚未能够完全满足教学需求。随着中小学人工智能教育基地的建设，各地教育管理部门对教学环境的重视，将加快人工智能基地建设。

4.3　中小学生成式人工智能实践探索——以 ChatGPT 为例

2022 年底 ChatGPT 作为生成式对话大模型一经推出，便以铺天盖地之势对各行各业产生了强大的冲击，尤其是教育领域，其卓越性能使得启发式教学和个性化教学等潜在智能应用成为可能，促进了教育深层次的变革[1]。为探究 ChatGPT 在教育教学上的表现，接下来将从技术介绍和教育应用两方面进行阐述。

1. 以 ChatGPT 为代表的技术介绍

（1）Transformer 架构。Transformer 架构是 ChatGPT 的主要模型，其具备的多个注意力机制能够处理长距离的文本上下文并捕捉序列之间的依赖关系，并生成具有语义和语法正确性的文本，是实现生成式对话的关键。

（2）微调技术。微调技术是辅助 ChatGPT 等系统生成高质量文本的关键[2]。作为一种语言模型训练技术，其基本原理是通过结合预设的指令描述与生成的文本，构建训练数据，并对文本生成模型的参数进行微调。在微调过程中，模型被要求根据指令描述生成预期的文本，从而使得模型能够理解并执行特定的任务。这种方法将自然语言处理任务转化为基于指令描述的文本生成问题，从而提高模型在特定任务上的性能。

（3）思维链技术。思维链技术是一种用于增强大型语言模型（如 ChatGPT）

1　卢宇、余京蕾、陈鹏鹤等：《生成式人工智能的教育应用与展望——以 ChatGPT 系统为例》，《中国远程教育》2023 年第 4 期。

2　Wei J.，Bosma M.，Zhao V. Y.，et al.，"Finetuned language models are zero-shot learners," *arXiv*，2109.01652（2021）。

的推理和生成能力的技术[1]，主要通过针对性地设计模型的指令输入，引导模型逐步地推理，进而生成更加连贯和合逻辑的回答。尤其是在涉及复杂计算、逻辑推理或多步骤过程的任务中，思维链技术的效果显著，比如针对数学问题、逻辑推理问题和需要详细解释的任务等。对于需要多步解决的问题，思维链技术帮助模型在每一步中保持逻辑一致性。

2. 潜在教育应用

（1）教学过程。生成式人工智能系统（如 ChatGPT）对教学过程的帮助是多方面的。首先，它可以根据教师的教学目标生成创造性的教学素材，帮助教师设计创新性的教学活动。其次，在课堂教学中，它可以扮演助教的角色，根据教学情境提供交互式支持。此外，它还可以根据教学场景和个体教师的需求生成个性化教学方案，并提供编程课程案例和示例性代码生成与说明。在辅助教师生成个性化教学方案时，系统可以根据教师的需求生成多种适切的教学设计，为教师提供备课思路启发和备选方案，从而提升备课效率和授课质量。例如，在中学语文课程《荷塘月色》的教案设计中，教师可以要求系统制作基础方案，然后增加互动环节，生成趣味教学活动如朱自清生平小测验、荷塘故事续写等，也可以要求系统增加课外拓展素材，系统则会提供相关教学资源。

（2）学习过程。ChatGPT 对学生的"学"上起到的作用主要体现在启发式内容生成和个性化定制方面。具体而言，在启发式内容生成上，ChatGPT 可以通过引导式提问帮助学生进行自我思考和探索，尤其是一些逻辑性较强的数理问题，它还可以通过高质量的作文段落示例为学生提供素材参考及专业指导，使用人机协同共创的方式激发学生的创意，提高写作效率，此外，它还可以将复杂的问题分解为更小、更易管理的部分，帮助学生逐步解决问题，增强他们的理解和解决问题的能力；在个性化定制方面，ChatGPT 能够为学生提供即时的反馈，包括在语法检查或逻辑推理方面，ChatGPT 提供有针对性的建议帮助学生改进，再者，ChatGPT 强大的代码编写能力使得学生能够获得一个专属的编程助手。

（3）智能评价。ChatGPT 在学业评价上也有着广泛的应用，比如针对作品和答案点评，ChatGPT 可以通过生成启发性内容为学生的作品和答案进行客观

1　Wei J., Wang X., Schuurmans D., et al., "Chain-of-thought prompting elicits reasoning in large language models," *Advances in neural information processing systems*, no. 35(2022): 24824 – 24837.

点评并提供改进思路,在一次作文评价中,ChatGPT 的输出内容为:"你的作文结构清晰,论点明确。为了进一步提升,可以在论据部分增加一些具体的例子,并在结尾总结出一个有力的结论。"。除此之外,ChatGPT 还可以基于序列任务执行功能并根据测试科目、考察目标和题目类型等需求自动生成多种备选测试题目,这为教师智能组卷提供了支持。

(4)学业辅导。ChatGPT 有着天然做学业助手的潜力。它可以通过创新素材的生成、引导式问答、即时的反馈评价等帮助学生在知识获得、加工、创造上提供帮助,并且还能在增强思辨能力和探究意识上有良好的表现。比如在向其提问"如果爱因斯坦没有提出相对论,物理学的发展会怎样?"的问题时,ChatGPT 给出的回答是"如果爱因斯坦没有提出相对论,物理学的研究可能会沿着经典力学和量子力学的路径继续发展。然而,许多现象,如时间膨胀、引力波等,可能会晚些被发现或理解。此外,核能技术的发展和 GPS 定位系统的准确性也会受到影响。其他科学家可能会在不同的时间点提出类似的理论,但物理学的整体进程和研究重点可能会有所不同。",可以看出,模型基于我们的假设,为学生分析物理学因此受到的影响并分析其他发展走向,启发学生对科学问题进行思考。

3. 教学能力诊断研究

2022 年底 ChatGPT 推出不久后,为了进一步评估 ChatGPT 是否能像一名教师一样传授正确的知识,并且具有编写教案、启发引导等教学能力,基于《中学教育专业师范生教师职业能力标准(试行)》,我们选取了掌握专业知识、学会教学设计、实施课程教学和实施课程育人 4 个二级指标进行问题设计,并且增加了所有问题的正确性与同质化程度的测试。

教师需要对所教授的学科有着系统性理解和把握。依据学科课标要求,我们设计了初中政治学科独立知识点的问题 1 类,2 个中文题序列,共计 48 轮对话实验;小学四年级数学关联性知识点的问题 1 类,2 个中文题序列,共计 26 轮对话实验;小学四年级学科系统关联性知识点的问题 1 类,3 个中文题序列,共计 60 轮对话实验。在初中政治学科独立知识点问题和小学四年级数学关联性知识点问题的回答上,无论是简答题还是列举题,无论是概念还是时政,ChatGPT 都有良好的表现,对提问者给出了正确的解答。

然而,在小学四年级学科系统关联性知识点问题上,ChatGPT 就没有表现得那么出色。研究设计了 1 个序列 3 个问题:a. 我是一个四年级的小学生,我应该学哪些数学内容？b. 你觉得我应该先学长度测量？还是容积测量？c. 你觉得我应该先学容积测量？还是乘除法？共 16 轮测试，前两个问题，ChatGPT 都回答正确，但在最后一问上，有 4 轮答复是先学容积测量，而正确的建议应该是先学乘除法。虽然对于 K12 的知识点来说，还需要更多的测试，但总体来看，ChatGPT 对有较为确定答案的单个知识点问题表现较好；在学科系统关联性知识方面，表现出的能力有限；对于有直接关联的知识点能较为正确地给出关联性决策，对于并非直接关联的知识点，则存在一定比例的错误答复。比对其他学科的测试，文科知识点的回答较理科正确率高。考虑到 ChatGPT 并非专门为教育领域定制的模型，而是一个通用语言大模型，其在教育学科知识方面的欠缺也可以理解。截至 2023 年 3 月，ChatGPT 尚不具备直接教授中国 K12 学科的能力。总之，我们得出的结论是 ChatGPT 目前尚不具备独立辅导学生的能力，但已可作为教师日常工作能力提升的好助手，目前其所展现出来的教学能力，无论是学科知识能力，还是启发式教学能力，都不能满足一般的教学要求，每次生成内容的差异，也蕴含不公平风险。但是随着第三方插件以及模型的不断升级迭代，相信 ChatGPT 离着独立辅导学生的目标越来越近了。

4.4　智能教育伦理研究

在智能教育快速发展的当下，深入探究其伦理维度至关重要。本节将以智能教育伦理的基本概念为切入点，全方位、系统性地梳理智能教育在全球所面临的伦理挑战。在此基础上，着重聚焦各国针对人工智能伦理构建的政策框架与实施的监管措施。不仅如此，本节还将结合具有代表性的典型案例，深度剖析人工智能技术在教育实践过程中潜在的伦理风险。通过上述多维度的分析，力求为智能教育的稳健发展，提供切实可行的伦理指导与富有建设性的政策建议。

4.4.1　智能教育伦理概述

传统教育伦理是指能否给教育活动的全体利益相关者带来福祉，能否明辨是非善恶标准，是否尊重教育公平和教育正义，是否保护人的教育权、自由权和隐私权等基本人权，是否尊重人，是否维护人的道德尊严，是否履行教育的道德责任与义务等基本原则。在传统教育对利益相关者、社会、教育进行伦理要求的基础上,智能教育伦理增加了对技术伦理层面的要求,具体表现为:利益相关者伦理问题、技术伦理问题、社会伦理问题以及人工智能伦理教育问题四个方面。

(1) 在利益相关者伦理方面,系统创建者应该保证教育人工智能稳健性、安全性、可解释性、非歧视性和公平性,教师应保护学生的隐私及个人安全;如何遵循伦理准则以做出伦理决策,学生应被保障涉及的知识产权的归属问题与明确的伦理规范,监测员应保证教育人工智能可解释性,以对其做出决策、判断建立解释方案。

(2) 技术伦理包括如何保障智能道德代理具有一定的伦理决策与判断能力,协调各方利益的自动化决策伦理问题,如何处理具有创造性和创新性的学习活动过程的算法伦理问题以及如何保障学习者的能力、情绪、策略和误解等方面的数据伦理问题。

(3) 社会伦理关注人际关系问题,即如何保障师生之间以及学生之间的正确关系,还关注如何保障人工智能应用过程中数据鸿沟带来的社会不公平问题。

(4) 人工智能伦理教育重点关注如何提升人工智能伦理素养。

4.4.2　各国人工智能伦理政策整理

近年来,伦理失范的案例引起广泛关注,各个国家和机构出台相关政策来进行规范,接下来将从规范公平性,可解释性,安全性,问责性,福祉性展开总结。

(1) 公平性。相关政策见表 4-2。

表 4-2　2015—2022 年,各国关于公平性的政策总结

公　平　性	政　　策	制定国家或机构
"未成年人依法平等地享有各项权利,不因本人及其父母或者其他监护人的民族、种族、性别、户籍、职业、宗教信仰、教育程度、家庭状况、身心健康状况等受到歧视。"	《中华人民共和国未成年人保护法》(2022 年)	中国
"通过人工智能的创新改变世界……通过所有人都可以使用,不歧视并且可以提供机会和待遇平等的方法来实现这一目标,必须通过团结和公平的原则实现普及教育的机会。"	《罗马人工智能伦理宣言》(2020 年)	梵蒂冈

续　表

公　平　性	政　策	制定国家或机构
"致力于在所有情况下和各教育层次中提供有质量的全民终身学习机会。"	《仁川宣言》(2015 年)	联合国教科文组织
将教育公平和教育包容作为衡量教育成功的两项标准		经济合作与发展组织（OECD）
"个人信息处理者利用个人信息进行自动化决策,应当保证决策的透明度和结果公平、公正,不得对个人在交易价格等交易条件上实行不合理的差别待遇。"	《中华人民共和国个人信息保护法》(2021 年)	中国
"人工智能的发展应公平对待和服务于所有儿童,不应对任何儿童造成歧视或伤害。人工智能的研究与应用,凡涉及儿童享有的基本权利,不应因儿童或其父母、法定监护人及其他看护人的种族、肤色、性别、语言、宗教、政治或其他见解、国籍或社会出身、财产、伤残、出生或其他身份等而有任何区别。"	《面向儿童的人工智能北京共识》(2020 年)	中国
"教育领域的人工智能应面向所有公民（不分性别、残疾、社会或经济地位、种族或文化背景或地理位置）,特别是对弱势群体（如难民或有学习障碍的学生）,不得加剧现有的不平等现象。"	《人工智能与教育：政策制定者指南》(2021 年)	联合国教科文组织
"重申确保教育领域的包容和公平以及通过教育实现包容与公平……教育人工智能的开发和使用不应加深数字鸿沟。"	《北京共识——人工智能与教育》(2019 年)	联合国教科文组织
"我们必须致力于确保性别平等和所有人的权利,并鼓励人类在社会对话、共同思考和行动方面作出巨大承诺。"	《一起重新构想我们的未来：为教育打造新的社会契约》(2021 年)	联合国教科文组织
关于性别平等和非洲的全球优先事项,并进一步优先关注包括残障人士在内的最弱势群体。	《联合国教科文组织关于技术创新应用于教育的战略(2021—2025 年)》	联合国教科文组织
明确指出了人工智能的治理,首先是要确保算法的公平性、公正性和透明性。	《发展英国智能产业》(2017 年)	英国
提到在教育中应用人工智能时确保包容性和公平性	《教育中的人工智能：可持续发展的机遇与挑战》(2019 年)	联合国教科文组织

续　表

公　平　性	政　策	制定国家或机构
"平等地向所有人提供教育、培育应用的教育环境。"	《以人类为中心的人工智能社会原则》(2018 年)	日本
"人工智能发展应促进公平公正,保障利益相关者的权益,促进机会均等。"	《新一代人工智能治理原则——发展负责任的人工智能》(2019 年)	中国
"人工智能系统的开发、实现和应用必须是公平的,应当确保个人和组织不会受到不公平的偏见、歧视。"	《人工智能道德准则》(2019 年)	欧盟
"在人工智能设计理念下,人不应因人种、性别、国籍、年龄、政治信念、宗教等被不当地差别对待。"	《以人类为中心的人工智能社会原则》(2018 年)	日本
"人工智能系统应无差别地向人机界面提供它的处理结果,依据结果作出判断、采取行动,机会也是公平的。"	《人工智能原则：国防部人工智能应用伦理的若干建议》(2019 年)	美国

（2）可解释性。相关论述见表 4 - 3。

表 4 - 3　2018—2022 年有关可解释性的政策总结

可　解　释　性	政　策	制定国家或机构
"可解释性是指让人工智能系统的结果可以理解,并提供阐释说明。"	《人工智能伦理问题建议书》(2021 年)	联合国教科文组织
为从事人工智能相关活动的自然人、法人、相关机构等提供伦理指引,强调在算法设计、实现、应用等环节,提升透明性、可解释性、可理解性、可靠性、可控性。	《新一代人工智能伦理规范》(2021 年)	中国
"人工智能模型、产品、应用与服务应在不断致力于提高自身透明性与可解释性的基础上,进一步考虑不同阶段儿童的认知水平、自身需求和表达能力,提供相应的透明程度与解释水平,并为儿童提供有效的反馈与交互方式。"	《面向儿童的人工智能北京共识》(2020 年)	中国

可 解 释 性	政　策	制定国家或机构
"保障教育数据使用的透明化,且可对其使用过程进行审查。保障教育数据使用的透明化,且可对其使用过程进行审查。"	《人工智能与教育:政策制定者指南》(2021 年)	联合国教科文组织
明确规定算法要具有可解释性,当自动决策使数据主体不满时可进行人为干预并要求对数据进行解释。	《通用数据保护条例》(2018 年)	欧盟
"原则上,人工智能系统必须是可解释的……人工智能系统必须能够可靠地工作。"	《罗马人工智能伦理宣言》(2020 年)	梵蒂冈
"根据情况对使用人工智能的事实、数据获取及使用的方式、确保人工智能正确运行的相关措施等予以说明,确保人工智能及数据的可信赖性。"	《以人类为中心的人工智能社会原则》(2018 年)	日本
"以适当方式公示算法推荐服务的基本原理、目的意图和主要运行机制等。"……算法推荐服务者对算法进行备案。	《互联网信息服务算法推荐管理规定》(2022 年)	中国
"人工智能系统应不断提升透明性、可解释性、可靠性、可控性,逐步实现可审核、可监督、可追溯、可信赖。"	《新一代人工智能治理原则——发展负责任的人工智能》(2019 年)	中国
"可解释性对构建用户对人工智能系统的信任是非常关键的。也就是说整个决策的过程、输入和输出的关系都应该是可解释的。"	《人工智能道德准则》(2019 年)	欧盟
"人工智能系统要如实记录生成决定的整个过程和系统所作的决定,包括数据收集、数据标记以及所用算法等,不仅要确保其数据和系统的透明度,而且要确保其数学模型的透明度。"	《人工智能原则:国防部人工智能应用伦理的若干建议》(2019 年)	美国

（3）安全性。相关政策表述见表 4 - 4。

表 4 - 4　2017—2022 年有关安全性的政策总结

安　全　性	政　　策	制定国家或机构
该条例的目的在于：（1）协调欧洲各地的数据隐私法；（2）保护所有欧盟公民的数据隐私；（3）重建欧洲各组织机构处理数据隐私的方式。	《通用数据保护条例》（2018 年）	欧盟
"在大力发展人工智能的同时,必须高度重视可能带来的安全风险挑战,加强前瞻预防与约束引导,最大限度降低风险,确保人工智能安全、可靠、可控发展。"	《新一代人工智能发展规划》（2017 年）	中国
"人工智能的发展应助力于保护和促进儿童的身心安全……收集儿童信息应遵循合法正当必要的原则,确保监护人的知情与同意,避免对儿童信息的非法收集和滥用。"	《面向儿童的人工智能北京共识》（2020 年）	中国
指出设计开发者与管理者应在隐私安全和合法使用数据保持平衡。	《以人类为中心的人工智能社会原则》（2018 年）	日本
"人工智能发展应尊重和保护个人隐私,充分保障个人的知情权和选择权……反对任何窃取、篡改、泄露和其他非法收集利用个人信息的行为。"	《新一代人工智能治理原则——发展负责任的人工智能》（2019 年）	中国
"人工智能系统必须安全运行并尊重用户的隐私。"	《罗马人工智能伦理宣言》（2020 年）	梵蒂冈
"给予未成年人特殊、优先保护,保护未成年人隐私权和个人信息,智能终端产品的制造者、销售者应当在产品上安装未成年人网络保护软件,或者以显著方式告知用户未成年人网络保护软件的安装渠道和方法。"	《中华人民共和国未成年人保护法》（2022 年）	中国

（4）问责性。相关政策论述见表4－5。

表4－5　2019—2021年有关问责性的政策总结

问　责　性	政　策	制定国家或机构
"坚持人类是最终的责任主体……在人工智能的全生命周期各环节自省自律……不回避责任审查，不逃避追究责任。"	《新一代人工智能伦理规范》（2021年）	中国
"人工智能的研究、设计、部署、使用应邀请儿童及其父母、法定监护人和其他看护人参与讨论，积极回应社会各界关注和重视的问题，建立及时有效的纠错机制。"	《面向儿童的人工智能北京共识》（2020年）	中国
"设计和部署人工智能使用的人员必须承担责任并保持透明。"	《罗马人工智能伦理宣言》（2020年）	梵蒂冈
"建立人工智能问责机制，明确研发者、使用者和受用者等的责任。"	《新一代人工智能治理原则——发展负责任的人工智能》（2019年）	中国
"人工智能技术的决策者和开发专家，必然要体现人的主体作用，他们理所当然应该为自己的决定和行为造成的结果负责。"	《人工智能原则：国防部人工智能应用伦理的若干建议》（2019年）	美国

（5）福祉性。相关政策论述见表4－6。

表4－6　1990—2021年有关福祉性的政策总结

福　祉　性	政　策	国家或机构
认为"人类价值与人类繁荣"是根据流行的社会规范、核心文化和人类最佳利益来发展和使用人工智能。	《人工智能的原则：伦理和权利为基础的共识》（2018年）	
"我们优先将人类福祉的增加作为算法时代进步的指标。"	《以伦理为基准的设计：人工智能及自主系统以人类福祉为先的愿景（第一版）》（2017年）	电气电子工程师学会（IEEE）

续　表

福　祉　性	政　　策	国 家 或 机 构
"人工智能的发展应优先考虑增进儿童的福祉。人工智能在研究、设计、开发、部署和使用时应优先考虑儿童的需求和权益,优先给予儿童充分保护,优先促进儿童的发展。"	《面向儿童的人工智能北京共识》(2020 年)	中国
"人工智能发展应以增进人类共同福祉为目标;应符合人类的价值观和伦理道德,促进人机和谐,服务人类文明进步。"	《新一代人工智能治理原则——发展负责任的人工智能》(2019 年)	中国
强调教育人工智能要"以人为本","人工智能……整个价值链过程中监测并评估人工智能对人和社会的影响。"	《北京共识》(2019 年)	中华人民共和国教育部
人工智能要增进人类福祉,促进人机和谐友好。	《新一代人工智能伦理规范》(2021 年)	中国
"为了使人工智能成为造福人类和地球的工具,人工智能必须考虑到全人类的需求,以便每个人都能受益,并为所有人提供表达和发展自己的最佳条件。"	《罗马人工智能伦理宣言》(2020 年)	梵蒂冈
旨在让人工智能系统可以造福人类	《人工智能伦理建议书》(2021 年)	联合国教科文组织
"人工智能系统不应该、胁迫、欺骗、操纵人类。相反,人工智能系统的设计应该以增强、补充人类的认知、社会和文化技能为目的。"	《人工智能道德准则》(2019 年)	欧盟
"关于儿童的一切行动,不论是由公私社会福利机构、法院、行政当局或立法机构执行,均应以儿童的最大利益为一种首要考虑……缔约国应保护儿童免遭有损儿童福利的任行方面的一切其他形式的剥削之害。"	《儿童权利公约》(1990 年)	联合国
"人工智能的使用不得侵害宪法和国际规范保障的基本人权。人工智能应该用于提升拓展人的能力,使人类获得多元幸福。"	《以人类为中心的人工智能社会原则》(2018 年)	日本
"人工智能应通过促进包容性增长,实现可持续发展和增进民生福祉使人类和地球受益。"	《经合组织人工智能原则》(2019 年)	经济合作与发展组织(OECD)

世界各国纷纷出台政策表明智能技术的滥用、不合规使用已引起各国政府担忧。教育活动具有一定的复杂性和特殊性[1]，而技术应用后引起的问题将直接影响教育的主体——学生，所以更要加强重视。

4.4.3　伦理失范案例

人工智能融合教育应是减小教育公平差距的途径，但是已有的案例表明智能算法在有关性别、种族、贫富、成绩等方面存在特定偏见。比如在报名某权威的 SAT 在线辅导服务时，输入亚洲人社区的邮编，将会被收取更高的费用，高达其他地区学生的两倍；目前教育系统中存在的各种刻板印象，比如"女生不擅长 STEM 学习""来自贫困家庭的学生成绩差"等，可能会经过算法模型而进一步加剧；教育工作者采用人脸识别技术获得受教育者的上课行为、表情等记录，会因个人特点、长相等因素导致最终结果的不公平等；一些作文自动评阅系统依据的算法有时存有偏见，特别是对于少数民族学生，这可能是由词汇和句子结构的不同使用方式造成的；人工智能辅助教学会让班级里学习不好的学生感到不适应，加剧班级学生学习成绩的两极分化。

在提升教育安全性方面，人工智能具有巨大的潜力，但已有的案例表明智能系统在数据保护、隐私泄露和网络安全方面存在重大隐患。比如人脸识别技术进校园，不仅能应用于控制校园门禁、管理受教育者考勤，还能全程监控课堂，识别受教育者发呆、玩手机等行为，这可能涉及受教育者的隐私泄露；智能笔做暑期作业时，老师能在线上实时收到其书写笔迹和作业完成情况的通知，"什么时候写，写了什么老师那里都会收到通知"。随后，关于"智能笔监控学生是否属于过度监管"的话题引发社会关注；头戴设备用来检测学生在执行任务时的大脑活动，但神经科学家质疑这些头戴设备可能会产生不准确的结果或意想不到的后果；央视 3·15 晚会曝光不少低配版儿童手表可轻易调取用户定位、通讯录、麦克风、摄像头等多种敏感权限，获取孩子的位置、人脸、图像、录音等隐私信息。

通过应用人工智能，我们期望能提升教学透明度和理解度，然而已有的案例显示智能算法在决策过程中的可解释性不足，导致用户难以理解和信任其结果。比如美国公立学校选择创新机构开发出一套高中入学推荐系统，此系统会迫使家长和学生在信息不透明、不全面的情况下做选择，由于算法的"黑箱"特质，缺

1　安富海：《教育技术：应该按照"教育的逻辑"考量"技术"》，《电化教育研究》2020 年第 9 期。

乏专业技术知识的学生、教师、家长和管理者难以对系统输出的结果进行审查；研究者对使用具有解释功能和不具有解释功能的自适应智能导师系统（ACSP）进行实验研究，结果表明可用的解释功能提高了学习者对智能导师学习系统的信任、对系统有用性的感知以及再次使用系统的意愿。

技术犯了错谁来承担后果？这个问题自人工智能技术应用以来即引起广泛讨论。而实际操作中，也因为责任归属等方面存在明显不足，难以有效问责。比如"小胖"教育机器人在没有指令的情况下打碎了展台并且砸伤观众，但由于缺乏明确的问责机制，此事故的受害者难以向任何企业机构或组织部门追责，最终不了了之。

人工智能在教育中的应用旨在提升学生整体福祉，但已有的案例显示智能系统在心理健康、个性化发展和社会情感学习方面存在潜在风险。比如某些学校利用算法分派教师工作，但其实可能已经超出教师的负荷；有学校让学业不佳的学生转专业，剥夺了学生自我决策的机会；一些教育类平台依托算法，向学习者推送网络游戏、低俗小说、娱乐直播等与学习无关的内容。

4.5　中小学人工智能教育推进策略

在推动中小学人工智能教育前行的进程中，不能仅着眼于技术应用所带来的实际成效，对潜在技术风险的审视同样不可或缺。我们需制定并实施相应策略，全方位保障智能教育产品的安全性与可用性。本节将深入探讨两大核心策略。通过有效施行这些策略，不仅能够有力促进人工智能在教育领域的健康发展，更能确保其充分发挥提升教育质量、推动教育公平等积极作用。

4.5.1　审视技术风险，完善安全可用的智能软件开发

近年来，有关智能教育的主题方向已经逐渐从关注应用落地到以人为本，由崇尚技术到审思风险，是越来越深入、越来越理性的趋势[1]。比如各个国家及联合国教科文组织等组织已制定相应政策规范算法设计。联合国教科文组织在2019 年发布的《教育中的人工智能：可持续发展的挑战和机遇》提到：越来越多

1　王嘉毅、鲁子箫：《规避伦理风险：智能时代教育回归原点的中国智慧》，《教育研究》2020 年第 2 期。

的教育机构使用机器学习算法接受或拒绝学生。这种方法的两个潜在问题包括：缺乏可解释性和不公平对待。相应政策的落地离不开对智能教育产品的严格把关，即明确智能教育产品准入门槛。具体来说，首先，智能教育算法设计需要教育（学）专家论证评定；其次，教育人工智能产品进入学校前，校长需要征求教师代表和家长委员会的意见，并对产品的教育效果做好评估工作；最后，教师在使用产品上具有话语权，教师有权更改或终止人工智能作出的判断或结论。

4.5.2　优化资源投入，促进智能教育应用落地普及

政府机构的教育资金支持是人工智能应用落地的重要基础，针对资源投入，我们提出了几点策略：一是教育投入的有效性；二是教育投入的全面性；三是教育投入的持续性。

（1）确保教育经费的有效性。科学合理地投入教育经费，教育经费的有效性不仅体现在资金的投入上，更需要科学合理地分配[1]。避免盲目投入，应根据学校的实际需求和人工智能教育的发展规划，制定明确的资金使用计划。这样可以确保每一分钱都用在刀刃上，避免资源浪费。注重来自一线教育的反馈，在投入教育经费时，应同时建立完善的反馈机制，通过定期评估教育效果来确保资金使用的有效性。收集教师、学生和家长的反馈，及时调整和优化资金的使用策略。

（2）确保教育经费的全面性。注重各类学校的均衡化投入，教育经费的分配应注重城乡平衡，确保城乡学校在人工智能教育上的投入不相上下。应重点关注偏远和欠发达地区的学校，提供必要的资金支持，使其具备与城市学校同等的教学条件和资源。其次，注重多学科融合的支持，人工智能教育不仅限于信息科技课程，也应适当融入其他学科中，如数学、物理等。因此，教育经费应支持跨学科的项目和课程设计，使人工智能教育能够全面渗透到不同学科中，培养学生的综合素养。

（3）确保教育经费的持续性。建立长期投资机制，人工智能教育的推进需要持续的资金投入，并非一次性的。因此，建议建立长期投资机制，确保每年有足够的预算用于人工智能教育的持续发展。这包括更新教学设备、维持教师培

1　杨笑冰、曹庆仁：《我国教育人工智能的应用现状及推进策略》，《中国现代教育装备》2023 年第 19 期。

训,以及支持新的教学项目和研究。有条件的还可以成立人工智能教育专项基金,设立专门的人工智能教育基金,用于支持创新项目、竞赛和学生研究活动。这些专项基金不仅能激励学生深入学习和研究人工智能,还能为教育系统引入新的教学方法和理念。

4.5.3　整合资源,助力师资队伍建设

中小学人工智能教育的师资队伍建设是关乎教育质量和未来发展的重要环节。为推进师资队伍建设,有以下措施:

(1)制定全面的培训计划。这包括人工智能基础知识、教学方法、课程设计等内容,覆盖不同层次、不同学科的教师。同时,建立示范学校,在先进的学校设立人工智能教育示范班,吸引有志于人工智能教育的教师参与,提供实践机会和经验交流平台引进人工智能领域专家、从业者参与培训和课程设计,提供专业指导和建议。

(2)完善人工智能教育的资源库。资源库可包含教学案例、课件、实验设计等,为教师提供丰富的教学资源。鼓励不同学科的教师开展跨学科的人工智能教育实践,促进知识的融合和交流。

(3)建立长效机制。队伍的建设不是一时兴起,需要定期跟踪教师的培训效果和教学质量,根据评估结果调整培训计划和教学方法。

4.5.4　强化交流合作,打破机构、学者研究壁垒

鉴于当前中小学人工智能教育研究的作者和机构分布较为零散,这不利于学术交流[1],进而阻碍中小学人工智能教育的普及,我们从建立合作平台和政策支持两个方面提出建议:

(1)建立跨学科研究团队和合作平台。结合相关学术机构、教育部门和技术企业共同建立跨学科研究团队和合作平台。除此之外,还需通过整合不同领域的专家学者、教师和工程师的智慧和资源,可以促进知识的交流与融合,形成高效的合作研究网络,推动人工智能教育研究的深入发展。

(2)制定政策支持与激励。政府和教育部门应制定相应的激励政策,对积极参与跨机构合作的学者和机构给予奖励和支持,如研究经费的倾斜、科研成果

1　王瑞:《人工智能赋能高校继续教育的发展新范式》,《继续教育研究》2024 年第 3 期。

的认定和奖励等。此外，为促进跨机构合作，应简化相关的行政程序，提供便利的政策支持，使合作项目能够更加顺利地开展。

4.6　小结

在深入研究和分析中小学人工智能教育的现状、挑战、趋势及未来发展策略后，我们得出了以下几点总结：

首先，人工智能在中小学教育中的应用已经呈现出多样化的趋势，从教学辅助工具到智能教学系统的转变标志着人工智能技术在教育中的角色愈发重要。技术的应用现状虽然令人鼓舞，但伴随而来的技术风险和伦理问题也值得我们深思。特别是在个性化学习、教育评价、课堂管理等方面，人工智能技术的介入改变了传统教学模式，使教育更加精准和高效，但同时也带来了隐私保护、数据安全、算法透明度等方面的挑战。

其次，关于中小学人工智能课程的开展现状，虽然国家政策和地方实践的支持为课程推广提供了动力，但在课程定位、师资队伍建设、教学资源配备等方面还存在不少问题。这些问题的存在限制了人工智能教育的普及和深入，需要通过政策引导、教师培训和资源整合等多方面的努力来解决。

在研究热点趋势方面，当前的研究主要集中在人工智能教育的应用实践、发展趋势预测、教学模式创新等方面。生成式人工智能技术如 ChatGPT 的出现，为教育提供了新的可能性，但也对现有的教育体系和教育者提出了更高的要求。教育者需要更新知识结构，学生则需要培养与时俱进的学习方法。

通过对智能教育伦理研究的调研我们发现，国际社会普遍关注人工智能在教育中应用的伦理问题，各国和国际组织纷纷出台政策规范，对教育中的人工智能应用提出了公平性、可解释性、安全性、问责性和福祉性等要求。这些政策的出台在一定程度上为智能教育的健康发展提供了道德和法律指引。

在推进策略层面，为解决当前人工智能教育面临的实际问题，推进中小学人工智能教育的健康发展。本报告从完善安全可用的智能软件开发、优化资源投入以促进智能教育落地普及、整合资源助力师资队伍建设、强化交流合作打破研究壁垒等多方面的建议。

根据以上总结，中小学人工智能教育的发展不仅需要技术的支持，更需要政策的引导、教育者的参与和社会各界的共同努力。未来的中小学人工智能教育应当在保障教育公平、尊重学生个性、保护学生隐私、培养学生创新精神和实践能力等方面下功夫。通过不断探索和实践，我们有信心能够构建一个高效、公平、安全且符合伦理道德的中小学人工智能教育新体系，为未来的社会培养出更多具备竞争力和创新精神的人才。

第 5 章

生成式人工智能助力教学与科研

生成式人工智能的快速发展为教育领域带来了新的机遇,其与教育的结合,产生了令人欣喜的化学反应。生成式人工智能强大的内容归纳和生成能力使之成为教师和学生的得力助手。对于教师,生成式人工智能可以帮助他们高效备课,拓展知识边界,提高备课效率,实现减负增效。对于学生,生成式人工智能可以提供丰富的学习资料和个性化学习体验,帮学生在学习过程中找到适合自己的学习资源和学习方法。本章将探讨生成式人工智能在教学中的应用,包括使用生成式人工智能提高教学效率、助力个性化教学等方面的具体实践。

5.1 生成式人工智能在教学中的优势

在教学日常中,生成式人工智能正逐渐崭露头角,成为教师的得力助手。合理运用这一技术,可显著减轻教师工作负担,让教师得以将更多时间与精力倾注于教学研究及学生互动之中。生成式人工智能的诞生,为教师备课开辟了全新路径,提供了诸多高效工具与创新方法。不仅如此,在实际教学过程里,它还能从多方面为教师提供有力支持。本节将深入且全面地探讨生成式人工智能助力教学的各类应用场景,揭开其在教学领域的独特魅力与巨大价值。

5.1.1 提升教师效率

(1) 减轻教师工作负担。在日常工作中,合理利用生成式人工智能可以减轻教师的工作负担,使教师能够投入更多时间和精力在教学研究和学生互动。生成式人工智能的出现为教师备课提供了新的工具和方法,能够在教学过程中为教师提供多方面的支持。

生成式人工智能在文本转录、文本转换为语音、校对教学材料及创建合规性检查表等方面已展现出巨大的潜力,通过对语音笔记进行分类,帮助教师跟进学生学习资源,进行执行记录保存、活动控制及提供提醒等简单任务,有效地提升了教师的教学效率,使教育工作者能够专注于更有价值的教学活动和学生发展,从而帮助教师实现更高层次的思考和分析。教师可以使用生成式人工智能来执行重复性任务,例如快速评分作业、提供反馈、安排课程、管理学生记录,并按需提供定制化的学习资源。据麦肯锡发布的调查,人工智能可以为教师每周节省13 个小时。研究发现,ChatGPT 在设计课程计划、创建教育资源、促进课堂活动、个性化学习、评估学生学业成绩等方面具有显著优势。现有技术可以帮助教师将 20% 到 40% 的时间重新分配给支持学生学习的活动。卡斯内奇(Kasneci)等人发现,ChatGPT 有潜力通过提供个性化资源和反馈来减少教师的工作量,使他们能够专注于教学的其他重要方面,例如提供引人入胜的互动课程[1]。

在备课上,ChatGPT 可以为教师提供教学资源,如教学的背景知识,生成课堂讲义、练习题、测验题等。此外,它还可以通过整合和推荐网络上的教学资源,帮助教师节省寻找和筛选教学材料的时间。在教学设计上,ChatGPT 可以为教师提供教学策略和技巧的建议,帮助教师优化教学方法,还能协助设计 PPT 的框架和内容。在批改作业和反馈方面,对于那些知识性的测验,ChatGPT 可以自动批改学生的作业,ChatGPT 可以检查拼写、语法、标点等问题,可以对学生的论述、论证等方面提供反馈。这可以减轻教师批改作业的负担,使他们有更多时间关注教育的互动、实践、德育等其他层面。在日常的行政性工作上,ChatGPT 可以帮助教师制作表格,管理教师的课程安排、成绩记录、学业报告和工作汇报等日常工作任务,从而大大减轻行政性工作负担[2]。英国教育部一直致力于帮助教师减少在非教学活动上花费的时间。恰当利用生成式人工智能帮助教师减少大量的非教学工作时间,从而减轻工作负担。英国教育部正在召集专

1　Kasneci E.，Seßler K.，Küchemann S.，et al.，"ChatGPT for good? On opportunities and challenges of large language models for education"，*Learning and individual differences* 103，(2023).
2　宋萑、林敏:《ChatGPT/生成式人工智能时代下教师的工作变革:机遇、挑战与应对》,《华东师范大学学报(教育科学版)》2023 年第 41 卷第 7 期。

家与教育部门合作，分享和确定使用生成式人工智能改善教育、减少教师行政工作量的最佳实践和机会。目前市场上已有如 TeacherMatic 和微软 Education Copilot 等平台提供专门的生成工具，帮助教师完成重复但重要的任务，如创建班级通讯、总结报告和制作政策及风险评估材料。通过这些技术，教师可以将更多时间用于个性化教学、关注学生的个别需求以及课堂上的创新教学活动。

（2）助力教学评估。生成式人工智能可以助力增强教育环境中的形成性评估。形成性评估是"在学习过程中，教师和学生用来认识和回应学生学习以加强学习的过程[1]"，这种评估方法在教育环境中得到了广泛的应用。然而，在非评分评估中经常包括开放式问题，教师通常需要批改大量的答案。对于经常进行这种评估（并让教育工作者评估班级的知识状态）或在课堂上直接讨论结果而无须耗时的纠正工作，生成式人工智能可以轻松地对所有学生的答案快速评分，并且几乎不需要额外的时间投入。这种方法允许教师直接结合教学策略来解决常见的误解并调整教学。此外，生成式人工智能在教学评估方面具有显著优势，能够帮助增强学习和评估的个性化，为学生提供自动评估和反馈，并帮助校对和修改他们的书面作业，ChatGPT 在评估学生学业成绩方面很有作用。Rudolph 等人强调了 ChatGPT 在分析和评估学生表现方面提供的实质性帮助，包括生成任务、测验和作业、评估学生的作业以及为个别学生提供有价值的建议[2]。

在评估行为研究中，程序性和概念性知识通常通过多项选择题进行评估，而对知识迁移的评估主要涉及开放式问题。生成式人工智能支持数据的预处理，便于后续分析，减轻了研究人员的批改负担。这种方法还允许非领域专家批改测试题，例如针对各种教学环境中的开放式问题。Samuel Tobler 提出并验证了一种方法和软件，使用生成式人工智能根据提供的示例解决方案和评分说明自动对大量基于文本的答案进行评分[3]。

生成式人工智能通过利用广泛的知识库，支持评估过程，超越了研究人员领域专业知识的限制。当无法进行匿名评分、处理大量需要批改的课程作业时，使用生成式人工智能可以帮助仔细检查评估，以抵消潜在的偏见（例如，倾向于更

1　Bell B., Cowie B., "The characteristics of formative assessment in science education" *Science education* 85, no.5(2001)：536 - 553.

2　Rudolph J., Tan S., Tan S., "ChatGPT：Bullshit spewer or the end of traditional assessments in higher education?", *Journal of applied learning and teaching 6*, no.1(2023)：342 - 363.

3　Tobler S., "Smart grading, A generative AI-based tool for knowledge-grounded answer evaluation in educational assessments", *MethodsX 12*, (2024).

好地评分第一个和最后一个答案或评分时的个人偏见)。通过获得基于人工智能的第二个评分,可以有效地复查分歧,并在必要时进行相应调整,这有助于确保评分的公平性和准确性。教师可以使用 ChatGPT 改进评估问题并生成多项选择题,还可以利用其提示功能为论文问题和实践任务提供创意,鼓励学生培养高阶思维技能。通过生成不同类型的评估,帮助学生发展批判性思维、解决问题和协作技能。

生成式人工智能可以根据学生的学习风格和偏好生成定制课程和作业,减少教师制定单独课程计划的时间成本。教师可以使用这些工具开发教学材料的多个版本,以满足广泛的学生需求。生成式人工智能能够重新组织文本,生成适应不同阅读水平的材料,使学生能够理解材料并有效参与课堂讨论。尽管生成式人工智能工具在定制教学和满足学生个人需求方面具有一定能力,但其效果仍然依赖于教师对学生独特学习需求和偏好的理解。ChatGPT 等工具可以通过分析学生表现数据,帮助教师识别学生的这些需求和优势,从而识别一致的模式和趋势,监控学生的进步情况。生成式人工智能可以自动生成多样化的学习材料,帮助教师发现并纠正学生的错误,并通过频繁的小测验和自适应评估工具评估学生的学习情况[1]。通过对学生学习数据的分析,人工智能可以提供更加科学和全面的评估结果,帮助教师及时了解学生的学习情况,并进行针对性地辅导和调整,有效支持教师在课堂上实施的教学策略,成为教师的"力量倍增器"。

5.1.2　助力课程发展

(1) 辅助课程设计。生成式人工智能工具能够辅助教师设计课程大纲、计划课程内容和制定评估标准。它们能够根据学生的知识差距、技能和学习风格对课程材料进行个性化处理,提供定制化的练习题或互动练习。利用人工智能的智能分析、数据整合和模式识别等技术,可以极大地提高课程开发的效率和质量。比如,通过分析大量教学数据,人工智能可以帮助教育者了解学生的学习习惯和需求,为课程设计提供更具针对性的内容。与其他技术(如虚拟现实)结合,可以创建模拟和虚拟环境,提供更多的参与和互动课程,改善学生的学习体验。例如,生成式人工智能系统可以创建虚拟实验室环境,学生可以在其中进行实验,观察结果,并根据观察结果进行预测。

1　Mollick E. R., Mollick L. "Using AI to implement effective teaching strategies in classrooms: Five strategies, including prompts," *The Wharton School Research Paper*, (2023).

生成式人工智能可以帮助教育工作者设计和更新课程。它能够自动创建高质量的学习材料，如教科书、讲义、作业、测验、选择题和试卷。通过利用人工智能的能力，教师可以根据不同的难度级别、学习目标和主题创建各种问题。生成式人工智能可以生成详细的教学内容解析和富有启发性的案例，从而提高授课质量并激发创新思维。例如，它可以协助语文教师迅速分析文本中的修辞手法、解读诗词，为数学教师创建个性化的习题和解答，为美术教师生成多样化的艺术作品，甚至为信息技术教师生成代码。在课程规划过程中，生成式人工智能工具可以支持关键步骤，包括确定课程的主要特点和优势、选择主题和内容以及教学方法等。这些工具可以帮助创建课程大纲或教学大纲。像 ChatGPT 这样的生成式人工智能工具可以突出课程的主要功能和优势，使用这些工具，教师可以编制必要的课程材料清单并为每个模块制定详细的大纲。通过融入教师的个人风格、强调其独特的声音和价值观，并在必要时添加专门部分，可以提高教学大纲的质量。

（2）辅助课程内容创建。生成式人工智能可以帮助教师进行课程设计和创建内容。它们不仅能够支持时间管理、记忆、人际沟通、演示、创造性和批判性思维等基本技能的发展，还在创建包容性课堂方面发挥着关键作用。生成式人工智能可以帮助教师实现从通用教学方法到个性化教学的转变，满足了不同学生的需求。随着教育的发展，认识到人工智能的适用性并相应地调整教学实践至关重要。

生成式人工智能充当教师的得力助手。教师可以将教学需求输入生成式人工智能工具，让其完成一系列任务，如教案、教学视频、教学案例等。例如，教师可以将课程大纲输入生成式人工智能系统，系统会根据大纲自动生成详细的教案。这些教案不仅包括教学目标、教学内容和教学方法，还可以根据教学进度实时更新，确保教师始终使用最新的教学资料。此外，教师可以将课文内容输入生成式人工智能系统，系统会根据内容生成相应的图片、动画等多媒体资源，直观展示知识点，帮助学生更好地理解和记忆。生成式人工智能还可以根据教学内容生成相应的教学视频，通过生动形象的展示吸引学生的注意力，提高学习兴趣。

生成式人工智能可以分析和利用大量教育数据，检测学生的学习模式、优势和劣势，帮助教师创建更加个性化和有吸引力的课程。通过预测分析，人工智能可以预测学生的问题，并提供相应的解决方案。此外，人工智能驱动的系统可以选择和推荐教学文章、视频和互动材料,节省教师的时间,并提供学生成绩的实时反馈,使教师能够根据特定的学习需求定制课程。最终,生成式人工智能能够协助教师优化课程计划,以吸引学生,并营造一个更具包容性的教学环境。

教育工作者可以借助生成式人工智能,根据不同的学习目标和多样化的主题,设计出不同难度级别的问题。TeacherMatic 是专门为教师提供的人工智能工具,TeacherMatic 的 AI 生成器就像教师的私人助理,通过自动制作工作表、测验和课程计划等内容,使创建课堂材料变得更简单。平台中的人工智能将学习需求与布鲁姆分类法相结合,确保为每位学生量身定制整体教育方法。此外,生成式人工智能可以生成补充主要课程材料的额外材料,例如阅读清单、学习指南、讨论问题、闪存卡和摘要。借助庞大的深度学习模型,生成式人工智能分析大量与数字教材设计相关的数据,以此优化智能数字教材的内容、功能和技术设计。人工智能还可以为视频讲座或播客生成脚本,简化在线课程的多媒体内容创作。

图像生成是生成式人工智能在教育中的另一项重要能力,教师可以生成特定修改的图像以应对课程需求。使用生成式人工智能创作音乐课程内容,可以应用于实际的音乐教育课程中[1]。通过利用生成式人工智能,教师可以设计出更具创意和互动性的课堂活动,并根据学生的个性化需求进行调整,从而提高教学效果和学生的参与度。

在资料搜集与整理方面,生成式人工智能也表现出色。教师在日常教学中需要不断搜集和更新各种教学资料,而手工搜集和整理资料往往耗时费力且容易遗漏重要信息。生成式人工智能能够自动化地进行资料搜集、整理和更新,极大地减轻了教师的负担。通过对网络上的海量信息进行智能搜索和筛选,生成式人工智能可以快速找到与教学主题相关的最新资料,并自动生成结构化的教学资源。例如,在准备一节关于气候变化的课程时,生成式人工智能可以搜集最新的气候数据、科学研究成果和新闻报道,并将这些资料整理成易于教师使用的课件和阅读材料。此外,生成式人工智能还可以根据教学需求,实时更新教学内容,确保教学资料的最新和准确。生成式人工智能还可以帮助教师整合不同学科的教学资源,促进跨学科的教学实践。在一堂关于环境科学的课程中,生成式人工智能可以自动生成与之相关的地理、化学和生物学的教学资源,使学生能够

1　박다해:《OpenAI 저작도구를 활용한 음악 수업 설계 연구：Prompt 기반의 생성형 AI 저작도구 중심으로》,《미래음악교육연구》2024 年第 9 卷第 1 期。

从多个角度深入理解这一主题。这样的跨学科整合不仅拓宽了学生的知识面，还培养了学生的综合思维能力。此外，生成式人工智能还可以促进不同教师之间的资源共享，帮助教师共同提升教学质量。通过 AI 技术，教师可以轻松地分享和获取优质的教学资源，借鉴他人的教学经验和方法，从而不断改进自己的教学实践。目前国内外已有多种生成式人工智能工具可以生成教学资源，如 OpenAI 的 GPT－4、谷歌公司的 BERT 和百度公司的文心一言等。这些工具不仅能生成文本，还能生成图片等多媒体资源，丰富了教学内容的表现形式。教师可以使用人工智能根据学生的反馈和表现，实时调整教学计划和内容，以更好地满足学生的学习需求。这不仅提高了教学的灵活性和适应性，还能帮助教师更好地关注每个学生的学习情况，提供个性化的教学支持。

5.1.3　推进个性化教学

教师在备课过程中需要花费大量的时间和精力，尤其是在需要准备多门课程或面对大班教学时。随着教育内容和教学方法的不断更新，教师需要不断更新教学资料以保持其时效性和新颖性。然而，教师的时间和精力有限，往往导致教学资料更新慢、样式陈旧，甚至沿用老套素材，难以满足学生的多样化需求和时代发展的要求。

生成式人工智能在提供个性化学习体验方面展现出其独特的优势，如能够根据学生的学习习惯和能力水平定制教学内容。教师可以扮演支持性"旁观者"的角色，设计课堂活动，重点关注学生对生成式人工智能的使用。实时个性化互动是这些工具的优势之一。例如，在英语语言课程中，学生可以使用生成式人工智能进行动态对话，探索词汇、句子结构和惯用表达，这种互动练习为学生提供了一个安全且非批判性的环境，以提升他们的语言能力。个性化教育一直是教育科学和实践的目标。教育工作者和政策制定者希望个性化能够解决成就差距、学生缺乏积极性的问题，并总体上提高教学效率。广义上讲，个性化教育是指根据特定学习者的需求进行教学调整，而不是采用"一刀切"的传统教学方法。通过调整教学模式、内容或速度，教师可以更好地满足学习者的个性化需求。通过调整教学模式、内容或速度，教师可以更好地满足学习者的个性化需求。智能辅导系统(ITS)的出现已经证明，个性化教育比常规教学方法更能提高学习成果。生成式人工智能能够深度嵌入教育教学的各个环节，创新"教师—学生"之间的互动方式，创设富有趣味性的学习活动。通过分析学生的学习数据，人工智能可以帮助教师为每个学生量身定制学习计划和学习材料,实现个性化教学。

生成式人工智能不仅能为学生提供个性化的学习路径和即时反馈,还可以模拟真实的课堂环境和多角色互动,帮助新教师熟悉各种教学内容和场景,提升教学实践能力。通过生成模拟课堂并提供不同的突发状况,教师可以学习相应的对策并根据实际情况及时调整。生成式人工智能在学情分析方面具有强大的能力,能够深入分析学习者的评价数据,并提供直观的可视化报告。这一技术不仅提高了数据处理的效率,也为教育工作者提供了极大的便利,使他们能够更好地理解和适应学生的学习需求。生成式人工智能能够为学生提供个性化学习路径、即时反馈和创造性学习体验,从而提高学生的参与度和学习效果。通过分析学生的学习进度、考试成绩和课堂表现,人工智能系统能够生成详细的学习方案。这些方案不仅考虑了学生的当前水平和知识掌握情况,还能够根据学生的兴趣爱好和学习习惯进行个性化调整。例如,对于数学成绩较差但对科学感兴趣的学生,系统可以推荐更多的科学类阅读材料和数学练习题,帮助学生在感兴趣的领域中逐步提高成绩。

在实际应用中,生成式人工智能还支持多语言学习者,提供个性化指导。例如,学生可以使用生成式人工智能工具将评估说明分解为更细致的分步过程,特别是在多文化、多语言的课堂上。Khan Academy 的 Khanmigo 平台通过提供个性化指导和辅导,帮助学生磨炼写作、阅读理解和数学技能。这些活动不仅提升了学生的学习效果,还培养了他们的批判性思维和分析技能。Khanmigo 为每位学生提供专门的辅导员、职业教练、学术教练和生活教练,这些导师不仅是普通人,还包括历史人物、文学人物和自然现象的人工智能版本。例如,对物理概念感到困惑的学生可以与人工智能版本的艾萨克·牛顿互动,而另一个寻求职业建议的学生可以咨询人工智能版本的沃伦·巴菲特。Khanmigo 不仅提供指导和辅导,还通过辩论和协作写作练习等各种活动让学生掌握批判性思维和分析技能。这些活动鼓励学生跳出课本思考,将知识运用到现实世界中。通过与人工智能导师的密切合作,学生可以磨炼写作、阅读理解和数学技能,同时获得有助于他们提高的详细反馈。例如,当学生提交写作作业时,人工智能平台会分析文本的语法、句法和连贯性,并针对改进领域提供反馈。

为了确保生成式人工智能的有效使用,教师应定期审查和修改评估,确保指示清晰详细,促进学生理解。尽管个性化学习的理念已经得到广泛认可,但传统教育模式在实践中常常面临诸多挑战。大多数教育系统仍然采用"一刀切"的教学方法,忽视了学生在学习过程中的个体差异。这不仅导致学生对学习缺乏兴趣和参与度,也使得教师难以提供有效的个性化指导。创建一个提供自主权的结构化环境可以显著提高学生的积极性和参与度,培养自主感、能力感和关联感。在使用生成式人工智能的过程中,教师需要注意潜在风险并采取措施进行规避。教师应向学生解释使用生成式人工智能的潜在风险,强调验证信息的重要性,如检查生成的资料、观点是否正确。尽管生成式人工智能可以提供许多帮助,但其生成的信息不总是准确的,需要仔细核实和判断。此外,教师应审查学生生成的示例,确保其相关性和准确性,培养学生的批判性思维和信息评估能力。目前,研究人员正在创建智能学习系统,通过将生成式人工智能引入学习系统中,教师可以将学生的学习数据输入生成式人工智能系统,系统会根据这些数据生成个性化的学习方案和练习题。通过这种方式,教师可以根据每个学生的学习情况进行针对性教学,帮助学生克服学习中的难点,提高学习效果。例如,教师可以根据学生的学习进度和成绩生成相应的练习题,帮助学生巩固知识点;还可以根据学生的兴趣生成相应的学习资源,激发学生的学习兴趣。此外,生成式人工智能还可以根据学生的学习数据生成学习报告,帮助教师了解每个学生的学习情况,及时进行教学调整。

对于有特殊教育需求的学生,生成式人工智能是一种特别宝贵的资源。教师可以利用生成式人工智能学习不同的教学方法,并为每个学生提供最适合的教学策略。此外,生成式人工智能还有助于终身学习者不断更新知识和学习新技能。由于学习者背景和经历各异,生成式人工智能可以帮助确定适合学习者的教学策略。例如,为了确保特殊教育的学生掌握与同龄人相同的课程内容,教师可能需要花费数小时将文本的语言简化为适当的阅读水平。生成式人工智能可以很好地打破写作障碍,或者找到一种更清晰、更客观的方式来描述学生的行为。此外,生成式人工智能在针对残疾学生的研究方面也显示出巨大的潜力,特别是对于智力和发育障碍的学生。患有智力和发育障碍的儿童往往也会有听力损失或视力障碍。患有唐氏综合征的学生则常伴有听力损失和其他健康并发症,例如心脏问题。生成式人工智能可以使用应用程序把这些信息进行整合,以提高这些学生的生活质量。这些技术解决方案可以帮助管理有关学生的详细信息,并促进教师、医生和护理人员之间的健康信息交流,从而提高整体协调和照护水平。

生成式人工智能在支持有特殊需要的学习者方面也表现出显著优势。例如,生成式人工智能工具可以整合语音输入界面,使具有运动、视觉、认知和身体残疾的个人能够轻松地与人工智能交互。例如,谷歌公司的 Dialogflow 结合了 Google Cloud 的语音识别 API,允许开发人员创建支持语音输入的聊天机器人。此外,人工智能工具如 Be My Eyes,为用户提供即时的视觉帮助。用户可以通过发送图像给虚拟志愿者来获取详细解答,从而帮助有视力障碍的人。生成式人工智能还通过高对比度的界面设计和插件如 Dyslexie Font,增强了文本的可读性,帮助有阅读障碍的人更轻松地理解内容。在交流和互动中,使用清晰简洁的语言也是关键,特别是对于有认知障碍的用户,这样可以确保信息的易理解性和有效传达。Speechify 是一个生成式人工智能驱动的工具。它在桌面上或在线使用时提供文本到语音或语音到文本的生成。生成式人工智能工具对有学习障碍的儿童(如阅读障碍或多动症)也特别有用。当一个孩子因为这些障碍而难以集中注意力时,通过阅读来学习课程内容会非常困难。然而,有了这样的工具,他们可以在无聊的时候将文本生成语音笔记。

5.1.4　助力教师与学生发展

(1)教师专业发展。教师作为教学核心角色,其在新兴技术中的作用日益重要。然而,目前教师专业发展研究中对其作为教育技术领导者的关注还不足。已有研究证明,人工智能对高校学科建设、科研管理、教师研修等产生了重要影响,这将带来高校教师专业发展迈入"人机"融合的新台阶。综合来看,智能技术对高校教师专业发展的促进作用已呈必然趋势。然而,部分教师尚未形成对技术赋能自身专业发展的科学认知,或过分看重投入产出比,认为实现技术赋能的专业发展需要投入大量时间和精力,且短期内难以产生显著的效果[1]。在人工智能时代,教师专业发展的内在机理更加精细。那么,如何培养教师的人工智能素养? 利用生成式人工智能是否可以促进教师专业发展?

研究发现,生成式人工智能可以有效支持教师专业发展。将生成式人工智能融入职前教师培训,对教师高阶思维与教师自我效能的培养具有积极影响[2]。生成式人工智能可以通过即时反馈和评估,帮助教师反思自己的教学过程和策

1 李玉婷、季茂岳、马永全:《智能时代高校教师专业发展的机遇、困境及突破路径》,《教育理论与实践》2024 年第 44 卷第 18 期。

2 Lu J., Zheng R., Gong Z., et al., "Supporting teachers' professional development with generative AI: The effects on higher order thinking and self-efficacy," *IEEE Transactions on Learning Technologies*, (2024).

略,促使教师明确自己的教学目标和进度,及时调整教学策略,提升元认知思维。在问题解决能力方面,生成式人工智能可以通过解释、答案和指导,帮助教师解决教学相关的问题,在过程中,教师可以获得解决问题的方法和途径,逐步提升解决问题的能力。在计算思维方面,生成式人工智能可能涉及复杂的计算或逻辑推理,因此,生成式人工智能可以帮助教师培养和提高计算思维,使其能够分解问题、分析关系,做出理性推断。

生成式人工智能助力教师掌握新技能和策略,包括应用人工智能工具、整合人工智能技术到教学中,以及处理与人工智能相关的伦理和社会议题。同时,生成式人工智能还能根据教师的表现及学生或同事的反馈,提供反思性反馈、建议或指导,帮助教师不断改进教学实践。它还能帮助教育工作者分析学生个人表现数据,并相应地调整课程内容。通过优化教学方法和重组教学过程,生成式人工智能可以找出教育实践中的漏洞,以改善教学成果,例如提高学生的留校率和培养批判性思维技能。

通过使用生成式人工智能进行专业发展,教师不仅可以提高教学水平,还能跟上教育领域的最新趋势和创新。生成式人工智能还可以促进教师之间的联系,分享在教育中使用人工智能的经验和见解,推动教育实践的共同进步。人工智能工具提供量身定制的技能提升和成长机会,帮助教师在反思实践中不断进步。生成式人工智能可以通过根据绩效反馈和同行意见与指导来促进反思性实践,促进与同行和专家的合作,实现知识交流和最佳实践共享。例如,通过生成式人工智能工具,教师可以学习如何将人工智能融入课程并处理道德问题,从而在教学中更加得心应手[1]。人工智能在教师专业发展中的应用,不仅提升了教师的教学能力和专业素养,也促进了教育领域的创新和发展。通过不断探索和利用人工智能的潜力,教师可以更好地应对教学中的各种挑战,为学生提供更高质量的教育。

(2)学生学习助手。生成式人工智能在教育领域的重要性日益凸显,它在提升学生学习效率、增强批判性思维和促进个性化学习等方面起到了积极作用。研究表明,使用生成式人工智能的教学实践可以提高学生的自我效能感。在学习任务开始之前,教师通过说明任务的目标和期望,让学生了解通过与生成式人

1　Lu J., Zheng R., Gong Z., et al., "Supporting teachers' professional development with generative AI: The effects on higher order thinking and self-efficacy," *IEEE Transactions on Learning Technologies*, (2024).

工智能的互动将实现什么。明确的目标有助于学生建立自信,因为他们知道自己的努力将得到回报。通过提升自我效能,学生可以培养积极的学习态度,并提升认知投入和学习成绩[1]。

生成式人工智能可以助力学生发展批判性思维。调查结果显示,将 ChatGPT 融入教学中可以提升学生的批判性思维。在进行学习活动后,学生们对使用 ChatGPT 的倾向增加,批判性思考的信心增强[2]。生成式人工智能通过提供不同的观点和解决方案,促进学生分析、评估和综合信息,从而培养他们的批判性思维能力。这不仅有助于学术研究,还提高了学生在现实生活中解决复杂问题的能力。生成式人工智能可以助力学生提高内在动机。使用人工智能生成的基于情景的数字化故事讲述任务后,学生的内在动机显著提高。研究表明,正确使用生成式人工智能可以有效地编写数字故事叙述元素(例如观点、戏剧性问题和节奏)和故事元素(人物、背景、情节和课程),从而吸引学生并提高他们的学习能力[3]。有研究者将 ChatGPT 融入外语写作课堂,让学生们使用 ChatGPT 完成写作任务,发现在外语写作课堂中学生对学习 ChatGPT 和其他聊天机器人的价值和兴趣的认识增强,以及进一步学习的愿望增强[4]。

生成式人工智能在教育领域的广泛应用提供了多样化的创新工具和方法,从而丰富了学生的学习体验,使他们能够通过个性化和互动性强的学习方式提高学习效率和兴趣。首先,生成式人工智能可以帮助学生快速确定研究主题的范围,并利用这些信息发展自己的想法。通过翻译能力,学生能够接触更多的原材料,增强对特定主题的理解。此外,生成式人工智能还能将学习笔记组织成思维导图、项目符号列表和结构大纲等各种格式,帮助学生识别知识差距并理解不同主题之间的联系。在学术写作上,生成式人工智能可以生成不同类型的学术写作或演示文稿的示例,帮助学生了解各种写作风格和结构。学生可以通过这些工具获得写作反馈,改进写作水平。此外,生成式人工智能还能增强课堂学

1　Liang J.，Wang L.，Luo J.，et al.，"The relationship between student interaction with generative artificial intelligence and learning achievement：serial mediating roles of self-efficacy and cognitive engagement" *Frontiers in Psychology 14*，(2023).

2　Guo Y.，Lee D.，"Leveraging chatgpt for enhancing critical thinking skills"，*Journal of Chemical Education 100*，no.12(2023)：4876 - 4883.

3　Bai S.，Gonda D. E.，Hew K. F.，"Write-Curate-Verify：A Case Study of Leveraging Generative AI for Scenario Writing in Scenario-Based Learning," *IEEE Transactions on Learning Technologies*，(2024).

4　Woo D. J.，Wang D.，Guo K.，et al.，"Teaching EFL students to write with ChatGPT：Students' motivation to learn，cognitive load，and satisfaction with the learning process"，*Education and Information Technologies*，(2024)：1 - 28.

习,通过生成不同情境的替代解释和示例,帮助学生更广泛地理解某个主题,并在实验课之前研究实用方法,提高实践工作的参与度和信心。最后,生成式人工智能可以支持语言和编码技能的发展。学生可以用目标语言与生成式人工智能进行互动,练习实时对话,并利用生成式人工智能翻译和比较多语言版本的文本。

生成式人工智能可以帮助描述现有代码或识别计算机代码错误,促进更清晰的理解和从编码错误中学习的价值。生成式 AI 工具还可以促进学生之间的协作学习。通过虚拟学习环境,学生可以共同参与项目、讨论和解决问题。AI可以实时提供指导和反馈,帮助学生更好地理解和应用所学知识。此外,AI 还可以促进跨学科和跨文化的合作,使学生能够与不同背景的同龄人交流和合作,拓宽他们的视野和知识面。

在提升学生阅读和批判性分析能力上,生成式人工智能可以帮助学生总结关键文本,并以不同方式构建摘要。通过对比生成式人工智能生成的摘要和关键问题,学生能够发展阅读和批判性思维技能。生成式人工智能还可以生成学术写作或演示文稿的示例,帮助学生了解不同类型学术写作的结构和格式,并通过论文模板或大纲更好地开展学术写作。生成式人工智能工具还能生成开放式问题,评估学生回答,帮助他们识别知识差距并集中学习时间。通过生成式人工智能生成的练习题和样本答案,学生可以自主评估对某个主题的理解程度,并在课堂上讨论这些输出。同时,生成式人工智能可以帮助学生分析数据集,确定趋势和关系,并制作调查问卷,发展研究技能。在巩固讲座、实践课和研讨会笔记上,学生可以使用生成式人工智能将讲义整合成不同格式,如项目符号列表、结构大纲和思维导图。这有助于识别知识差距,并理解不同主题之间的联系。生成式人工智能工具还可以生成练习题和样本答案,帮助学生评估对某个主题的理解,提供即时反馈,识别知识差距并有效集中学习时间。此外,生成式人工智能可以帮助学生发展数据分析和研究技能,通过分析现有数据集、制作调查问卷和问卷,增强研究技能。讨论生成式人工智能的输出有助于提高学生的阅读和批判性思维能力,学生可以总结关键文本并利用生成式人工智能生成的摘要进行比较,深化对文本的理解。生成式人工智能提供的即时、个性化写作反馈,可以让学生了解自己在写作中的优点和需要改进的地方。生成式人工智能工具可以提供关于写作结构、连贯性和清晰度的建议,帮助学生提高写作水平。此外,生成式人工智能还能生成不同情境的替代解释、提供更多示例和类比,帮助学生理解某个主题的更广泛情境。

生成式人工智能通过提供语言学习的个性化辅导和编码练习的即时反馈，有效地促进了学生在语言运用和编程技能方面的成长。例如，学生可以使用生成式人工智能进行语言练习，与人工智能进行书面对话，练习实时互动。生成式人工智能工具还可以帮助学生翻译和比较多语言版本的文本，分析和描述现有代码或识别编码错误，促进更清晰的理解和技能提升。生成式人工智能可以根据学生的个人学习需求和进展提供个性化的辅导和反馈，显著改善学习成果。研究表明，基于生成模型的会话代理能够针对学生的误解提供量身定制的解释，并根据他们的理解水平进行调整。此外，生成式人工智能可以用于对学生作文进行评分。生成式人工智能可以根据学生的个人学习需求和进展提供个性化的辅导和反馈，显著改善学习成果。研究表明，基于生成模型（如 ChatGPT）的会话代理能够针对学生的误解提供量身定制的解释，并根据他们的理解水平进行相应调整。生成式人工智能还能将教育材料翻译成不同的语言，使其更广泛地传播，并用于创建互动学习体验，让学生以对话的方式与虚拟导师互动。生成式人工智能还能够创建自适应学习系统，根据学生的进展和表现调整教学方法，为学生提供更有效的支持。

生成式人工智能通过分析学生的学习习惯和能力，能够为每位学生定制课程和学习计划。与教师在大班授课时手动操作相比，生成式人工智能能够更频繁、更详细地提供个性化反馈。教师可以利用生成式人工智能增强识别不同教学方法优缺点的能力，并帮助终身学习者不断更新知识和技能，以应对新挑战和责任。面对学习者背景和经历各异的情况，生成式人工智能能够帮助教师确定最佳的教学策略。例如，对于擅长通过视觉获取信息的学生，可以展示更多的图片、图表和图形；对于其他学生，可以通过谜题、任务和游戏进行学习。总体而言，生成式人工智能在教育中的广泛应用，不仅提升了教师的教学能力和专业素养，也显著改善了学生的学习体验和技能发展。通过不断探索和利用生成式人工智能的潜力，教育者可以更好地应对教学中的各种挑战，为学生提供更高质量的教育。

5.2　基于生成式人工智能的课堂教学

生成式人工智能通过提供定制化教学内容、增强互动性和反馈机制，成为推动教育发展的有力工具，帮助教师实现更高效、更有针对性的教学。然而，面对新一代生成式人工智能技术，许多教师感到困惑和不确定。许多教师会思考：我能教什么？我应该怎么教？如何监督学生使用生成式人工智能？我需要接受这个工具吗？

随着生成式人工智能技术的发展，教师在教学过程中也需要进行相应的转变。这种转变需要教育领域中所有相关人员付出更多的努力和灵活性。假设我想在我的课堂中使用生成式人工智能，最佳的整合方式是什么？我的建议是尽可能多地了解生成式人工智能。要成功地将其融入教学，教师应该掌握有关人工智能、机器学习和大型语言模型（如 ChatGPT）的基础知识。例如，生成式人工智能的功能优势包括：根据用户需求生成多模态内容，提高工作效率。理解人机交互情境，开展类似人类语言交流的连续多轮对话，具备良好的人机互动体验性；超强的信息检索、整合、分析及处理能力，将改变人们的信息获取与决策方式；能够高效执行序列性任务，如生成基本的程序代码及根据用户指令动态改进；能进行智能化创新创造，设计及创造出与人类相媲美甚至是超越人类的制品[1]。

对生成式人工智能有了基本认识之后，教师可以通过学习生成式人工智能在实际教学中的应用案例来进一步提升教学效果。例如，利用 ChatGPT 生成示例，提高教学产出效率，或使用生成式人工智能备课、生成教案和试题，从而节省备课时间。通过在线资源，教师可以学习如何利用 ChatGPT 举例子、如何使用生成式人工智能备课、生成教案和试题，从而节省备课时间。理论知识能让教师形成基本认识，而实际操作则能帮助教师更好地理解这些工具的功能和局限性，从而在教学中更有效地应用它们。教师不仅需要在心理上接受这些工具，还需要在行为上进行调整，积极看待并利用这些工具。

2023 年 9 月联合国教科文组织发布首份全球《生成式人工智能在教育和研究中的应用指南[2]》（*Guidance for Generative AI in Education and Research*），旨在支持规划适当的法规、政策和人员能力发展计划，确保生成式人工智能成为真正有益于教师、学习者和研究人员的工具。教科文组织强调了政府批准人工智能课程的必要性，包括在学校教育、职业技术教育和培训中设置相关课程。国务院印发的《新一代人工智能发展规划[3]》，明确利用智能技术加快推动人才培养

1　杨现民、郑旭东：《生成式人工智能重塑教育及教师应对之道》《中小学信息技术教育》2023 年第 5 期。

2　Holmes W. and Miao F., *Guidance for generative AI in education and research*（New York：UNESCO Publishing，2023）.

3　中华人民共和国国务院：《新一代人工智能发展规划》，2017 年 7 月 8 日，https://www.gov.cn/zhengce/content/2017-07/20/content_5211996.htm，访问日期：2024 年 8 月 3 日。

模式、教学方法改革,使其融入所有年级和学科的现有课程中,而不是作为附加内容。教育工作者需要采用适合不同年龄和发展阶段的教学方法。

　　研究发现,生成式人工智能可以加强高等教育的教学实践,包括个性化学习、自动评估和反馈生成、虚拟助手和聊天机器人、内容创建、资源推荐、时间管理、语言翻译和支持、研究协助、模拟和虚拟实验室。生成式人工智能可以适应不同学生的学习需求,通过自动化评估与反馈优化评分流程并提供即时学习反馈。生成式人工智能作为虚拟助手和聊天机器人提供全天候的行政和信息支持,同时辅助教师进行内容创作和资源推荐,增强教学材料的丰富性和针对性。此外,生成式人工智能在语言学习、研究辅助、模拟与虚拟实验室创建、促进协作与交流、提高教育的可访问性和包容性方面发挥重要作用,最终提升教学效率和质量。

　　在课堂中有效利用生成式人工智能,教师首先需要学习相关的理论知识和技术。了解生成式人工智能的基本原理、应用场景及其在教学中的潜力,是有效应用这些技术的第一步。教师需要根据教学目标和学生需求,调整教学策略,考虑生成式人工智能在特定课程中的适用性,并有效地融入这些技术。例如,在确定生成式人工智能是否适合某门课程时,需要从技术本身和课程学习目标两个层面进行思考:生成式人工智能对学生的学习有贡献吗? 它能发挥什么作用? 我要教授的知识与生成式人工智能有什么关系? 此外,还需考虑学生层面的问题:是否要禁止学生使用生成式人工智能,或者在某些条件下允许使用生成式人工智能。

　　在具体教学方法的应用上,麻省理工学院发布了针对教师教学的指南《Getting Started with AI-Enhanced Teaching:A Practical Guide for Instructors》[1],提供了几种将生成式人工智能融入课堂的策略。

　　(1) 利用人工智能生成具体的例子。教学过程中常涉及解释抽象概念或理论,这些对学术理解至关重要,但有时学生难以理解。通过生成式人工智能工具,可以生成许多具体的例子,使抽象概念更加贴近现实,易于学生理解。教师可以选择一个抽象概念,使用人工智能工具生成相关的例子,并整合到课程中。

　　(2) 使用人工智能创建练习测验。使用人工智能生成低风险的测验来评估学生的知识。教师可以使用人工智能工具生成不同难度的测验,以评估学生对

1　MIT Sloan Teaching and Learning Technologies, "Getting Started with AI-Enhanced Teaching:A Practical Guide for Instructors," accessed November 25, 2024, https://mitsloanedtech.mit.edu/ai/teach/getting-started/.

知识的掌握情况。人工智能能够生成包含合理替代选项的多项选择题。教师需要对人工智能生成的测验进行审核，确保题目的准确性和适宜性。例如，教师可以指定一个主题，如"细胞分裂"，然后利用人工智能生成相关的测验问题，之后进行审查和修改，确保题目符合教学目标和学生水平。生成式人工智能工具如ChatGPT可以简化测验创建过程，生成针对特定主题的练习测验。教师可以选择主题，使用人工智能生成相关的测验问题，并审查和修改以确保准确性和相关性，最终分发给学生。

（3）多模态教学。教师可以要求学生使用图像生成人工智能模型来创建图片，将文本描述与人工智能生成的图像结合起来，以深化对课程内容的理解，并激发学生的创造力和批判性思维。例如，在讲解完一个复杂的生物学过程后，学生可以被要求生成一个视觉图表，展示这一过程的各个阶段。视觉辅助工具一直是有效教学的基石，有助于理解和记忆。

（4）学生与人工智能互动。教师可以鼓励学生使用人工智能工具，如ChatGPT，来练习解释特定的概念。通过与人工智能的互动，学生可以获得即时反馈，帮助他们精炼自己的理解。例如，在学习经济学的供需理论后，学生可以向人工智能工具解释这一理论，并根据人工智能的反馈进行反思和改进。

将人工智能融入教学既带来了机遇，也带来了挑战。尽管人工智能提供了强大的工具来增强教学，但教师仍然是不可替代的。通过将人工智能的优势与教师的专业知识相结合，我们可以为学生创造更丰富、更有效的学习体验。尽管生成式人工智能有望增强学习体验，但也带来了数据隐私、算法偏见和人工智能生成内容的道德使用等方面的担忧。教育工作者和政策制定者必须谨慎应对这些道德困境，优先考虑透明度、同意和公平原则，以保障学生福利并促进负责任的人工智能采用。技术限制同样是一个重要的议题，生成式人工智能算法可能复杂且不透明，这给教育工作者理解和解释其输出带来了挑战。教育工作者必须接受培训和支持，才能有效驾驭人工智能技术并将其融入教学实践。强大的基础设施、高质量的培训数据和专业知识才能支持教育环境中有效的人工智能集成。

此外，对人工智能生成内容的可靠性、准确性和可解释性的担忧强调了持续研究和开发工作的重要性，以推进人工智能教育技术的最新水平。教学方面的考虑在生成式人工智能采用的讨论中发挥着关键作用。教育工作者必须解决人工智能驱动的自动化和以人为本的教学之间的适当平衡问题，以及对师生关系和批判性思维技能培养的潜在影响。此外，培养学生数字素养、道德意识和创造力的必要性强调需要采取全面的人工智能整合方法,优先考虑教学诚信和学生赋权。目前也有相关研究探讨如何克服课堂实施挑战并最大限度地发挥人工智能在课堂上的优势的策略。包括教育工作者、政策制定者和技术开发人员之间的合作、提供公平使用人工智能工具、提供全面的教师培训计划以及建立明确的道德准则等实用解决方案。

　　人工智能等数字技术的广泛应用,已引起了社会对数字伦理道德的关注。特别是生成式人工智能在教育领域的应用,需采集与使用多模态、巨型化的教育数据,这不仅涉及教师如何合理使用人工智能及批判性使用生成的内容信息,更可能对师生隐私数据及教育主权安全形成威胁,这些都对教师数字伦理道德水平形成挑战。ChatGPT 作为一种先进智能虚拟工具,可以满足教师和学生随时随地学习的需要,能够适应社会科技的发展,促使传统教育逐渐向智能教育转变。但如果过分滥用 ChatGPT 衍生产品,教师在不考虑学情及教材的情况下,机械地搬运现成教案,教学方法缺乏创新,久而久之,其个性化创新能力、自主开发课程及教法的意识和能力都会受到限制,甚至出现能力倒退的现象,对教师专业发展内驱力及能力提升意识都会造成一定影响。

　　此外,也可能导致学生对所学科目缺乏深入理解,机械记忆相关知识点,不利于问题解决能力的提升。如果学生过分依赖技术查询学习信息,通过“快捷径”的方式完成论文写作等学习任务,无疑等同于论文剽窃,将会阻碍其独立思维和批判性思维能力的培养。同时 ChatGPT 的回答官方全面,逻辑性较强,但它无法适应不同文化及地区背景的差异,如果学生不结合自身问题背景进行补充,可能答案缺乏准确性,也不利于学生发散思维和创新性思维的提升[1]。

　　因此,在使用生成式人工智能时,教师需要培养学生的批判性思维和伦理意识。教师在学习和使用人工智能工具时,应该对其进行批判性思考,特别是要考虑公平性、文化响应性和伦理问题。确保所有学生都有机会使用人工智能工具,并具备必要的资源来创造性地使用这些工具。通过哪些方式让我的学生参与对人工智能生成材料的批判性讨论,以磨炼批判性思维和其他技能?教育工作者也应关注这些工具在数据使用和隐私保护方面的具体操作,以确保其应用的安全性和合理性。例如,通过小组讨论和案例分析,帮助学生学会评估和验证生成信息的准确性和可靠性。同时,教师应引导学生思考生成式人工智能的伦理问

1　陈潇、苏雪源、王波等:《ChatGPT 类生成式人工智能教育应用伦理审度与调适》《中国教育信息化》2023 年第 29 卷第 12 期。

题,如数据隐私、偏见和公平性等。

通过基础知识的培养、实践应用的深化,教育工作者可以更好地利用生成式人工智能工具,提升教学效果和学生的学习体验。生成式人工智能为教师实现个性化教学提供了有力支持,帮助学生更深入地理解和掌握知识,提高批判性思维和创造力。未来,人工智能将继续推动教育的创新与发展。教育工作者和学生共同努力,充分利用这些先进技术,必将为教育带来新的机遇和挑战,使学习变得更加丰富和多样化。通过不断探索和利用人工智能的潜力,教育者可以为学生提供更有成效和激励的学习环境,最终实现教育质量的全面提升。

5.3   生成式人工智能的课堂教学案例

生成式人工智能技术在全球教育领域的应用日益广泛。它为教师提供了多样化的支持,包括制定个性化教学方案和辅助课堂教学。同时,这项技术也为学生带来了丰富的学习体验,增强了学习的交互性、协同性、情境性、启发性和即时性。随着技术的持续更新和改进,全球教育工作者遵循以技术促进教育发展的理念,不断探索将生成式人工智能应用于课堂教学的新方法和创新途径。

1. 生成式人工智能在英语教学中的应用案例

生成式人工智能为语言学习者提供了丰富的练习机会,帮助他们提升语言技能。同时,系统能够即时提供学生表现的反馈,并根据每个学生的特定需求和语言水平,定制个性化的学习计划。教师也可以从新颖的生成式人工智能技术中受益,将其用于课程和课程设计、开发新的教学和评估材料或满足不同的学习者技能和需求。

生成式人工智能能够设计并实施引人入胜的语言学习活动。例如,聊天机器人作为该技术的一种工具,能够用目标语言与学习者进行实时对话,响应他们的查询,并通过持续学习不断提升其输出质量,充当着不知疲倦的教学助理。新的聊天机器人迭代可以与第三方应用程序集成,扩展用途,不仅能维持对话,还能回答学习者的问题并评估他们的语言技能。教师可以使用可视化开发系统创建自己的聊天机器人。聊天机器人具有多种教学功能,从对话练习、小组讨论到模拟实践、一般帮助和基于需求的内容提供。除了聊天机器人,生成式人工智能不仅能够辅助学习者掌握语法规则和新词汇,还能通过模拟发音练习和听力理解来加强语言技能。此外,它还能辅助学习者提高阅读、写作和翻译的能力。生成式人工智能可以通过创造性的方式进行语言教学,例如哑剧、诗歌、歌词、谜题、游戏创作、剧本写作或文化沉浸活动。它还能提供文化背景,解释文化细微差别并反映目标语言区域的差异。生成式人工智能具备个性化教学的巨大潜力,教师可以根据特定学习需求策划语言资源,创建量身定制的学习材料。

　　作为自适应学习工具,生成式人工智能能够根据学生的回答和互动,动态调整问题的难度级别,并识别学习中的难题,为教师提供具体而有价值的反馈。这不仅提高了教学效率,还促进了个性化学习,使每个学生都能在适合自己的节奏和难度下学习。具体应用方面,生成式人工智能可以显著提升英语写作能力。英语写作能力不仅包含对词汇、语法、语篇等浅表性语言要素的掌握,而且包含语用能力、文化意识、思维品质等深层次素养要求。在英语学习过程中,写作一直是学生的痛点和难点,学生经常面临词汇不足、语法规则模糊、缺乏写作素材、逻辑结构混乱等写作障碍,写作的积极性因此受到影响。科学的写作训练十分重要。希腊帕特雷大学的斯塔夫罗斯教授将 ChatGPT 引入高中英语写作课堂,通过 ChatGPT 辅导学生的英语写作。他的英语写作课通常会分为三个阶段进行。第一阶段,学生会用英语撰写一篇主题作文,例如给朋友写一封邮件介绍自己最喜欢的运动。这一阶段教师会利用 ChatGPT 订正学生的词汇和语法错误。第二阶段,学生需要对比、分析和学习 ChatGPT 的修订内容,同时通过研讨,反思 ChatGPT 给出的修订建议是否合理,并且总结出更正确、更得体的表达方式。第三阶段,学生会再一次用英语撰写一篇类似主题的作文,学生在二次写作中可以运用上一阶段学到的新表达方式。通过批判性地反思 ChatGPT 给出的写作反馈,学生在互动中习得正确、得体的语用表达,促进了认知能力发展,同时内化了语用知识和技能。

　　生成式人工智能也可以帮助学生进行英语写作。学生对英语写作的畏难情绪除了源于英语词汇和表达方式的匮乏,还在于观点缺乏逻辑性和丰富性,时常出现不知道写什么、如何写的困扰。印度尼哈伦纳(Harunna)博士为帮助学生解决写作素材缺乏、写作观点单一、写作思路混乱等问题,在其"创意与媒体写作"课程中引入了 ChatGPT。生成创新性的写作想法对于学生来说通常具备一定难度,因此哈伦纳萨里通常会在课程的第一阶段让学生与 ChatGPT 进行对话,学生可以结合 ChatGPT 给出的建议选择自己感兴趣的写作切入点。同样,在故事架构环节,ChatGPT 也可以充当学生的虚拟伙伴,帮助学生构建完整的叙事结构和连贯的故事情节。一方面，学生可以将故事梗概发给 ChatGPT 进行优化，或者通过提问（例如"你认为我故事中的情节冲突设置是否合理"）寻求建议。另一方面，学生可以通过对话与 ChatGPT 进行故事共创。在教学过程中，教师会对学生使用 ChatGPT 的情况进行监督，确保学生将其作为灵感生成的工具，而不是依赖它直接进行内容创作。监督的形式之一是收集学生与 ChatGPT 的历史聊天数据。通过分析聊天数据，教师能够进一步掌握学生的语用能力发展情况。

在阅读方面，生成式人工智能技术也能提升学生的文学素养。阅读是学生学业成功的基础，教育工作者一直致力于帮助学生提高阅读能力。借助生成式人工智能技术，"阅读教练"（Reading Coach）平台能够为学习者提供个性化、引人入胜和变革性的阅读体验。美国鲍德温学校五年级教师安娜·路易斯（Anna Louise）将这一平台引入她的阅读课，并充分利用"阅读教练"的不同功能，帮助学生提升阅读能力，激发阅读兴趣。在"阅读教练"上，学生可以阅读教科书文本、数字图书馆的文本或者用人工智能生成故事。安娜·鲁伊斯会让学生利用"阅读教练"自主朗读文本，并通过平台提供的关于发音和流利程度的即时反馈工具来纠正读错的单词。研究发现，帮助缩小阅读能力差距的最有效方法之一就是个性化学习。"阅读教练"的"AI 故事"模式中，学生可以选择故事的主角、背景和情节，系统会自动生成与学习者选择的阅读水平相匹配的完整故事。故事共创带来的参与感极大地激发了学生对于阅读的热爱。

品读名著同样有利于阅读能力的提升，但如何让学生深入理解名著中的人物和主题往往是教师讲授的难点。美国佐治亚州一所高中的英语教师迈克·肯茨（Mike Kents）在其英语课中利用 Character.AI 平台帮助学生深入理解文学作品。Character.AI 平台与 ChatGPT 类似，区别在于它允许用户与历史人物或名人聊天，包括著名科学家、文学作品主人公、影视明星、动漫角色等，同时，该平台还支持用户构建自己的 AI 角色。学生在学习完文学作品后，可能因为对人物、事件、主题等理解不够深刻而产生疑问或构建出一些新的想法。迈克·肯茨发现，他的学生在学完《麦田里的守望者》以后出现了不少困惑，于是他开始培训学生使用 Character.AI 平台，布置了在平台上采访虚拟 AI 机器人——小说主人公霍尔顿·考菲尔德（Holton Caulfield）的课堂作业，并提醒学生要积极倾听和回应 AI 机器人所说的内容。学生必须将 AI 机器人的访谈回答与书本中主人公的动作、言语和个性进行对比，进一步加深对角色的理解。访谈结束后，学生将与 AI 机器人的聊天记录发送给教师,以便进行课堂讨论。在接下来的讨论环节,每个学生都要分享自己访谈中的亮点和不足以及对人物更深层次的理解。如此,学生跳出"浅阅读",实现了对阅读内容的深刻把握。

2. 生成式人工智能在历史与道德教学中的应用案例

历史教学的关键,在于打破历史与现实的隔阂,拉近学生与历史的距离。通过创设丰富的教学情境,生成式人工智能带领学生身临其境地感知历史、发现历史,进而帮助学生体悟历史、掌握历史知识。

美国加州大学圣克鲁兹分校历史学教授本杰明·布林(Benjamin Brin)将 ChatGPT 作为教学工具引入大学历史课堂,借助生成式人工智能在课堂中模拟交互式历史背景,帮助学生沉浸式学习历史。历史事件与当下相距甚远,学生对于历史事件所处的时代背景又较为模糊,因此很难在课堂中真正走进历史。为了帮助学生充分理解中世纪瘟疫的背景和影响,本杰明·布林依托 ChatGPT 开发了一款"中世纪瘟疫模拟器",模拟器提供大马士革、巴黎、皮斯托亚三个版本,三个版本的主人公和故事线各有千秋。大马士革版本中,学生扮演一位在大马士革感染瘟疫的旅行者。巴黎版本中,学生需要扮演一位依靠兜售假药在瘟疫中获利的庸医。而皮斯托亚版本中,学生则扮演一位正在寻求应对瘟疫解决方案的正直的市议员。学生通过教授提供的共享文档进入"模拟器",将共享文档中标注的提示语复制到 ChatGPT 中即可进入场景。例如,大马士革版本中,教授设置了"健康状况""医生诊疗""确认家属是否患病""寻找更好的医生"和"恢复健康"等提示语和配套生成的不同场景。课堂上,学生先借助 ChatGPT 进入"模拟器",进行故事性、情境化的体验,随后学生将他们的模拟经验与这三个地方的瘟疫真实历史记录进行对比,并撰写反思论文。在论文中学生要进一步反思模拟情境的真实性、侧重点和代表性。通过这种情境体验,学生能够从多个角度思考和探究历史事件从而加深理解,也能够培养批判性思维和创造性思维。

学习材料的丰富性和互动性对于学生加深对历史概念的理解十分重要。芬兰图尔库大学的茱西(Judsey)教授通过 ChatGPT 为不同程度的学生提供个性化的学习材料。他首先确定课程主题和对应的史实资料,然后用 ChatGPT 生成高、中、低三个难度等级的文本材料和测试题。为加深学生理解,他用 AI 绘画软件 Midjourney 生成配套的图像资料。课堂上,他依据学生的水平,将不同难度等级的学习材料进行个性化分配,布置学生的学习内容。学生通过文本材料和图片材料对所学内容进行理解，之后回答测试题。课后，教师使用 ChatGPT 对测试题的完成情况进行检测，如果学生测试题正确率达到要求，就会在下一个阶段的学习中被分配更高难度的学习材料，反之则降低难度。通过为学生提供个性化的交互式学习材料，学生的学习参与度和对知识的掌握度显著提升。

道德课程通常强调引导学生经历真实的情境，深化学生对学习内容的认知和理解，培养学生深度思维能力，让学生在自我思辨、自主建构中提升道德情感和转化道德行为。议题式、情境式、启发式等教学方法有利于促进学生的独立思考和辩证思维，在道德课程中较常见。

"道德两难问题"以其强烈的认知冲突成为道德课堂中常用的情境创设方法。日本山形县一所小学将人工智能与"道德两难问题"相结合，在道德课程中激发学生展开多维思考。小学生的道德理性有待形成和发展，面对具体的生活情境，小学生对道德意义的理解和领悟往往比较浅显，因此需要教师切实引导。面对"道德两难问题"，教师将 ChatGPT 设置为课堂讨论的参与者之一。以往的课堂讨论交流通常在认知水平相似的同伴间展开，而面对一个新的"智能伙伴"的加入，学生需要更加深入地思考，才能推动对话持续进行。一方面，面对 ChatGPT 提供的答案，学生需要作出新的判断和改变。有的学生表示"我想先听听 AI 的判断，然后再作决定"，也有学生表示"我自己考虑一下，再问 AI"。课堂讨论过程中，教师引导学生主动思考、反思差异，逐渐形成面对道德问题进行独立判断的能力。另一方面，"道德两难问题"不存在唯一的标准答案，ChatGPT 生成的答案可以作为学生讨论交流的话题，学生还可以与 ChatGPT 进一步互动，探寻认知差异产生的原因。教师通过构建"道德两难问题"情境，呈现人工智能的判断，鼓励学生独立思考、仔细反思并认真作出决定，最终提升道德认知。这种独特的学习体验增加了道德课堂的趣味性、参与性和教育性。

总体来看，以 ChatGPT 为代表的生成式人工智能在教育领域有广泛的应用场景，教师正在不断挖掘生成式人工智能在课堂教学中的潜力，包括人机协同共创、动态提供教学框架、提供个性化学习支持和辅导等。但是，生成式人工智能仍然存在一些不确定性，具有一些可以预料和难以预料的风险。教师在利用其进行教学时，要充分考虑并尽可能规避风险，更重视对学生高阶思维的培养，尤其是批判性思维和创造性思维。同时，教师应不断提高自身数字素养，不断探索使用新技术，促进先进技术与课堂教学相融合，使课堂更加丰富、有趣和高效。

5.4　　生成式人工智能在科研中的优势

生成式人工智能为科研领域带来很多便利,它通过自动化处理繁琐任务,显著提升了科研工作效率,并通过分析大量数据,促进了新知识的创新和科学发现。生成式人工智能在促进科学进步和跨学科研究中发挥了重要作用。

5.4.1　生成式人工智能助力科研效率提升

生成式人工智能能够将复杂的科研文本转化为简洁明了的信息,提高非专业人士对科研内容的理解和访问性。研究发现,在放射学研究中生成式人工智能可以为研究人员节省时间,特别是发表文章方面经验较少的研究人员。它可以帮助撰写引言、组织结果、讨论发现并为文章提供结构。此外,它还可以成为非英语母语人士提高写作水平的绝佳工具[1]。美国一家非营利机构 RTI 研究团队制定了一个结构化提示,包括原始文本、目标受众的详细描述以及一套简明语言写作原则,并将这些信息提交给大语言模型。评估结果显示,大语言模型在简化大篇幅内容、组织信息、保持原意和使用主动语态方面表现突出。

在医疗保健领域,从医学论文和专业文件的摘要生成,到为患者提供说明文案,生成式人工智能支持医生提高业务效率。例如,它可以帮助理解患者和医生对话的语境,生成诊疗记录,并通过对话向用户个人提出最佳方案。ChatGPT在临床推理方面的优势包括创建简洁的叙述性摘要、诊断临床案例等[2]。此外,生成式人工智能有望实现更优化的候选物质设计,并提高临床试验的成功率。NVIDIA 公司发布了生成式 AI 微服务,推动药物研发、医疗科技和数字医疗的发展。总部位于美国的生物制药公司 Moderna 正在与 IBM 公司合作,进一步推进基于人工智能的模型开发,加速新疗法的发现和创造。此外,临床对话 AI 平台 Abridge 每月为临床医生节省 70 多个小时的文档处理时间,通过生成临床笔记草稿,提供跨专业的临床准确摘要和医学术语,帮助医生创建完整、高度准确、

1　Lecler A., Duron L., Soyer P., "Revolutionizing radiology with GPT-based models: current applications, future possibilities and limitations of ChatGPT," *Diagnostic and Interventional Imaging* 104, no.6(2023): 269-274.

2　Shoja M. M., Van de Ridder J. M. M., Rajput V., "The emerging role of generative artificial intelligence in medical education, resear ch and practice," *Cureus* 15, no.6(2023).

结构化的临床笔记草稿。

通过快速筛选和总结大量科学文献，生成式人工智能显著提升了科研人员在文献检索过程中的效率和准确性。ScholarAI 插件（Studyai.io）可以帮助研究人员访问广泛的同行评议的文章、期刊和会议论文。它简化了查找相关文献的过程，允许用户基于特定查询（如关键字、作者或主题）进行搜索，从各种学术出版物中检索摘要甚至全文。其提供的简明摘要，方便研究人员快速了解研究内容，而无须阅读整个文档或摘要。ScholarAI 还包含引文管理工具，帮助用户保存和组织与研究相关的论文。在文献分析方面，还有知因分析数据库与星火科研助手等工具。知因分析数据库是一款由智谱 AI 研发推出的科技文献智能辅助分析与解读平台，可助力快速掌握领域技术发展态势及趋势。星火科研助手的自动综述与机器辅助阅读功能帮助科研人员快速掌握一个研究领域或研究方向的当前进展，以及一篇文章的核心要点，并可辅以英文论文的翻译与润色功能。

5.4.2　生成式人工智能助力科研创新与发现

生成式人工智能技术的出现为科学界打开了新视野。生成式人工智能通过快速筛选和总结大量科学文献，可以为研究人员提供必要的背景信息和新兴趋势，从而节省了时间并丰富研究的深度和广度。中国科学院院士鄂维南认为，可以利用人工智能数据库和大语言模型来收集和整合信息。原则上，对于感兴趣的任何研究课题，都可以使用人工智能工具快速总结文献中的相关信息及其来源。人工智能技术甚至可以帮助建议一些进一步的研究方向，这将大大提高科学研究的效率[1]。

生成式人工智能也能帮助提高科学写作质量和效率。生成式人工智能通过自然语言处理技术，不仅能帮助创建论文大纲、校正文本，还能提升语句的表达质量，尤其对那些非英语母语的研究人员在撰写精确学术英语时提供了巨大帮助。生成式人工智能能有效地组织和格式化复杂的数据和理论，简化科学交流，提高准确性和有效性。生成式人工智能能够理解用户的需求描述，并将其转换成对应编程语言的功能性代码片段，这一能力极大地便利了编程和软件开发过程。这对于新手或使用不熟悉语言的人尤其有益。此外，这些人工智能系统擅

---

[1] 鄂维南：《AI 助力打造科学研究新范式》，《中国科：学院院刊》2024 年第 39 卷第 1 期。

长识别和纠正代码中的错误,快速找出语法和逻辑问题并提供解释,从而加速调试并作为开发人员的教育资源。此外,生成式人工智能可以提高代码效率和可维护性,建议重构以提高可读性和性能,符合软件开发最佳实践。生成式人工智能通过整合不同学科的专业知识、提供创新类比和实际案例,促进了跨学科的合作和知识共享,激发了集体智慧。这种方法拓宽了思想范围,鼓励超越传统界限的思维,并促进创造性解决问题,通过提供多样化的观点和联系,生成式人工智能可以挑战传统思维并鼓励创造性解决问题。爱思唯尔(Elsevier)发布的 Scopus AI 工具经过科研人员共同测试和开发,帮助研究人员和科研机构快速、准确地获得文献摘要和研究见解,从而推动学术合作。Scopus AI 可以使用研究摘要中的关键字为每个查询生成概念图。这有助于研究人员鸟瞰主题空间,更全面地了解主题及其与其他研究领域的关系,从而推动学术创新。

5.4.3　明确在科研中使用生成式人工智能的规范

生成式人工智能在教育和科研领域均有广泛应用,它不仅能增强教学效果,还能协助科研人员在文献检索、选题策划和数据分析等方面,提高研究工作的效率。然而,由于其特性,生成式人工智能也为学术造假提供了便利。随着时间的推移,学术不端行为呈现出新的类型和特征,包括利用人工智能技术重新组织或修改内容以规避抄袭检测、自动生成研究论文等。抄袭手法越来越隐蔽,再加上科技的辅助,使得抄袭判定愈发困难。

科学技术是一把双刃剑,一方面,利用人工智能技术提高学术不端行为检测的全面性和准确度,促进了科研诚信建设[1]。但另一方面,利用科技进行"洗稿"的现象显现,原创作者的著作权利深受智能技术的侵害[2]。人工智能生成物在形式和逻辑上足以"以假乱真",倘若人工智能被用于抄袭、洗稿等侵权行为,将危害个人利益和社会公共利益[3]。生成式人工智能工具基于历史数据生成内容,有时会无意中模仿、复制现有文献的词语和想法[4]。若未对生成内容进行严格审查,可能会无意中将他人的研究成果错误地归入自己的工作,从而损害原作者及

1　姜芳、刘静、张晓宇:《人工智能技术在学术不端行为检测中的应用》,《科技传播》2021 年第 13 卷第 18 期。
2　李欣然:《智能写稿技术应用法律规制研究》,硕士学位论文,西南大学,2023。
3　王丽群:《人工智能的版权侵权责任研究》,硕士学位论文,浙江理工大学,2023。
4　Huang J., Tan M., "The role of ChatGPT in scientific communication: writing better scientific review articles," *American journal of cancer research 13*, no.4 (2023): 1148.

出版社的信誉。维持想法的独创性和归属性对于维护研究公平至关重要,研究人员需要确认 AI 生成内容的引用是否恰当。此外,应对生成式人工智能中潜藏的偏见是学术伦理上必不可少的任务。为了避免学术论文受到不正当影响和歧视,需非常小心地识别和纠正 AI 算法中的偏见。这需要人类的干预。

鉴于此,如何恰当地使用生成式人工智能,成为一个摆在人们面前的重要问题。无论是禁止或者是放任,都不是解决这个问题。因此要想合理地使用这个工具,不仅仅需要科研人员遵守诚信的基本原则,还需要相关监督机构一起发力。一个结论性的看法就是:在学术研究或知识生产中,要"助而不替"地使用生成式人工智能。其功能需要定位为"助力"而不是"代替",要用其来增强人的学术能力,而非用其在学术研究中"走捷径"或"偷懒";要用它来启示、激发人们更多的灵感和新见,而不是用它来替代人们的思考[1]……

作为科研人员,我们应利用 AI 技术,但不能完全依赖它。所有的观点和数据必须经过研究者的审查,避免生成式人工智能的一些虚假和杜撰的结论,以维护科学的尊严。研究者应保持严谨的研究态度,在利用生成式人工智能时,应适度使用,避免对其过度依赖,确保研究的独立性和创新性。生成式人工智能工具应被视为写作过程中的助手,其主要作用是提供支持和便利,而非替代作者的创造性思维和分析。论文的核心想法和考察需靠自身的力量产生,并在论文中明确说明使用 ChatGPT 的部分,严格谨慎地避免剽窃和不当使用 AI,遵守伦理规范。国家监管层面出台了相关政策文件,2023 年 12 月 21 日,科技部监督司发布了《负责任研究行为规范指引(2023)》[2]。在研究选题与实施部分,《指引》强调:"研究项目的申报材料应真实、准确、客观。不得使用相同或相似研究内容重复申报,未经同意不得将他人列为研究团队成员。不得抄袭、买卖、代写申报材料,不得使用生成式人工智能直接生成申报材料。"在文献引用部分,明文规定了有关 AI 的使用方法:"使用生成式人工智能生成的内容,特别是涉及事实和观点等关键内容的,应明确标注并说明其生成过程,确保真实准确和尊重他人知识产权。对其他作者已标注为人工智能生成内容的,一般不应作为原始文献引用,确需引用的应加以说明。"

1　黄时进:《"助"与"替":生成式 AI 对学术研究的双重效应》,《上海师范大学学报(哲学社会科学版)》2024 年第 2 期。

2　科技部监督司:《负责任研究行为规范指引》,2023 年 12 月 21 日,https://www.most.gov.cn/kjbgz/202312/t20231221_189240.html,访问日期:11 月 25 日。

总之,对生成式人工智能需要加以规范和引导,让它沿着正确的道路为科学研究服务。对于科研人员而言,要善用 AI 技术,借助它的优势高效、准确地完成科研和论文的撰写,但所有的观点和数据,必须经过作者的审查,避免生成式 AI 的虚假和杜撰结论,以维护科学的尊严。严格谨慎地使用 AI 技术,遵守伦理规范,才能真正发挥其在科研中的辅助作用。

5.4.4　活用 AI 工具方法指南

活用 AI 工具写论文的诀窍不是把一切都交给 AI,而是在理解 AI 的优点和缺点的基础上明智地使用。下面介绍活用 AI 写论文的诀窍。

(1) 根据目的选择最合适的 AI 工具。在选择 AI 工具时,应根据研究或写作的具体目的和需求,挑选最适合的工具,以确保其功能与任务要求相匹配。AI 工具的特性和擅长领域不同。例如,ChatGPT 擅长自然文章生成,但专业语言法润会有局限性。Grammarly 等工具在语法和风格检查方面表现更好。QuillBot 擅长改写和总结文本,可帮助简化复杂的段落并生成简洁的总结。因此,根据论文的具体需求选择合适的 AI 工具是关键。因此,根据论文的具体需求和目标来挑选合适的 AI 工具至关重要,这直接影响到研究的效率和成果的质量。

(2) 保持论文的一致性。当同时使用多种 AI 工具时,应确保文档各部分在术语使用和语气表达上保持一致性,以增强论文的整体协调性和专业性。术语的使用和语气的不一致不仅会增加阅读难度,还可能使人认为论文是通过剪贴现有文章制作的。为了保持论文的一致性,可以在编辑过程中对所有部分进行统一的检查和调整,确保整个论文的风格和表达一致。

(3) 牢记伦理的使用。不能依赖 AI 产物来获得关于特定主题的深入洞察或独特观点。AI 工具的使用应该仅限于基本的编辑和定型任务。深刻的洞察力和讨论需要自己进行,并用自己的语言重写以提高论文的原创性。对于使用 AI 获得的信息,应进行适当地引用和参考,并注意按照研究伦理使用,确保不违反学术规范。

1. 文献综述

文献综述的准备工作需要消耗很多时间和精力,生成式人工智能可以为我们提供文献综述的思路,优化我们论文写作的过程。使用 ChatGPT 完成论文主题确定与背景研究的写作可以通过以下步骤进行:

(1) 确定研究主题和方向。当我们在阅读了大量论文之后,想要确定相关的综述选题或方向时，可以通过 Web of Science 或 Zotero 选中所有的论文，按照 CSV 格式导出。将导出的文件发送到 ChatGPT，询问 ChatGPT 对于文献综述的建议方向和已有研究。可以通过 ChatGPT 进行文献筛选，例如让 ChatGPT 在评述完各类研究的不足之后，明确提出本文研究的主要问题及相关的子问题等。其操作步骤如下：

● 导出文献数据：在 Web of Science 或 Zotero 中选择所有相关论文，导出为 CSV 格式文件。

● 发送文献数据到 ChatGPT：将导出的文件内容复制并粘贴到 ChatGPT 的对话框中。

● 请求综述方向和问题：向 ChatGPT 询问建议的综述方向和主要问题。

指令示例：请根据以下导出的文献数据，分析当前可解释性人工智能在教育领域的应用研究现状，并提出研究综述的建议方向及主要问题。

进一步指令：请根据以上分析，评述当前研究的不足之处，并明确提出本文研究的主要问题及相关的子问题。

（2）组织内容与编写。明确主题后，开始正式的编写工作。发送研究的主题让 ChatGPT 帮你生成论文的大纲，然后根据实际情况进行调整。提供明确的指令或提示，以确保内容符合你的要求。我们可以逐节工作，分别让 ChatGPT 生成摘要、各个段落、结论等。其操作步骤如下：

● 生成论文大纲：发送研究主题给 ChatGPT，请求生成大纲。

● 调整大纲：根据实际需求对生成的大纲进行调整。

● 逐节生成内容：依次让 ChatGPT 生成各部分内容，如摘要、引言、方法、结果、讨论、结论等。

指令示例：请基于以下主题生成论文大纲。主题为"可解释性人工智能在教育领域的应用"，并生成每个段落的大概内容。

进一步指令示例：请根据以下大纲，生成各个段落的内容。

（3）优化与反馈。将撰写的论文发送到 ChatGPT 生成相应的修改建议，根据建议进行调整之后，我们需要仔细检查生成内容的准确性、一致性和流畅性。在撰写过程中，需要更多融合个人的思考。使用生成式人工智能工具写综述可以节省时间和努力，但它应被视为工具，需要结合自己的理解和判断进行思考和决策，以确保论文的质量和可信度。其操作步骤如下：

● 发送论文内容：将撰写的论文或部分内容发送给 ChatGPT，请求修改建议。

● 根据建议进行调整：根据 ChatGPT 的建议修改论文内容。

● 检查和融合个人思考：仔细检查生成内容的准确性、一致性和流畅性，并融合个人的思考和见解。

指令示例：请对以下引言部分内容提出修改建议，并帮助优化（在此粘贴引言部分的内容）。请检查以下内容的准确性、一致性和流畅性，并提出修改建议（在此粘贴具体段落的内容）。

2. 论文写作与编辑

（1）选题。向 ChatGPT 简要介绍你感兴趣的研究领域或主题。描述你的兴趣、已有的知识背景以及你希望研究的特定方面。询问 ChatGPT 关于该领域的研究现状、发展趋势、面临的挑战和存在的争议，基于兴趣或 ChatGPT 的建议，生成一些可能的研究主题或问题。选择其中一个或多个，进一步思考和探讨。

指令示例：我对可解释性人工智能（XAI）在教育领域的应用感兴趣。我已经有一些关于 XAI 的基础知识，并且对其在知识追踪、认知诊断和智能辅导系统中的应用特别感兴趣。请问当前这一领域的研究现状、发展趋势、面临的挑战和存在的争议有哪些？你能帮我生成一些可能的研究主题或问题吗？

进一步指令：基于你提供的研究现状和趋势，我对以下两个主题特别感兴趣：XAI 在智能辅导系统中的应用；XAI 在认知诊断中的应用。请帮我详细探讨这些主题，并帮助我选择一个最适合进行深入研究的主题。

（2）提纲制定。与 ChatGPT 讨论你的论文主题，确定各部分的内容。根据研究目标和论文类型，确定论文的整体结构，如引言、文献综述、方法、结果、讨论和结论。列出论文的主要内容，与 ChatGPT 逐个讨论论文的各部分，列出每部分的主要内容和要点。ChatGPT 会帮助你识别每部分需要包含的关键信息和子主题；确定论文结构和段落逻辑关系。ChatGPT 会帮助你分析各部分之间的逻辑连接和过渡，确保论文结构合理连贯；修改检查整个提纲，确保逻辑关系和完整性。根据需要进行修改和调整，确保提纲能有效指导论文写作；完善提纲整理和完善最终版本的提纲，确保结构清晰、逻辑严谨。最终提纲应能有效指导你的论文写作过程。

指令示例：我已经确定了研究主题——可解释性人工智能在教育领域的应用。请帮助我制定论文的提纲，包括引言、文献综述、方法、结果、讨论和结论部分的内容。

进一步指令：请帮助我确定"引言"部分的主要内容和要点。我希望包括研究背景、研究目的与意义。接下来，请帮助我制定"文献综述"部分的提纲。这个部分我想涵盖可解释性人工智能的定义与发展、教育领域中的人工智能应用、可解释性人工智能在教育中的重要性。

确定逻辑关系的指令：请帮助我分析各部分之间的逻辑连接和过渡，确保论文结构合理连贯。例如，引言如何自然过渡到文献综述，文献综述如何引出方法部分。

修改和完善提纲的指令：请检查以下提纲的逻辑关系和完整性，并提出修改建议。

（3）段落扩展。在撰写论文或报告时，扩展段落以增加细节和深度是非常重要的。ChatGPT 可以帮助你在已有段落的基础上，增加更多的信息和内容，确保段落充实且有逻辑性。首先，向 ChatGPT 提供你已经写好的初始段落。描述你希望扩展的方面，例如添加更多细节、引用或例子；与 ChatGPT 讨论你希望扩展的具体内容，明确需要增加哪些细节、例子或引用；ChatGPT 提供扩展内容后，将其整合到你的初始段落中，确保逻辑连贯性和一致性；检查扩展后的段落，确保其逻辑清晰，内容充实，并进行必要的修改。

指令示例：以下是我写好的引言部分的初稿，我希望增加更多关于 XAI 在教育领域应用的重要性和实例的细节。请帮我扩展这一段落（在此粘贴引言部分初稿的内容）。

进一步指令：请在引言部分增加一个实例，说明 XAI 在智能辅导系统中的具体应用，并讨论其带来的实际效果。

整理和检查的指令：以下提供的扩展内容，请帮我将其整合到初始段落中，并确保逻辑连贯性（在此粘贴扩展内容）。

3. 数据分析

数据分析需要进行大量的数据处理、清洗、查询和总结工作。生成式人工智能（如 GPT‐3.5）可以帮助我们优化这一过程，提高效率。使用 ChatGPT 进行数据分析可以通过以下步骤进行：

（1）创建数据表和生成数据文件。首先，我们可以使用 ChatGPT 帮助我们确认表格名称、列的名称、数据类型及约束条件。随后，可以生成 SQL 查询（结构化查询语言）以创建表并包括索引。随后使用 ChatGPT 生成所需格式的数据文件,例如 CSV 文件。

指令示例:我希望你扮演数据生成器的角色。你能创建包含 id、name、age、email 列的表 users 的 SQL 查询吗? 包括相关的约束和索引。

进一步指令:我希望你在 Python 中扮演数据生成器的角色。你能生成包含 id、name、age、email 列的 CSV 文件吗? 将文件保存为 users.csv。

(2) 数据清洗与合并。数据清洗与合并是数据分析的另一个重要部分。可以使用 ChatGPT 提供数据文件或数据表的结构,生成 Python 代码以进行数据清洗、数据查询和表合并。

指令示例:我希望你在 Python Pandas 中扮演数据科学家的角色。给定一个包含 id、name、age、email 列的 CSV 文件 users.csv,编写代码清理数据,删除缺失值并重置索引。

合并表的指令:我希望你在 Python Pandas 中扮演数据科学家的角色。给定一个包含 id、name 列的表 users 和一个包含 user id、order id、amount 列的表 orders,请合并这两个表。

数据格式转换指令:我希望你在 Python Pandas 中扮演数据科学家的角色。给定一个包含 date、category、value 列的表 sales,你能按 category 聚合 value 并将其从长格式转换为宽格式吗?

(3) 数据查询与分析。数据清洗和合并完成后,紧接着的步骤是执行数据查询和分析。ChatGPT 能够根据指定的数据分析需求,生成相应的 SQL 查询语句或 Python 脚本,用以执行包括数据汇总、分类统计、趋势分析等在内的多种分析任务。例如统计汇总、趋势分析和数据可视化。

指令示例:我希望你在 Python Pandas 中扮演数据科学家的角色。给定一个包含 user id、order id、amount 列的 Data Frame,编写代码计算每个 user id 的总消费金额。

(4) 数据可视化。数据可视化是数据分析中的关键步骤,它能够帮助我们更好地理解数据并从中发现趋势和模式。ChatGPT 能够生成 Python 脚本,该脚本调用 matplotlib 和 seaborn 等数据可视化库,以创建图表和图形,从而形象化地展示数据分析结果。

指令示例:① 我希望你在 Python 中扮演数据科学家的角色。给定一个包含 date、sales 列的 Data Frame,请生成一个折线图展示 sales 随时间的变化趋势。② 我希望你在 Python 中扮演数据科学家的角色。给定一个包含 category、 value 列的 Data Frame,请生成一个柱状图展示不同 category 的 value 分布情况。

（5）数据报告与总结。在完成数据分析之后,生成数据报告和总结是非常重要的步骤。ChatGPT 可以帮助生成数据报告的模板和内容,确保报告的结构清晰、信息全面。

指令示例：我希望你扮演数据分析师的角色。请提供一个数据分析报告的模板示例,确保模板中明确包含数据集的基本描述、数据清洗的详细步骤、所采用的分析方法、关键的分析结果以及对这些结果的综合结论等部分。

生成数据总结指令：我希望你扮演数据分析师的角色。请根据以下分析结果的具体描述,帮助我提炼并总结关键的研究发现和结论。如果需要具体的结果数据,请提供或详细描述这些数据。

（6）自动化数据分析流程。通过结合多种工具和技术,可以实现数据分析流程的自动化。ChatGPT 可以帮助生成自动化脚本,以便在数据到达时自动执行清洗、分析和报告生成等任务。

指令示例：我希望你在 Python 中扮演自动化专家的角色。请编写一个 Python 脚本,实现数据分析流程的自动化,该脚本应能自动进行数据清洗、执行预定的分析步骤,并生成报告。此外,脚本需要能够响应新数据,触发并执行上述流程。

5.5　小结

生成式人工智能,以其创新的技术特性,正在成为推动现代教育和科研变革的重要力量,并逐步渗透到教学和学术研究的各个环节。通过其卓越的内容创造和信息整合技术,生成式人工智能极大地简化了教师的备课工作,并为学生提供了更多样化的学习资源,创造了前所未有的教学和学习便利。

在教学领域,生成式人工智能的应用极大地提升了教师的工作效率。它通过自动化执行评分、提供反馈、安排课程等重复性任务,不仅减轻了教师的工作负担,还使他们能够将更多的时间和精力投入教学研究和学生互动上。此外,生成式人工智能在教学评估方面展现出显著优势,能够提供个性化的评估和反馈,帮助教师及时了解学生的学习情况,并进行有针对性的辅导和调整。在课程设计方面,生成式人工智能不仅可以帮助设计和组织课程材料,还能根据学生的需求生成个性化的练习题或互动练习,从而提供更加参与和互动的课程体验。在内容创建方面,生成式人工智能工具能够加强学生的语言、数学等基础技能训练,并通过对不同学习风格的适应,促进一个多元化和包容性的课堂环境。教育工作者在利用生成式人工智能进行教学时,需要充分考虑并尽可能规避风险,更重视对学生高阶思维的培养。

在科研领域,生成式人工智能同样展现出巨大潜力。它不仅可以辅助科研人员完成文献检索、科研选题、数据处理等任务,还能在学术写作和编辑中提供支持。然而,随着学术不端行为呈现出新类型和特征,如利用人工智能技术规避抄袭检测、自动生成研究论文等,如何恰当地使用生成式人工智能成为一个重要问题。科研人员在利用 AI 技术时,应维持怀疑和验证的科学态度,避免对其结论的盲目接受,并应恪守学术诚信和伦理规范。教育工作者和学生共同努力,充分利用生成式人工智能的优势,为教育带来新的机遇和挑战。通过不断探索和利用人工智能的潜力,教育者可以为学生提供更有成效和激励的学习环境,最终实现教育质量的全面提升。未来,人工智能将继续推动教育的创新与发展,成为现代教育的重要组成部分。

第 6 章

智能认知诊断在教育中的应用

智能认知诊断是一种利用人工智能和数据分析技术,通过分析学生在学习过程中的答题记录、行为表现等学习活动数据,以识别、评估和理解个体的认知状态、学习模式和知识水平的方法。本章首先概述认知诊断的发展背景和理论基础,回顾经典测试理论(Classic Test Theory,CTT)、概化理论(Generalizability Theory,GT)以及项目反应理论(Item Response Theory,IRT)的演变历程,探讨其在教育测评中的应用与局限性;继而梳理认知诊断的方法与技术、评估方法,为智能教育实践中高效测评与精准教学的实现奠定基础,并探索未来认知诊断技术的可能发展方向。

6.1　智能认知诊断概述和主要应用

在教育领域,认知诊断是一种备受瞩目的评估方法,它聚焦于剖析个体的认知过程与学习表现,已得到广泛运用。随着人工智能、机器学习及大数据等前沿技术的迅猛发展,智能认知诊断应运而生,不仅大幅提升了评估的精准度与个性化程度,更为教育工作者提供了更为科学、全面的数据支撑。在本节中,我们将首先回溯认知诊断的基本概念,进而深入探讨其在现代教育实践中的具体应用,一同揭开智能认知诊断的神秘面纱用。

6.1.1　智能认知诊断概述

认知诊断是一种通过分析个体的认知过程、学习表现和行为特征,以便量化、评估和理解其认知状态和学习能力的方法。在教育领域，认知诊断被视为一种重要的工具，可以帮助教育者更好地了解学生的学习需求、优势和困难，从而为个性化教学提供科学依据和支持。认知诊断依赖于先进的技术手段，包括人工智能、机器学习和大数据分析等。通过收集和分析学生的学习数据，如答题记录、学习行为和生理指标等，认知诊断系统可以生成详细的学习分析报告，揭示学生的认知特征、学习偏好和潜在问题。相比于传统的学习评估方法，认知诊断具有更高的个性化和精准性。传统评估往往依赖于标准化的测试和定性观察，而认知诊断则能够根据个体的学习过程和行为数据，为教育者提供更深入的理解和更有效的指导，从而实现更加个性化和有针对性的教学和学习。认知诊断概念起源于心理测量学，其历史可以追溯到 20 世纪初期，是早期评估学习者学习状态的一种任务。心理测量的理论基础源于对心理特质的可测性的认识。心理特质被视为客观存在。其根据的哲学原理是"凡是客观存在的事物都有其数量""凡有其数量的事物都可以测量"。这意味着任何事物都可分为质和量的统一。事物的质的差异构成了其分类的基础，而事物的量的差异则成为进行测量的前提。

英国心理学家查尔斯·斯皮尔曼（Charles Spearman）在 20 世纪初提出经典测试理论，这是心理测量领域的重要理论之一，也是最早实现数学形式化的心理测量理论[1]。经典测试理论的核心假设是：一个测验分数可以分解为两部分，即真实得分和误差得分。真实得分是被测量的个体在被测特质上的真实水平，而误差得分是由于测验不完美或其他随机因素导致的测量误差。经典测试理论通过评估测验的可靠性和有效性，提供了衡量测验质量和解释测验结果的指标，同时允许将个体的原始分数转换为标准化分数，以便与参考群体的得分进行比较。伴随着实践研究的改进，目前所使用的经典测试理论方法一般都具有难度、区分度、均分、信度和效度等指标，以更全面地评估测验的质量和效度。

经典测试理论在心理测量领域有着广泛的应用，但它也存在一些缺点和局限性。其中包括对测验分数的简化假设，仅关注总分而忽视测验项目的表现，假设测验特性稳定而忽视其变化，对个体差异的忽视以及仅适用于标准化测验等问题。尽管经典测试理论具有一定的局限性，但它仍然是心理学和教育领域中

1　Sternberg R. J., "Cognitive Theory and Psychometrics," in *Advances in Educational and Psychological Testing: Theory and Applications*, eds. Hambleton R. K., Zaal J. N. (Dordrecht: Springer Netherlands, 1991), pp.367-393.

最常用的测试理论之一，为研究者和从业者提供了重要的分析工具和理论框架。

　　1970 年，为了解决传统测试理论（如经典测试理论）的局限性，美国心理学家李·克龙巴赫（Lee Cronbach）等人提出的一种用于评估测量结果的统计理论，即概化理论[1]。概化理论认为测验的结果不仅仅适用于测验时的特定条件，还可以推广到其他情境。它提供了一种框架，可以评估和解释各种影响因素对测验结果的影响程度，并计算出各种因素的相对贡献。用全域分数（universe score）代替真分数（true score），用概括化系数 G（generalizability coefficient）代替了信度。通过对测量分数的总方差进行分解，可以估计不同来源的误差，包括评分者的主观偏差、测试环境的影响、测验内容的差异等。通过分析这些误差来源 GT 可以指导评估者采取措施来尽可能减小误差方差，从而提高测验的可靠性和有效性。

　　在经典测试理论的基础上发展出的另外一个理论为项目反应理论，其比概化理论适用更加广泛，是现代认知诊断领域重要的基础性工作。项目反应理论发端于 20 世纪 50 年代，它同时被丹麦统计学家乔治·拉施（George Rasch）和美国心理统计学家弗雷德里克·洛德（Frederick Lord）在各自的国家发展起来[2]。洛德在 1951 年的博士毕业论文中提出双参数正态肩形曲线模型，而与此同时，拉施也提出了隐特征模型（latent trait model），该模型是项目反应理论的一种特殊情况，特别是一维二参数模型（1PL），即经典的心理测量学模型拉施模型[3]。从经典测试理论到现代测验理论的转变发生在 20 世纪六七十年代。

　　项目反应理论基于潜在特质模型，认为被试在某一潜在特质上的得分是由其潜在特质水平和测验项目的特性共同决定的。这个潜在特质通常是难以直接观察或测量的，比如数学能力、阅读理解能力等。项目反应理论试图通过建立数学模型来揭示被试在这些潜在特质上的真实水平。项目反应理论认为每个测验项目都有其自身的参数，主要包括难度参数和区分度参数。难度参数表示了被试需要具备多大程度的潜在特质水平才能正确回答该项目，而区分度参数表示了该项目对被试潜在特质水平的区分能力。这些参数可以用于描述和解释测验

1　Gleser G. C., Cronbach L. J., Rajaratnam N., "Generalizability of scores influenced by multiple sources of variance," *Psychometrika*, no.4 (1965): 395 – 418.

2　Van der Linden W. J., Hambleton R., "Handbook of item response theory," *Taylor & Francis Group. Citado na pág*, no.7 (1997): 8.

3　Molenaar I. W., "Some Background for Item Response Theory and the Rasch Model," in *Rasch Models: Foundations, Recent Developments, and Applications*, eds. Fischer G. H., Molenaar I. W. (New York, NY: Springer New York, 1995), pp.3 – 14.

项目的特性和表现。项目反应理论基于概率模型,试图通过概率分布来描述被试在测验中的表现。常用的概率模型包括二参数模型(2PL)、三参数模型(3PL)等,它们都假设被试在某一特质上的得分服从某种特定的概率分布,通常是正态分布或 logistic 分布等。

受限于项目反应理论的单一特质、局部独立性、项目特性和潜在特质连续性的假设限制,在随后的几十年中陆续又发展了多维项目反应理论(Multidimensional Item Response Theory)用于评估和解释被试在多个潜在特质上的能力水平[1]。传统的项目反应理论模型通常基于参数化的概率模型,需要对项目和被试的参数进行估计,一些学者进而提出非参数项目反应理论(Nonparametric Item Response Theory)[2]。非参数项目反应理论则通过更灵活的非参数化方法,如核密度估计、局部加权回归等,来处理项目和被试的潜在特质分布,从而更好地适应不同的数据情况和测验结构。另一方面,混合效应模型(mixed effects models)也是一种重要的测量方法,混合效应模型结合了固定效应和随机效应的概念,可以更灵活地建模不同水平的变量之间的关系[3]。在项目反应理论的背景下,混合效应模型可以用于考虑个体之间的随机差异和测验项目之间的固定效应,从而提高了模型的适应性和准确性。动态项目反应理论(Dynamic Item Response Theory)[4],动态项目反应理论方法考虑到被试在测验过程中能力水平的变化和学习效应,可以根据被试的反应情况实时调整测验项目的选择和难度,从而更有效地评估被试的能力水平。

认知诊断模型(Cognitive Diagnosis Models,CDM)的概念并没有一个明确的确立时间,它是逐步在心理测量和认知诊断领域的研究中发展起来。认知诊断模型的概念在 20 世纪 80 年代末和 90 年代初开始引起了研究者的广泛关注,并在此后的几十年中得到了进一步的发展和完善。

在 20 世纪 80 年代末和 90 年代初,随着心理测量和认知诊断领域的研究逐

1　Ackerman T. A., Gierl M. J., Walker C. M., "Using Multidimensional Item Response Theory to Evaluate Educational and Psychological Tests," *Educational Measurement: Issues and Practice*, no.3 (2003): 37 - 51.

2　Stout W., "Nonparametric Item Response Theory: A Maturing and Applicable Measurement Modeling Approach," *Applied Psychological Measurement*, no.3(2001): 300 - 306.

3　Oberg A. L., *Mahoney D. W.: Linear Mixed Effects Models*, Ambrosius W T, editor, (Topics in Biostatistics, Totowa, NJ: Humana Press, 2007), pp.213 - 234.

4　Wang X., Berger J. O., Burdick D. S., "Bayesian analysis of dynamic item response models in educational testing," *The Annals of Applied Statistics*, no.1 (2013): 28, 126 - 153.

渐深入，人们开始意识到传统的项目反应理论模型在解释和预测被试在认知技能上的表现方面存在局限性[1]。

　　进一步地，认知诊断模型的发展可以视为对传统的 0/1 计分模型的一种超越和完善。传统的 0/1 计分模型仅仅根据被试的答题情况给出二元的得分（正确或错误），并没有考虑到被试在不同认知技能上的能力水平差异，因此在解释和预测被试的认知能力方面存在一定的局限性。广义分布评分模型（Generalized Partial Credit Model，GPCM）由穆拉基（Muraki）在拉施模型的基础上于 20 世纪 90 年代提出[2]。该模型允许不同项目有不同数量的评分级别，因此更加灵活，并且考虑了不同评分级别之间的权重差异。评定量表模型（Rating Scale Model，RSM）是由本杰明·D. 赖特（Benjamin D. Wright）在 1986 年提出[3]。该模型也是基于拉施模型，适用于评定量表数据，可以分析多个项目的评定结果，并考虑了评定量表中项目之间的相互关系。但是以上模型仍然缺乏对于具体知识点的建模，即无法确定学生在哪些知识点上具备良好的掌握程度，随着对认知诊断需求的增加，认知诊断理论逐渐发展起来，目的是更好地理解和描述学生的知识掌握状态，而不仅仅是给出一个总体的能力值。

　　与传统的项目反应理论模型不同，认知诊断模型将学生的能力分解为多个独立的认知技能或维度，从而可以更精细地描述学生在不同知识领域的表现。认知诊断模型的核心思想在于 Q 矩阵，Q 矩阵是一种描述测验项目与认知技能之间关系的矩阵。它记录了每个测验项目所涉及的认知技能，以及每个认知技能对应的测验项目[13]。通过 Q 矩阵，认知诊断模型可以更精确地分析学生在不同认知技能上的掌握情况，从而实现对学生知识结构和认知过程的深入理解。典型的代表模型有 DINA（Deterministic Input，Noisy "And" Gate Model）模型，其假设受访者必须掌握所有必需的属性才能正确回答评估中的某个项目，比如阅读理解、数学计算等，而每个任务（比如一道题目）都需要多个技能来完成[4]。

1　Lemée C.，"Application of Item Response Theory to the Assessment of Coping in an Environmental Risk Situation：Perspectives and Limits," *Psychological Reports*，no.5(2020)：1966-1985.

2　Muraki E.，"A Generalized Partial Credit Model：Application of an Emalgorithm," ibid.no.1(1992)：i-30.

3　Wright B. D.，Douglas G. A.，No M.，"The rating scale model for objective measurement," *Memorandum*，no.35.（B. Wright，G. Douglas，University of Chicago，Department of Education，Psychometric Laboratory，MESA，1986）.

4　De La Torre J.，"An Empirically Based Method of Q-Matrix Validation for the DINA Model：Development and Applications," *Journal of Educational Measurement*，no.4（2008）：343-362.

DINA 模型的目标是了解学生是否掌握了这些技能,以及他们在每个任务上的表现。模型的名称中的"Deterministic Input"意味着模型假设任务的结果受到学生是否掌握相关技能的影响,而且这种影响是确定性的,即某个技能如果没有掌握,则完成相关任务的概率会减少[1]。而"Noisy 'And' Gate"意味着模型假设每个任务需要多个技能的共同作用,就像一个"与"门一样,其中任何一个技能都不能缺少。通过这种方式,教育工作者可以更好地了解学生的学习状态,从而制定更有效的教学策略。

在进入 21 世纪前夕,以戴维·米什莱维(David Mislevy)为代表的心理测量学家认为测试理论可以大致分为两个阶段:标准测试理论阶段(Standard Test Theory)和新一代测验理论阶段(Test Theory for a New Generation of Tests)[2]。在标准测验理论阶段,研究者主要关注传统的心理测验理论,即传统的测验分析方法,如经典测试理论和项目反应理论。这些理论主要关注测验的总体性质,如难度、区分度等,用于解释和预测测验的整体性能。而在新一代测验理论阶段,研究者开始关注更加细致和个性化的测验分析方法,特别是在认知诊断模型的发展方面。这些模型更注重学生在不同认知技能上的表现,以及这些技能对测验表现的影响。因此,新一代测验理论更加关注学生的个体差异和知识结构,以及如何更好地评估和理解这些差异。

认知诊断基于一个简化的场景,即假设学生的知识状态在一定时间内是固定不变的,因此上述方法通常只基于某一时刻的测验成绩对学生学习状态进行评估。如何动态捕捉学生知识掌握的变化情况对于学生学习行为的建模具有重要的意义。基于这样的背景,美国卡内基·梅隆大学的科比特(Corbett)和安德森(Anderson)于 1955 年提出了一类新的任务,称为知识跟踪任务(Knowledge Tracing,KT)[3],旨在通过学生历史的学习数据,跟踪学生的知识水平的变化情况。基于以上的理论和判断,目前主流的认知诊断被划分为静态认知诊断和动态认知诊断(知识追踪)两个大的方向。这两个领域的提出宗旨各有不同:认知诊断旨在评估学生在知识点层级上的能力水平,而知识追踪则旨在预测学生对

1 Köhn H. F., Chiu C. Y., "A Proof of the Duality of the DINA Model and the DINO Model," *Journal of Classification*, no.2(2016): 171 - 184.

2 Frederiksen N., Mislevy R. J., Bejar I. I., *Test theory for a new generation of tests* (Erlbaum Hillsdale, NJ, 1993).

3 Corbett A. T., Anderson J. R., "Knowledge tracing: Modeling the acquisition of procedural knowledge," *User Modeling and User-Adapted Interaction*, no.4 (1994): 253 - 278.

知识点或问题的正确回答率。但是随着计算机科学的发展和神经网络的应用，二者逐渐开始重合，体现出认知诊断和知识追踪之间的交叉点越来越明显。随着技术的进步，人们能够更准确地利用数据分析和机器学习算法来评估学生的知识水平，并预测他们对特定知识点或问题的回答情况。因此，认知诊断和知识追踪之间的界限逐渐模糊，相互之间开始相互借鉴和交流，共同推动了教育评估和学习监测的发展。常见静态认知诊断模型有：矩阵分解（PMF）[1]、用户画像方法（如 Latent Dirichlet Allocation）、机器学习神经网络方法（如 FuzzyCDM、NeuralCD 等）[2]。常见的动态认知诊断模型有：贝叶斯知识追踪（BKT）[3]、因素分析理论（LFA）[4]、深度知识追踪（DKT）等[5]。

6.1.2　智能认知诊断的主要应用

心理测量的实践和应用在当代教育和心理学领域扮演着至关重要的角色。通过心理测量，人们能够量化和评估个体的心理特质、认知能力、行为表现以及其他心理属性，特别是在项目反应理论逐步发展起来以后，在教育、医疗、组织管理等领域提供有力的决策依据和干预措施成为可能。

教育评价仍然是心理测量应用中最重要的领域。例如，在学校教育中，标准化测验如美国学业能力倾向测验（SAT）、美国高等院校考试（ACT）等被广泛用于评估学生的学术水平和大学入学资格。这些测验不仅能够帮助学校了解学生的学习成就，还可以提供对学生未来学习能力的预测。另一个例子是教学评估工具，如学生评价、同行评估和教师自我评估等，这些工具可以帮助教师了解自己的教学效果，发现教学中的问题和改进点，从而提升教学质量。此外，项目化评估也越来越受到关注，例如学生展示性项目、研究报告和实验室作业等，这些评估方式能够更全面地评价学生的学术能力、创造力和问题解决能力。通过这些实例，我们可以看到教育评价在不同层面和领域的应用，对于学生学习、教学

1　Mnih A., Salakhutdinov R. R., *Probabilistic matrix factorization*, (Advances in neural information processing systems, 2007).

2　Liu Q., Wu R., Chen E., Xu G., Su Y., Chen Z., Hu G., "Fuzzy Cognitive Diagnosis for Modelling Examinee Performance," *ACM Trans. Intell. Syst. Technol*, no. 4 (2018): Article 48.

3　Bulut O., Shin J., Yildirim-Erbasli S. N., Gorgun G., Pardos Z. A., "An Introduction to Bayesian Knowledge Tracing with pyBKT," *Psych*, no.3 (2023): 770 – 786.

4　Zhang L., "Learning Factors Knowledge Tracing Model Based on Dynamic Cognitive Diagnosis," *Mathematical Problems in Engineering*, (2021).

5　Piech C., Bassen J., Huang J., Ganguli S., Sahami M., Guibas L. J., Sohl-Dickstein J., "Deep knowledge tracing," *Advances in neural information processing systems*, (2015).

改进和教育政策制定都起着至关重要的作用。

　　作为现代化在线教育的基石之一,知识追踪的应用也十分广泛。在线学习平台上,知识追踪系统可以记录学生的学习进度、答题情况以及对不同知识点的掌握程度。根据这些数据,系统可以向学生推荐适合他们水平和兴趣的学习内容,帮助他们更高效地学习。另一个例子是医学领域的知识追踪系统,这些系统可以跟踪医生的专业知识和临床技能,及时更新最新的医学知识和治疗方法,提供给医生参考。此外,在市场调研和产品设计领域,知识追踪系统也被用于跟踪消费者的偏好和需求,分析市场趋势和竞争对手的动态,指导企业制定产品策略和营销策略。通过这些应用实例,我们可以看到知识追踪在不同领域的重要性和价值,对于个体学习、专业发展和企业决策都起着关键作用。

6.2　智能认知诊断方法与技术

　　本节将深入探讨智能认知诊断方法与技术,这些方法和技术在教育评估和个性化学习中扮演着重要角色。随着信息技术和人工智能的迅速发展,智能认知诊断成为个性化教育和学习监测的关键手段。本章将介绍各种智能认知诊断方法的原理、应用场景和优缺点,以及它们在教育领域的实际应用和未来发展趋势。通过对这些方法和技术的深入探讨,我们将能够更好地理解智能认知诊断的理论基础和实践应用,为个性化教育和学习科学的研究提供重要参考和指导。

6.2.1　基础理论与划分

　　对认知诊断模型的划分是一个相当复杂的问题,不同的学者可能会根据其研究兴趣、理论取向和方法论偏好进行不同的划分,随着认知诊断领域的发展,新的模型和方法不断涌现,也给划分带来了挑战。一些常见的认知诊断模型划分方式包括基于模型的结构、基于模型的原理和基于模型的应用等。例如,一些学者可能根据模型的结构将认知诊断模型分为基于概化理论的模型、基于项目反应理论的模型、基于贝叶斯方法的模型。而另一些学者可能更注重模型的原理,将 CDM 分为基于知识结构的模型、基于潜变量的模型、基于规则的模型和基于神经网络的模型等。此外,一些学者可能会根据模型的应用场景和目的进行划分,例如基于诊断的模型、基于预测的模型、基于反馈的模型和基于个性化学习的模型等。2019 年，布拉德肖（Bradshaw）和列维（Levy）等人将 CDM 描述为"根据一组假定的潜在技能的掌握水平对受试者进行分类"[1]，将主要 CDMs 分为四大类模型框架结构：规则空间方法（RSM；Tatsuoka，1983）[2]，属性层次法（AHM；Leighton 等人，2004）[3]，诊断分类模型（DCM；例如 Bradshaw，2016；Rupp 等人，2010）[4]以及贝叶斯网络（BN；例如 Almond 等人，2007）[5]。其余方法分别为 MIRT 类、融合模型、知识空间理论。本节从智能认知诊断的角度对目前的认知诊断模型进行讨论，以动态和静态为基本划分点。静态认知诊断主要以 RSM、AHM、MIRT 和基于贝叶斯方法的模型（如 DINA、DINO）为代表。此外，机器学习方法（如神经网络、决策树）也可用于静态认知诊断，但与传统模型有本质区别。动态认识诊断主要以贝叶斯知识追踪（BKT）和深度知识追踪（DKT）为代表，关注学习过程中的时序变化。

6.2.2　Q 矩阵

认知诊断的 Q 矩阵是认知诊断模型中的关键概念之一，其发展历史可以追溯到 20 世纪 80 年代初。随着认知诊断领域的发展，研究者们逐渐意识到需要更加细致和灵活的技能表示方法，以更好地描述学生的知识结构和技能掌握情况。于是，Q 矩阵作为一种新的技能表示方法应运而生。最早对 Q 矩阵的正式提出可以追溯到 1983 年，日本心理学家辰冈洋介在其关于规则空间方法的研究中首次引入了这一概念[6]。认知诊断的第一步是定义目标属性，作为在分数报告中开发分数报告类别的基础。属性是指影响任务表现的任何事物：要么是任务特征，要么是完成任务所需的任何知识、技能或能力。然后用 Q 矩阵分析考生的项目反应数据，以估计各个被试者对目标属性的知识状态。

Q 矩阵是认知诊断模型中的关键概念，用于描述学生的技能结构和问题之

1　Bradshaw L., Levy R., "Interpreting Probabilistic Classifications From Diagnostic Psychometric Models," *Educational Measurement: Issues and Practice*, no.2 (2019): 79 - 88.

2　Tatsuoka K. K., "A Probabilistic Model for Diagnosing Misconceptions By The Pattern Classification Approach," *Journal of Educational Statistics*, no.1(1985): 55 - 73.

3　Leighton J. P., Gierl M. J., Hunka S. M., "The Attribute Hierarchy Method for Cognitive Assessment: A Variation on Tatsuoka's Rule-Space Approach," ibid, no. 3 (2004): 205 - 237.

4　Bradshaw L., *Diagnostic Classification Models* (The Wiley Handbook of Cognition and Assessment, 2016), pp.297 - 327.

5　Almond R. G., DiBello L. V., Moulder B., Zapata-Rivera J. D., "Modeling Diagnostic Assessments with Bayesian Networks," *Journal of Educational Measurement*, no.4 (2007): 341 - 359.

6　Tatsuoka K. K., "Rule Space: An Approach for Dealing with Misconceptions Based on Item Response Theory," ibid, (1983): 345 - 354.

间的关系。它是一个二维矩阵,其中行代表问题,列代表技能,而矩阵中的元素则表示每个问题所涉及的技能。在 Q 矩阵中,每个元素通常用二进制值表示,1 表示问题需要掌握该技能,0 表示问题不需要掌握该技能。但是 Q 矩阵的构建并无完全固定的规则和顺序,对于相同的数据集有可能构建出完全不同的矩阵结构。目前常见的 Q 矩阵构建方法主要有:

● 基于 GDI 的方法:使用 GDI(G - DINA 模型判别指数)对提出的 q 向量进行评估,选择使 GDI 最大化的 q 向量作为合适的 q 向量。其中,在同样合适的 q 向量中(GDI 相同),选择具有最少属性数量的 q 向量作为正确的 q 向量。

● 梯田图方法:利用梯田图来可视化多个 Q 矩阵结构的 GDI 值,从而避免依赖于单一的 GDI 截断值。一般在梯田图中选择梯田边缘的 q 向量,即在"梯田"边缘的地方,选择合适的 q 向量。

● 贝叶斯方法:道格拉斯(Douglas)等人提出了一种基于贝叶斯框架的 Q 矩阵估计方法,用于 DINA 模型。其利用了贝叶斯统计学的理论,以及马尔可夫链蒙特卡罗(MCMC)算法。该算法可以探索所有可能的 Q 矩阵,从中选择最符合数据的 Q 矩阵。这种方法的核心思想是将 Q 矩阵视为一个参数,通过不断迭代,逐步调整 Q 矩阵的取值,使其与观察到的数据最为一致。

● 基于数据驱动的方法:这种方法通过实际数据构建 Q 矩阵,而不仅仅是验证或细化。可以利用数据驱动的方法,例如基于贝叶斯网络的方法,进行 Q 矩阵的构建。这种方法通过统计独立性测试来验证 BN 结构,但需要注意不能只依赖于统计显著性检验,而应结合领域专家的意见。

Q 矩阵的错误规范化长期以来一直被认为是认知诊断模型的一个薄弱点,可能不仅导致建模效率低下,而且还会产生误导性的结果。在规范和定义属性时需要考虑几个问题,包括 Q 矩阵的正确规范化、Q 矩阵的设计以及属性的粒度。Q 矩阵可以通过专家判断等定性分析主观规范化,也可以通过可用的经验 Q 矩阵验证程序进行定性分析并进行实证验证。上述方法中,近年来的一个重要发展是使用数据驱动方法来验证或甚至构建 Q 矩阵。

Q 矩阵的完整性对于认知诊断模型的准确性至关重要。如果 Q 矩阵不完整,即缺少对所有可能属性的准确描述,那么模型的推断结果可能会出现偏差。此外,如果 Q 矩阵中存在错误的属性指定或不准确地描述,将会严重影响模型参数的估计,导致对受试者的错误分类。为了确保对参与认知诊断模型的分析能够做出准确的推论,必须验证 Q 矩阵中是否包含了所有必要的属性,并且每个测试项目都得到了适当的属性指定。然而，目前许多评估中，Q 矩阵的构建主要依赖于内容专家的判断。这种方法可能存在主观性，从而导致 Q 矩阵的不完整或错误。目前常见的 Q 矩阵验证和评估方法主要有：

● 基于经验方法：de la Torre 等人提出了一种基于经验的 Q 矩阵验证方法，即 δ 方法，主要用于 DINA 模型[1]。首先需要计算每个项目的项目鉴别指数 (item discrimination index)，δ 方法将受试者分为两组：一组具有所有需要正确回答该项目的属性（$\mu_j = 1$），另一组则缺少至少一个必需属性（$\mu_j = 0$）。然后，通过计算这两组受试者在回答该项目时正确答题的概率之间的差异来计算项目鉴别指数。如果 Q 矩阵的某个 q 项正确指定，那么该 q 项对应的项目鉴别指数将达到最高值，即最大化两组受试者正确答题概率之间的差异。

● 贝叶斯方法：DeCarlo 等人提出基于贝叶斯模型的 Q 矩阵验证方法，适用于基于重参数化 DINA 模型的数据[2]。此方法需要事先确定可能存在错误指定的 q 项，这些可能存在错误指定的 q 项被视为随机变量，并与其他参数一起进行估计。在估计过程中使用贝叶斯统计框架将先验概率与观测数据结合起来，以推断出 Q 矩阵的正确性。

● 基于残差方法：Chen 等人提出了一种基于残差的方法来实证验证 Q 矩阵，核心思想是利用残差来评估 Q 矩阵的拟合程度，进而判断 Q 矩阵的准确性和合理性[3]。该方法首先将每个受试者的观察到的响应与预期的响应进行比较，从而计算出每个受试者的残差平方和。然后，将所有受试者的残差平方和求和，得到每个项目的总残差平方和。最后通过比较总残差平方和的大小，评估 Q 矩阵的拟合情况。

● 基于残差平方和方法：Chiu（2013）提出利用残差平方和（RSS）来比较不同的 Q 矩阵，从而识别出最适合的 Q 矩阵结构[4]。其原理是一个正确的 q 向量的 RSS 小于特定项目的其他错误指定向量的 RSS，使用非参数分类（NPC）程序进行分类。该方法首先计算每个受试者对每个项目的观察响应与预期响应之间

1　De La Torre J., "An Empirically Based Method of Q-Matrix Validation for the DINA Model: Development and Applications" *Applied Psychological Measurement*, (2008): 343 – 362.

2　DeCarlo L. T., "Recognizing uncertainty in the Q-Matrix via a Bayesian extension of the DINA model", *Applied Psychological Measurement*, no.6(2012): 447 – 468.

3　Chen J., "A Residual-Based Approach to Validate Q-Matrix Specifications" ibid, no. 4 (2017): 277 – 293.

4　Chiu C. Y., "Statistical Refinement of the Q-Matrix in Cognitive Diagnosis" ibid, no. 8 (2013): 598 – 618.

的残差平方和。然后将所有受试者对每个项目的残差平方和进行求和,得到每个项目的总残差平方和。将具有最低 RSS 的 q 向量添加到输入 Q 矩阵中以替换该项目的 q 向量,从而验证 Q 矩阵有效性。

6.2.3　静态认知诊断模型

1. 规则空间方法(RSM)

规则空间方法是一种用于认知诊断的模型构建和分析的方法。该方法最早由 Tatsuoka 于 20 世纪 80 年代提出,并在此后的研究中不断发展和完善。RSM 的基本思想是将每个考试项目与一个或多个潜在的认知属性相关联,从而建立一个规则空间。在这个规则空间中,每个规则代表着受试者在特定认知技能或概念上的掌握程度。每个考试项目可以通过涉及的认知属性来描述,从而形成一个项目—规则的关联矩阵,即 Q 矩阵。通过 Q 矩阵,RSM 可以推断受试者的认知技能水平。当受试者对某个项目作出反应时,他们的表现将被转换成一个二进制的响应向量,表示他们是否掌握了与该项目相关的认知属性。然后通过比较受试者的响应向量和项目的 Q 矩阵,可以确定受试者所掌握的认知属性,进而评估其认知技能水平。具体计算过程有如下五个步骤。

● 属性规范化:根据考试项目与认知属性的关联,构建一个 Q 矩阵。在 Q 矩阵中,每一行代表一个考试项目,每一列代表一个认知属性。若某个项目与某个规则相关,则对应的 Q 矩阵中的元素为 1,否则为 0。

● 生成知识状态:基于属性逻辑关系,根据 Q 矩阵,生成所有可能的属性模式,称为知识状态。知识状态以二进制向量形式表示,指示哪些属性已经掌握。例如,属性模式(011)表示掌握 A2 和 A3,但不掌握 A1。

● 理想响应模式:每个知识状态对应一个理想响应模式,即当考生掌握了特定的属性模式时,预期的响应模式。理想响应模式由布尔函数类型(如合取、析取或更复杂的逻辑)确定,反映了考生在所有相关项目上的表现。

● 规则空间分析:将观察到的考生响应与理想响应模式在一个潜在的“规则空间”中进行比较。规则空间由两个维度组成,一个是潜在能力变量,另一个是用于测量响应模式非典型性的指标 z。

● 考生属性掌握概率估计:计算考生对每个属性的掌握概率,即属性掌握概率(AMP)。这一概率通过考虑候选知识状态中的二进制属性和相应的知识状态后验概率来计算。

● 认知诊断：一旦确定了考生的知识状态和相应的属性掌握概率，就完成了对考生的认知诊断。根据每个属性的掌握概率，可以确定考生在每个认知规则上的掌握程度。

RSM 的优点在于其简单直观的模型结构和灵活性，可以根据具体情况灵活调整 Q 矩阵。此外，RSM 还可以提供对受试者认知技能的详细分析，帮助诊断其在不同认知领域的优劣势和弱点。然而 RSM 也存在一些局限性。首先，构建 Q 矩阵需要依赖领域专家的判断和经验，可能存在主观性和不确定性。其次，RSM 假设每个项目与潜在的认知规则之间是一对一的关系，这在实际情况下可能不太符合现实。最后，RSM 对于复杂的认知结构和多维度的认知技能可能不够灵活，难以准确描述受试者的认知状态。尽管如此，RSM 作为认知诊断的一种经典方法，在教育评估和认知心理学研究中仍然具有重要的地位，并为研究人员提供了一种有效的工具来探究受试者的认知过程和学习特征。

2. 属性层级方法（AHM）

属性层级方法是一种用于认知诊断模型的属性规范化和模型估计的技术，由 Leighton 等（2004 年）提出。该方法的核心概念是将认知属性组织成层级结构，以更好地理解学生的认知能力。在属性层级方法中，认知属性被分为不同的层级，其中每个层级代表了一组相关的属性，而较高层级的属性则涵盖了较低层级属性的概念。这种层级结构有助于捕捉认知属性之间的依赖关系和难度层次，从而提高模型的准确性和可解释性。

在属性层级方法中，首先需要进行属性层级的设计和构建。这包括确定认知属性的层级结构以及定义每个属性层级之间的关系。随后，利用属性层级结构，可以进行 Q 矩阵的规范化和模型估计。通过将 Q 矩阵中的每个项目与相应的属性层级进行关联，可以更准确地描述项目所涉及的认知能力。此外，属性层级方法还可以通过考虑属性层级之间的依赖关系来进行模型估计，从而提高模型的拟合效果和预测能力。综合来看，属性层级方法为认知诊断模型的构建和应用提供了一种有效的框架，可以更好地理解和评估学生的认知能力。属性层级方法（AHM）的计算过程可以概括为以下几个步骤：

● 属性层级规定：确定需要认知模型中属性之间的层级关系。这意味着确定哪些属性是基础属性，哪些属性是高级属性，以及它们之间的依赖关系。这个层级结构通常基于认知理论或专家意见。例如在 SAT 考试中，发散型树状层级的属性 A1 为必备属性，包括考生理解试题的基本语言能力和考生使用加、减、乘、除等运算的基本数学知识和技能。该层次结构有四个分支：分支 A1、A2 和 A3；分支 A1、A4 和 A5；分支 A1、A6 和 A7；以及分支 A1、A8 和 A9。这四个分支彼此独立，只是它们都需要先确定 A1。

● 知识状态生成：根据属性层级关系，构建邻接矩阵，生成可达矩阵，再生成所有可能的知识状态。每个知识状态表示考生对属性的掌握情况。知识状态与属性层级结构相关联，并反映了考生在解决测试项目时可能具有的不同认知水平。

● 属性分数计算：对于每个考生，根据其实际响应模式和已知的属性层级关系，计算其对每个属性的掌握程度。这一过程可能使用统计模型或算法来估计考生的属性分数，考虑到属性之间的依赖关系。常用的算法有规则推断算法、基于统计学的算法（如 IRT）、机器学习和神经网络算法等。

● 认知诊断推断：基于计算得到的属性分数，进行认知诊断推断。其中包括确定考生的认知水平、强项和弱项，以及提供个性化的学习建议。认知诊断推断的过程涉及将属性分数与预先设定的标准进行比较，以确定考生的认知特征。

属性层级方法与规则空间方法的区别在于对认知模型中属性之间依赖关系的假设。AHM 通过假设一些或所有技能可能以层级顺序表示而从 RSM 中衍生出来。使用 AHM 对认知属性进行建模需要规定一个包含属性间依赖关系的层级结构。因此，属性层级用作任务表现的认知模型，旨在表示考生解决测试项目所需的相互关联的认知过程。这种假设更好地反映了人类认知的特点，因为认知过程通常不是孤立工作的，而是在相互关联的能力和技能网络中发挥作用。相反，RSM 不对属性之间的依赖关系做任何假设。这种差异导致了使用 AHM 分析测试项目响应的基于 IRT 和非 IRT 的心理测量程序的发展。

属性层级方法的优点在于其能够更好地捕捉属性之间的层级关系和依赖关系，从而更准确地描述考生的认知状态。通过建模属性之间的层级关系，AHM 能够更好地反映人类认知的复杂性，因为认知过程往往不是孤立的，而是在一系列相互关联的技能和能力之间相互作用。此外，AHM 还提供了一种直观且易于理解的方式来分析和解释考试结果，使教育工作者和决策者能够更好地理解学生的强项和需改进的方面。然而，属性层级方法也存在一些缺点。首先，建立属性之间的层级关系需要深入的领域知识和专业技能，因此在实践中可能会受到专业人员的限制。其次，属性层级方法的计算复杂度较高，特别是在考虑到大量属性和考生的情况下，需要耗费大量的时间和计算资源。此外，属性层级方法对于属性之间的层级关系的假设可能不总是符合实际情况，特别是当认知模型较为复杂或属性之间的关系较为模糊时，可能会导致推断结果的不准确性。

3. 更加常见的特定或受限制的方法

CDM 的约束/特定类别（Specific or constrained）的方法主要基于属性的关系差别，Specific or constrained 主要体现在 Q 矩阵的构建上。具体来说，这指的是 Q 矩阵中的属性是否被限制为与特定的测试项目相关联，或者是否允许属性与多个测试项目相关联。在 Specific 情况下，每个测试项目通常只与少数特定的属性相关联，这种限制使得 Q 矩阵更加具体和精确，但可能无法捕捉到潜在的交叉属性。而在 Constrained 情况下，允许测试项目与多个属性相关联，这使得模型更加灵活，能够更好地捕捉到考生的认知状态，但也可能增加了模型的复杂性和推断的不确定性。具体分为：逻辑连结类（DINO，NIDO 等）[1]、可加性类别（Additive CDM，线性逻辑回归模型，补偿/非补偿性重新参数化统一模型等）、层次化类别（Higher-order DINA）等，广义上来讲，RSM 和 AHM 也均属于受限方法，本节重点分析以 DINA 为代表的典型模型。

"特定"（也称为"简化"或"约束"）CDM 是在评估中属性之间仅可能存在一种类型关系的模型（无论属性之间的关系是析取关系、连接关系还是相加关系）。例如，确定性输入噪声"与"门（DINA）模型指定所有项目的属性（由名称中的"与"门表示）之间的非补偿关系。也就是说，必须掌握项目评估的所有属性才能期望得到正确的响应。相比之下，确定性输入噪声"或"门（DINO）模型指定属性之间的补偿关系，即属性可相互替代。在 DINA 模型中，潜在响应变量之间的关系表示如下：

$$\eta_{ij} = \prod_{k=1}^{K} \alpha_{ik}^{q_{jk}} \tag{1}$$

其中 η_{ji} 是理想的项目反应，表明考生 i 是否掌握了正确回答项目 j 所需的所有属性。如果考生 i 掌握了第 j 项所需的全部属性。该模型的项目响应函数（IRF）如下所示：

$$P(Y_{ij} = 1 \mid \alpha_i) = (1 - s_j)^{n_{ij}} g_j^{1-n_{ij}} \tag{2}$$

其中，s_j 是失误参数，表示即使具备必要属性也会出现错误响应的概率。而 g_j 是猜测参数，表示没有掌握足够属性但仍然出现正确响应的概率。二者的

1　Roussos L. A., Templin J. L., Henson R. A., "Skills Diagnosis Using IRT-Based Latent Class Models," *Journal of Educational Measurement*, no.4(2007): 293-311.

定义分别为 $g_j = P(Y_{ij} = 1 \mid \eta_{ij} = 0)$ 和 $s_j = P(Y_{ij} = 0 \mid \eta_{ij} = 1)$。

　　DINA 模型的优点在于其简洁性和易于使用的特点。该模型仅使用两个参数来描述每个项目,即滑动参数和猜测参数,使得模型的参数估计和解释相对简单明了。这种简约性使得 DINA 模型在实际应用中具有较高的实用性,且易于理解和解释。然而,DINA 模型也存在一些缺点。由于其简单性,模型将考生分为两个等效类别,即具备所有必需属性和至少缺少一个属性。这意味着模型无法区分考生在掌握不同数量属性上的差异,缺少一个属性被视为与缺少所有必需属性等效。该模型假设考生的技能是静态的,即在测试过程中不会发生变化。然而,在现实生活中,学习和认知水平可能会随着时间而变化,这可能会影响到模型的准确性。其次,DINA 模型的参数估计可能会受到 Q 矩阵的影响,而 Q 矩阵的构建和验证本身可能存在挑战。这种简化可能会导致模型对考生技能水平的精确度不够,特别是在属性数量较多或者属性之间存在复杂关系的情况下。

　　另一大类受限模型是 Hartz 等人提出的一种称为重参数统一模型(Reparameterized Unified Model,RUM)的方法,旨在进一步整合离散模型和连续模型的优势[1]。该模型通过重新参数化离散模型和连续模型,将它们统一到同一个框架下,从而提供了更灵活的建模方式。RUM 模型通过引入一个转换函数,将离散模型中的二元响应转化为连续模型中的概率参数。这样一来,就能够在统一的框架下,使用相同的参数估计方法对离散和连续模型进行建模和分析。RUM 模型的一个重要优势是可以更好地处理模型参数的估计和解释。由于 RUM 模型统一了离散和连续模型的参数,因此可以利用现有的参数估计方法来进行模型拟合和参数估计。同时,由于模型参数的统一,也使得模型的解释更加直观和一致,有助于对模型结果的理解和解释。

　　4. 一般化的 CDM 方法

　　一般化的认知诊断建模(CDM)方法具有灵活的参数化形式和模型的泛化性,能够处理各种不同类型的认知过程和测试属性,而不受特定模型结构的限制。这些方法采用数据驱动的建模方法,通过对大量学生数据的分析来识别和模拟学生的认知过程,从而提供了一种灵活、通用和可靠的建模框架。一般化的 CDM 方法还能够捕捉复杂的认知过程,如学习动态和概念迁移,为认知诊断研究提供了强大的工具和方法。方法的灵活性和通用性使其适用于各种不同

1　Hartz S. M., *A Bayesian Framework for the Unified Model for Assessing Cognitive Abilities: Blending Theory with Practicality* (University of Illinois at Urbana-Champaign,2002).

类型的测试和学科领域，为认知诊断研究提供了更广泛的适用性和应用前景。常见的一般化方法有：General diagnostic model（GDM）[1]、Log-linear CDM（LCDM）[2]、Generalized DINA（G - DINA）[3]等。伴随着神经网络技术的发展，还出现了基于神经网络逼近的神经认知诊断等模型。

（1）G - DINA。由 de la Torre 于 2011 年提出，旨在给出 DINA 类模型更加一般化的形式，从而对学生的认知能力进行细致而全面的诊断。该模型的设计旨在克服传统 DINA 模型的局限性，特别是在处理复杂的认知过程和多维度属性时。G - DINA 模型采用了一种更加灵活和通用的参数化形式，允许模拟各种认知过程，包括学生对不同属性的掌握程度以及属性之间的相互作用。该模型核心是其 Q 矩阵和参数化结构，与传统的 DINA 模型相比，G - DINA 允许每个项目与多个属性相关，并且考虑了属性之间的交互作用。这种灵活性使得G - DINA 能够更准确地模拟学生在解决测试项目时的认知过程，包括属性的相互影响和学习动态的变化。此外，G - DINA 还包括额外的参数，用于描述学生的认知状态，从而使模型更具有解释性和预测性。另一个 G - DINA 模型的关键特点是其对数据驱动的建模方法的采用。G - DINA 模型可以通过对大量学生测试数据的分析来自动识别 Q 矩阵和参数值，从而实现对学生认知能力的准确诊断。这种数据驱动的方法使得 G - DINA 模型更具有通用性和适应性，能够适用于不同类型和不同领域的测试和评估任务。

DINA 使用"and"链接不同的属性，即模型将被试分为完全掌握项目（所有属性）和不完全掌握两个大类，G - DINA 的改进在于区分了不同的属性组合。对于一个存在 j 个属性的项目 k，假设项目 k 仅测量 D_k^* 个属性，那么存在 $2^{D_k^*}$ 个属性类别组合，对于每一个潜在的组合类别 l 来说可简化表示为向量 a_{lk}^*。G - DINA 给出的一般化形式：

$$
link\left[P(X_k=1\mid \alpha_{lk}^*)\right]
$$

$$
=\delta_{k0}+\sum_{d=1}^{D_k^*}\delta_{dk}\alpha_{ld}+\sum_{d'=d+1}^{D_k^*}\sum_{d=1}^{D_k^*-1}\delta_{dd'k}\alpha_{ld}\alpha_{ld'}+\cdots+\delta_{d12\cdots D_k^*}^{K_i}\prod_{d=1}^{D_k^*}\alpha_{ld} \tag{3}
$$

1　von Davier M., "A general diagnostic model applied to language testing data," *British Journal of Mathematical and Statistical Psychology*, no.2(2008): 287 - 307.

2　Henson R. A., Templin J. L., Willse J. T., "Defining a Family of Cognitive Diagnosis Models Using Log-Linear Models with Latent Variables," *Psychometrika*, no. 2 (2009): 191 - 210.

3　Cen H., Koedinger K., Junker B., *Learning Factors Analysis — A General Method for Cognitive Model Evaluation and Improvement* (Berlin, Heidelberg: Springer Berlin Heidelberg, 2006): 164 - 175.

其中的 link 代表 G-DINA 模型根据所采用的链接函数（link function），一般常用的有 3 种形式：一致性链接函数（identity link function）、logit 链接函数（logit link function）和对数链接函数（log link function）；δ_{k_0} 是截距；δ_{dk} 是掌握属性 d 的主要效应；$\delta_{dd'k}$ 为项目在属性 d 和 d' 的交互效应。当 link 取一致性链接函数时（如 $y = x$ 等），意味着模型的参数直接代表了相应事件的概率，模型的参数不需要经过任何转换，而是直接反映了测试者在特定条件下正确答题的概率，即测试者根据其属性配置对题目的正确回答概率仅取决于各个属性以及它们之间的交互效应的总和。当 link 取 logit 函数时，G-DINA 的项目响应函数等效于 LCDM。

G-DINA 模型具有灵活性和准确性，能够处理复杂的认知诊断数据并考虑多个属性的交互作用，提供准确的认知诊断结果。G-DINA 发展出了许多变体，多分类 G-DINA（pG-DINA）可以处理多分类属性，并通过假设测试者可以被归类为"达到或超过"或"未达到"实际所需的掌握水平，从而将潜在类别数量减少为与常规 G-DINA 相同的数量；顺序 G-DINA（sG-DINA）用于对使用有序多分类类别进行评分的响应；连续 G-DINA（cG-DINA）则适用于连续响应情况。其多个变体使其适用于不同类型的测试数据，并提供详细的参数估计结果，有助于理解测试项目和考生表现之间的关系。然而，G-DINA 模型计算复杂度高，需要大量的测试数据和较长的计算时间，同时参数解释较为复杂，需要专业的统计知识。

（2）NeuralCD。神经认知诊断是一种基于神经网络的认知诊断模型，旨在结合传统认知诊断模型的优势与神经网络模型的灵活性和表征能力。NeuralCD 的设计目的是提供一种更加灵活和准确的认知诊断方法，以应对传统认知诊断模型在处理复杂数据和灵活模型结构方面的局限性。其采用端到端的学习方法，直接从原始数据中学习特征表示和认知诊断模型，无须手工设计特征或规则。这使得模型能够更好地捕获数据的复杂关系和模式，提高诊断的准确性和泛化能力。

6.2.4 动态认知诊断模型（知识追踪）

1. 传统知识追踪方法

（1）贝叶斯方法。BKT 模型的目标是将学生的表现（可观察的变量）映射到对知识水平（不可观察或潜在变量）的估计，标准 BKT 模型（见图 6-1）建模过程中将知识点设置为"永不忘记"，并且假设一个题目只对应一个知识点。

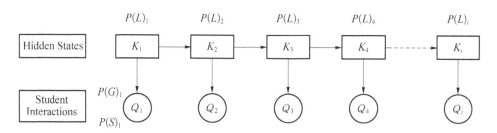

图 6-1　BKT 模型

模型参数 $P(L)$ 是初始知识状态下学生掌握相关知识点的概率；$P(T)$ 为经过练习后学生掌握目标知识点的概率；$P(G)$ 表示学生猜对答案的概率；$P(S)$ 为学生掌握知识点但做错题目的概率；K 为知识点；$Q \in \{0, 1\}$ 为相关问题答题结果。$P(G)$ 和 $P(S)$ 均为 0 的情况下，可完全表示学生对于知识点的掌握情况，一般当 $P(L) > 0.95$，即认为学习者掌握了知识点。根据 BKT 模型，当观察到学生答对第 i 次题目时，学生学习到知识点 c 的概率可表示为：

$$p(L_i^{\mathrm{T}}) = \frac{p(L_{i-1})(1 - p(S))}{p(L_{i-1})(1 - p(S)) + (1 - p(L_{i-1}))p(G)} \tag{4}$$

反之，学生领会到知识点 c 的概率可表示为：

$$p(L_i^{\mathrm{F}}) = \frac{p(L_{t-1})p(S)}{p(L_{t-1})p(S) + (1 - p(L_{t-1}))(1 - p(G))} \tag{5}$$

进行 n 个轮次之后，学生对于知识点掌握程度是学生已经知道该知识点的后验概率及学生不知道该知识点，但能够学习到该知识点的概率的总和：

$$p(L_i) = p(L_{i-1} \mid obs) + (1 - p(L_{i-1} \mid obs))p(T) \tag{6}$$

其中，obs 表示学生对问题的反馈情况（答题正误）。学生作答时正确回答技能 k 所代表的问题概率为：

$$p(C_i)^k = p(L_i)(1 - p(S)) + (1 - p(L_i))p(G) \tag{7}$$

贝叶斯 KT 模型具有简单易用、可解释性强的优势，并且也是 KT 领域的经典方法。但是，贝叶斯 KT 模型并未考虑到不同学生的初始知识水平存在差异的情况，缺乏对于题目难度的建模与评估。另一方面，模型假定学生不存在遗忘的情况并不符合实际认知规律。除此之外，使用二元组表示知识状态并不符合实际认知状态情况，并且由于隐藏状态和练习做题之间的映射关系较模糊，很难充分预测每个练习的和具体知识概念的关系。

（2）因素分析方法。通过对学习者知识水平中的细粒度影响因子建模，预测答对的概率。CEN 等认为一个好的认知模型应该能够捕捉到课程中的细粒度知识点，提供合适的反馈和提示，选择难度与学生个人相匹配的问题，最终提高学生的学习水平。Cen 等提出了学习因素分析（LFA）相关模型，该模型的主要目的是从学生的学习数据中，寻找一个能够量化因素的认知模型。Leszczenski 认为 LFA 是评估和比较许多潜在的学习认知模式的一种通用解决方案，并扩展了其在大型数据集上的应用[1]。LFA 继承和发展了心理测量学中用于评估认知的 Q 矩阵，并扩展了学习曲线分析理论。LFA 模型通过对认知模型空间进行启发式搜索，使研究者可以评估一套知识点的不同认知表征方式，即同一组知识点会在不同学生身上表现出不同的因素依赖。传统上基于逻辑回归的 LFA 模型可以表示为：

$$\ln\left(\frac{p_{ijt}}{1-p_{ijt}}\right) = \sum \alpha_i X_i + \sum \beta_j Y_j + \sum \gamma_j Y_j T_{ijt} \tag{8}$$

其中，p 表示回答正确的概率；X 代表代表学生的变量因素集合；Y 表示所练习的知识点的变量因素集；T 表示知识点练习机会数量的变量；学生熟练度 α、个人知识点相对难度 β、学习速率 γ 分别为模型的度量参数；i 表示学生编号、j 表示知识点编号、t 表示知识点练习数量。传统的逻辑回归模型能够有效量化因素之间的联系和权重，但是因其拟合效果有限，且更适合静态环境，实用性受到很大的限制。

DKT 方面，由于问题与概念的不平等性，使得大多数 KT 方法都把模型中的知识点数量等价于问题数量，从而丢失了问题所具有的个性化特性。如果缺乏对于问题的甄别，则无法确定问题的信度，进而损失模型的预测精度。项目反应理论是 LFA 模型的一种，该理论假设学习者的学习能力不随时间和实践变化。拉施模型仅用问题难度描述输入模型的问题，计算公式如下：

$$P(X=1 \mid \theta,b) = \frac{e^{(\theta-b)}}{1+e^{(\theta-b)}} \tag{9}$$

1　Leszczenski J. M., Beck J., "What's in a word? Extending learning factors analysis to model reading transfer"（paper presented at the Educational Data Mining workshop held at the 14th International Conference on Artificial Intelligence in Education，2007）.

其中，e 为自然对数，θ 代表学习者的学习能力；b 代表问题的难度；拉施模型表示了学生在一定的学习能力、问题难度估计下对单一知识点回答正确（$X=1$）的概率 P。拉施模型在可解释性、问题区分性等方面性能优越，高希（Ghosh）等通过在深度模型中使用拉施编码，提高了 DKT 的可解释性并取得了卓越的预测性能[1]。

深度学习技术逐步应用到了 KT 领域，IRT 模型也被重新改造，以适应深度学习方式，通过融入学生能力状态，提升网络性能。典型的实例有 Deep-IRT[2]，它是 IRT 模型与 DKVMN 模型的结合。黄（Huang）等提出 KPT（Knowledge Proficiency Tracing）知识熟练度追踪模型和 EKPT（Exercise-correlated Knowledge Proficiency Tracing）练习关联的知识熟练度模型，应用于知识估计、分数预测和诊断结果可视化三个重要任务[3]。为了探寻学习者数据中的时间序列特征，CEN 等进一步提出了加性因素模型（AFM），AFM 模型可以应对 KT 过程中出现多个知识点的情况，可以连续渐进式地追踪学习者的学习情，能够设计适合学习者的知识点难度系数和学习速率。Pavlik 等对 AFM 模型进行进一步的扩展，提出了绩效因素分析（PFA）模型[4]，PFA 模型将学习者学习过程中的交互过程分为积极和消极两个方面，AFM 模型可被看作是 PFA 模型的一种特例。Vie 等综合 IRT，AFM，PFA 等模型[5]，提出了 KTMs（Knowledge tracing machines）知识追踪机框架，KTMs 利用所有特征的稀疏权值集，对学习者答题结果的概率进行建模。

因素分析方法在 KT 领域表现出了极强的可解释性，能够处理多种学习者特征。IRT 模型特别是其衍生出的 MIRT 模型，存在的较大问题是模型有效训

---

1 Ghosh A., Heffernan N., Lan A. S., "Context-Aware Attentive Knowledge Tracing" (Proceedings of the 26th ACM SIGKDD International Conference on Knowledge Discovery & Data Mining, Virtual Event, CA, USA: Association for Computing Machinery, 2020): 2330-2339.

2 Yeung C. K., "Deep-IRT: Make Deep Learning Based Knowledge Tracing Explainable Using Item Response Theory", ArXiv (2019).

3 Huang Z., Liu Q., Chen Y., et al., "Learning or Forgetting? A Dynamic Approach for Tracking the Knowledge Proficiency of Students," ACM Trans. Inf. Syst., no. 2 (2020): Article 19.

4 Pavlik P. I., Cen H., Koedinger K. R., "Performance Factors Analysis —A New Alternative to Knowledge Tracing," (Proceedings of the 2009 conference on Artificial Intelligence in Education: Building Learning Systems that Care: From Knowledge Representation to Affective Modelling, IOS Press, 2009): 531-538.

5 Vie J. J., Kashima H., "Knowledge tracing machines: factorization machines for knowledge tracing" (Proceedings of the Thirty-Third AAAI Conference on Artificial Intelligence and Thirty-First Innovative Applications of Artificial Intelligence Conference and Ninth AAAI Symposium on Educational Advances in Artificial Intelligence, Honolulu, Hawaii, USA: AAAI Press, 2019): 93.

练难度高,所以在实际中并不常用。从 IRT 到 AFM 以及 PFA 模型的演化过程实质上是在逐步将学习者数据中的各种特征纳入分析的过程,但是以因素分析为基础的特征分析模型对于动态数据建模能力相对较弱,无法跟踪学生的认知状态,对于大规模自适应学习缺乏足够的技术支持。同时,大规模在线教育数据中数据维度太多,特征编码和额外信息来源较为复杂,模型拟合难度也较高,相较于深度模型来说,潜力有限,无法做到真正的大规模、自适应且动态的知识追踪。

2. 深度知识追踪方法

(1) 基于循环神经网络(RNN)的方法。RNN 是一种用来分析时间序列模型的网络,其最大优势在于可以记忆前期输入的相关信息,并利用其对当前问题进行判断和输出。DKT 是一种利用 RNN 的 KT 方法。虽然 BKT 方法可以追踪知识掌握程度,并且 PFA 等模型的性能表现更加优秀,但 DKT 可自动提取练习标签之间的关系并且追踪学习过程中的时间信息,其性能和实验结果明显优于之前的方法。

基于 RNN 的模型中,从学生划分方面,Minn 等提出了一种新的 KT 模型——基于动态学生分类的 DKT(DKT‑DSC),通过在每个时间间隔内将学生分组,预测学生的学习效果[1];Yeung 等在 2017 ASSISTments Data Mining 竞赛中采用 DKT 进行知识状态预测,证明了 DKT 模型在实际工作中的有效性[2]。在习题方面,Su 等通过追踪学生的练习记录和相应练习的文本内容,提出了一个通用的练习增强循环神经网络(EERNN)框架,根据其知识水平预测成绩[3]。整体来讲,基于 RNN 结构的追踪模型在性能和可用性方面大幅度超越了传统模型,但是在解释性上略显不足。

1 Minn S., Yu Y., Desmarais M. C., et al., "Deep Knowledge Tracing and Dynamic Student Classification for Knowledge Tracing" (paper presented at *2018 IEEE International Conference on Data Mining*, 2018): 1182‑1187.

2 Yeung C‑K, Yeung D‑Y, "Incorporating Features Learned by an Enhanced Deep Knowledge Tracing Model for STEM/Non‑STEM Job Prediction," *International Journal of Artificial Intelligence in Education*, no.3(2019): 317‑341.

3 Su Y., Liu Q., Liu Q., et al., "Exercise‑enhanced sequential modeling for student performance prediction" (Proceedings of the Thirty‑Second AAAI Conference on Artificial Intelligence and Thirtieth Innovative Applications of Artificial Intelligence Conference and Eighth AAAI Symposium on Educational Advances in Artificial Intelligence. New Orleans, Louisiana, *USA: AAAI Press*, 2018): Article 297.

（2）基于注意力机制的方法。关于注意力机制的研究一直在进行。Pandey等认为学习者完成当前练习的过程中，必然伴随着对过去相关练习交互的回忆，通过注意力机制可以在过去的交互序列中寻找到与当前问题相关的重点信息，从而做出更为准确的预测，并且证明了基于 Transformer 的模型比基于 RNN 的模型在运算速度上快了一个数量级[1]。基于 Transformer 的 KT 模型主要难点在于构造合适的 Query，Key 和 Value 值，以及选择适合的注意力实现方法。CHOI 等将练习序列和回答序列分别进行编码，从而寻找到了更为合适的 Query，Key 和 Value 值[2]。Shin 等将经过时间、滞后时间两个特征编码与学生的答题响应的编码进行结合，从而增强了模型的预测精度[3]。

（3）基于 Hawkes 过程的方法。大多数关于 DKT 的研究主要集中在时间特征和全局遗忘衰减上，对于不同知识点的时间交叉效应研究相对较少。MEI等在 2017 年提出可以利用 Hawkes 过程对长短期记忆（LSTM）节点的时间效应（遗忘效应）进行衰减处理。KT 领域的学习者交互过程可以被看作是一系列的连续事件流，但是泊松过程假定事件相互独立，并不符合多知识点状态下学习者交互的逻辑。Hawkes 过程则假设过去事件会在一定程度上提高未来事件发生的概率，并且这种影响会随着时间指数衰减，这种思想比较符合认知遗忘规律下的学习者能力。WANG 等在 DKT 领域引入 Hawkes Process 的模型，深入研究了不同知识点之间的时间交叉效应，并且提高了深度模型的可解释性，从而使得基于 KT 模型反馈教学成为可能[4]。HawkesKT 的强度便于可视化，可为教育专家提供参考和完善意见。另外，由于模型本身无复杂的网络结构，在训练效率和参数解释方面能体现显著的优势。

除以上经典的知识追踪模型外，还发展出了如基于模糊理论的 FDKT[5]、因

1　Pandey S., Karypis G., "A self-attentive model for knowledge tracing," *arXiv preprint*, (2019).

2　Choi Y., Lee Y., Cho J., et al., "Towards an Appropriate Query, Key, and Value Computation for Knowledge Tracing" (Proceedings of the Seventh ACM Conference on Learning @ Scale. Virtual Event, USA：Association for Computing Machinery, 2020, 341-344).

3　Shin D., Shim Y., Yu H., et al., "SAINT+：Integrating Temporal Features for EdNet Correctness Prediction" (LAK21：11th International Learning Analytics and Knowledge Conference. Irvine, CA, USA：Association for Computing Machinery, 2021, 490-496).

4　Wang C., Ma W., Zhang M., et al., "Temporal Cross-Effects in Knowledge Tracing. Proceedings of the 14th ACM International Conference on Web Search and Data Mining" (Virtual Event, Israel：Association for Computing Machinery, 2021, 517-525).

5　Liu F., Bu C., Zhang H., et al., "FDKT：Towards an interpretable deep knowledge tracing via fuzzy reasoning," *ACM Trans. Inf. Syst*, (2024).

果推断理论的知识追踪[1]、图神经网络结构的知识追踪[2]等。DKT 技术有效推动大规模在线动态追踪学习者能力的研究进展,并且由于深度模型本身高度的拟合能力,使得深度模型在大规模数据集上表现出了比传统模型更好的性能和准确度,大幅度提升了 KT 模型的可用性。但目前 KT 领域的研究不仅仅追求模型精确度,对于模型的可解释性、泛化能力也提出了更高的要求。DKT 技术虽然对比早期技术有明显的进步,但是缺乏对于学习者记忆能力、学习风格、认知能力等的进一步探索,并且未全面考量学习者认知状态在复杂在线教育环境中对于 KT 的影响。

6.3　智能认知诊断的评估方法

在认知诊断模型领域,评估方法的重要性不言而喻。评估方法不仅可以帮助验证模型的适用性和准确性,还可以为实际的应用和研究提供关键的指导和反馈。在本章节中将探讨一系列用于评估 CDM 的方法。这些方法涵盖了从验证 Q 矩阵的准确性到估计模型参数的广泛领域。我们将深入探讨每种评估方法的原理、优缺点以及适用范围,以便读者能够更全面地理解 CDM 的评估过程。通过对这些方法的详细介绍,希望为研究人员和从业者提供有价值的工具和方法,以促进 CDM 领域的进一步发展和应用。

评估 CDM 的性能是理解和优化教育测量模型的关键步骤。从不同的角度评估 CDM 的指标可以提供对模型的全面理解,包括其对学生能力的准确度、对项目特性的拟合程度以及在不同群体之间的差异性能力诊断等方面的表现。在评估 CDM 时,常见的指标涵盖了多个方面,包括项目参数估计、学生属性掌握概率、潜在类别成员概率、分类一致性、拟合度等。此外,准确性和一致性的评估指标也是评估 CDM 性能的重要组成部分,它们提供了对整体属性向量和单个属性的诊断结果准确度和一致性的评价。静态 CDM 常用指标有 7 个。

● 难度、区分度:评估项目的难度水平以及它们在区分学生能力方面的效果。

1 Huang C.，Wei H.，Huang Q.，et al.，"Learning consistent representations with temporal and causal enhancement for knowledge tracing," *Expert Systems with Applications*，(2024)

2 Yang H.，Hu S.，Geng J.，et al.，"Heterogeneous graph-based knowledge tracing with spatiotemporal evolution," *Expert Systems with Applications*，(2024).

- 差异项目估计：检测不同学生群体之间是否存在项目的差异反应。

- 学习者或项目特征影响：学习者或项目特征对于学习者能力或项目表现影响程度。

- 个体学习者属性掌握概率：每个学生对于每个属性的掌握程度。

- 个体学习者的分类估计：每个学生属于不同潜在类别的可能性。

- 子群体的属性掌握概率：整个样本或特定子群体对于不同属性的掌握程度。

- 拟合程度指标：帮助评估模型与观察数据的拟合程度。

相较于静态 CDM 而言，知识追踪任务所偏重的指标更为广泛，并且倾向于应用于大规模数据，以下为知识追踪任务常用指标：

- 准确率（Accuracy，ACC）：反映模型在整体样本中正确预测的百分比。

- 曲线下面积（Area Under the Curve，AUC）：描述了分类器在随机选择的正实例排在负实例前面的概率，是评估二分类模型性能的常用指标，其完整表述为接收者操作特征曲线下的面积（ROC – AUC）。

- 精确度（Precision）：衡量了预测为正类别的样本中有多少是真正的正类别，计算公式为真正例（TP）占所有被预测为正例（TP+FP）的比例。

- 召回率（Recall）：衡量了所有真正的正类别中有多少被正确地识别为正类别，计算公式为真正例（TP）占所有实际为正例（TP+FN）的比例。

- F1 分数（F1 score）：精确度和召回率的调和平均值，是综合评估模型性能的指标，适用于处理不平衡数据集。

- 马修斯相关系数（Matthews Correlation Coefficient，MCC）：提供了一个综合的评估，只有当预测准确时才能获得较高的分数，不受数据集中正负元素比率的影响。

- 均方根误差（Root-Mean-Square Error，RMSE）：一种常见的指标，用于衡量模型预测值与观测值之间的平均差异，其计算公式是预测值与观测值之差的平方均值再开根号。

CDM 更注重模型对学习者属性的刻画和学习过程的模拟，而知识追踪任务更关注模型在预测和跟踪学习者知识状态方面的准确性和可靠性。在 CDM 中，评估模型性能的指标通常涉及模型拟合、分类一致性、准确度等方面，例如项目难度和区分度参数的估计、不同子群体的差异项反应函数的估计、个体学习者的属性掌握概率、潜在类别的成员概率等。这些指标主要用于评估模型的拟合程度、分类的一致性和准确性,以及模型对学习者属性的刻画能力等方面。

与之不同的是,知识追踪任务通常侧重于评估模型在预测和跟踪学习者知识状态方面的性能。因此,知识追踪任务的指标更多地关注模型在学习者知识状态预测方面的准确度和可靠性。常见的指标包括准确率、曲线下面积、精确度、召回率、F1 分数、马修斯相关系数和均方根误差。这些指标通过评估模型在分类和预测学习者知识状态方面的表现,来反映模型对学习者学习过程的理解和捕捉能力。因此,尽管静态 CDM 和知识追踪任务都关注模型在学习者行为数据上的表现,但由于其关注的焦点和目标不同,导致了在评估指标的选择上存在显著差异。

6.4　智能认知诊断的应用与展望

认知诊断模型在教育、心理学以及其他领域具有广泛的应用。在教育领域,认知诊断模型被用于评估学生的学习进展和学术成就,帮助教育者更好地了解学生的学习需求和潜在问题。通过分析学生的知识结构和技能水平,认知诊断模型可以为个性化学习和教学设计提供支持,帮助教育者制定针对性的教学策略,优化学习资源的配置,并提供定制化的学习支持和反馈。此外,认知诊断模型还可以用于评估教学效果和教学质量,为教育改革和政策制定提供数据支持。在心理学领域,认知诊断模型被用于研究人类认知过程和心理机制。通过分析个体的知识结构和认知能力,认知诊断模型可以帮助心理学家理解人类学习、记忆、思维和决策等心理活动的规律和特点。认知诊断模型还可以用于评估和诊断个体的认知功能和心理健康状况,为临床实践和心理治疗提供科学依据和个性化建议。除了教育和心理学领域,认知诊断模型还在其他领域有着重要的应用价值。例如,在人机交互和智能系统设计中,认知诊断模型可以帮助设计师了解用户的认知需求和行为特点,优化用户界面和交互设计,提高系统的易用性和用户满意度。在医疗保健领域,认知诊断模型可以用于评估患者的认知功能和认知障碍,为医生制定个性化的诊断和治疗方案提供支持。

以智能认知诊断的角度来看,静态认知诊断模型被广泛应用于认知诊断和个性化学习的研究中。通过分析学生在考试或测验中的答题情况,CDM 可以帮助教育者评估学生掌握的知识和技能水平,识别学生的弱点和潜在的学习需求,从而为个性化学习提供支持。而伴随着大数据技术的发展，知识追踪变得更为普遍，知识追踪模型通常与在线学习平台（如 MOOC）或智能教育系统（ITS）集成，以实时监测和分析学生在学习过程中的行为数据。这些模型可以根据学生的学习行为和答题情况，预测学生的知识状态并提供个性化的学习建议和支持。通过知识追踪，教育者可以更好地了解学生的学习需求和进展，及时调整教学策略和资源配置，提高教学效果和学习成果。

第 7 章

智能教育算法伦理

本章将首先介绍智能教育算法伦理的基本概念、发展背景和应用场景,然后结合隐私保护、算法公平性、算法可解释性和责任归属五个方向,结合目前的常见伦理优化方法进行详细阐述。最后,本章还将研究智能教育算法未来的发展趋势,包括技术创新和伦理挑战,并探讨为实现可持续、伦理的智能教育环境,行业、学术界和政策制定者需要采取的措施。

7.1   智能教育算法的兴起与伦理重要性

步入 21 世纪,智能技术以前所未有的速度迅猛发展,全方位深刻变革着我们的生活方式。在教育领域,智能教育算法的异军突起,正为传统教学与学习模式带来颠覆性的革新。智能教育算法凭借前沿的人工智能(Artificial Intelligence,AI)与机器学习(Machine Learning,ML)技术,不仅助力教师优化教学方法,还能针对每个学生的特点提供个性化学习体验,进而提升整个教育系统的运作效率。在本节中,我们将深入且详尽地探讨智能教育算法的发展背景,洞察其蕴含的巨大发展潜力,同时也将着重强调其背后所涉及的伦理重要性。

7.1.1   智能教育算法的发展背景

在 21 世纪的今天,智能技术的迅速发展已经深刻改变了我们的生活方式。在教育领域,智能教育算法的兴起正在为传统的教学和学习方式带来革命性的变化[1]。智能教育算法能够利用最新的人工智能和机器学习（Machine Learning，ML）技术，改善老师的教学方法、为每个学生提供个性化学习体验以及提高教育系统的整体效率。要深入理解智能教育算法，首先需要了解智能教育算法的发展与提出背景：技术进步的推动力与教育需求的演变，共同推动了智能教育算法的发展和应用。

智能教育算法的发展，首先得益于近几十年来在人工智能和机器学习领域的技术取得了不断进步。在人工智能概念首次提出之后，这一领域经历了几次冷暖交替的周期。在过去的十年里，随着算法、计算能力以及数据量的大幅提升，AI技术得到了空前的发展。深度学习的兴起，使得机器能够通过大量数据学习复杂模式。深度学习算法取得了显著的准确率提升，能够解决许多图像、语言、分类、聚类的问题。这些技术的进步不仅推动了AI在医疗、金融等行业的应用，也使AI＋教育领域开始不断创新：AI推动了智能教育软件和平台的开发，也为个性化学习、自适应学习系统等创新教育模式的实现提供了可能。通过深度学习技术，AI可以对大量的教育数据进行分析和处理，从而识别学生的学习习惯、评估学习效果，并据此提供个性化的教学分析和学习资源。此外，自然语言处理（Natural Language Processing，NLP）技术在智能教育中的应用，使得机器能够理解和处理人类语言，为开发智能助教、自动评分系统和个性化学习内容等提供了技术基础。以上计算机技术的进步不仅提高了教师教学的效率和质量，也为学生提供了更加丰富和互动的学习体验[2]。

技术进步的同时，全球教育领域也面临着前所未有的挑战。经济全球化和社会的快速发展，教育人才的需求越来越多样化，这要求教育系统能够提供更加个性化和灵活的学习方案。智能教育算法的概念就因此提出。它能够通过分析大量数据来识别学生的学习习惯、兴趣和需求，进而提供定制化的学习内容和路径，满足个性化学习的需求。

此外，随着互联网技术的普及，远程教育和在线学习也在逐步实现。这不仅让那些位于偏远地区或无法进入传统教室的学生提供了学习的机会，也为教育资源的优化分配提供了新的途径。在这样的现实问题下，智能教育算法扮演着解决问题的重要角色：它通过提供个性化的在线学习资源，打破了时间和空间

1　庄美金：《人工智能赋能高校劳动教育的逻辑、价值及路径》，《宁波工程学院学报》2024年第36卷第1期。

2　荣蓉：《人工智能技术在计算机教学中的应用》，《集成电路应用》2024年第41卷第1期。

的限制,让每个人都能接受到高质量的教育。

　　智能教育算法的发展和应用,为教育领域带来了许多积极影响,包括提高教育资源的利用效率、实现个性化学习、促进教育公平等。然而,这一发展过程中也伴随着伦理、隐私保护、算法偏见等问题的挑战[1]。因此,未来智能教育算法的发展不仅需要依靠技术的不断进步,更需要在确保伦理原则和社会责任的前提下,推动智能教育技术的健康发展。如何平衡技术创新和伦理责任,将是所有教育技术开发者、教育工作者和政策法规制定者必须共同考虑的问题。

7.1.2　智能教育算法的应用场景

　　智能教育算法能够应用于教育领域的各个方面。对教师来说,可以降低教师工作量,帮助编写课程介绍、大纲和考试出题,快速制作 PPT 和视频教材。可以作为课堂助手,实现智能课堂,提供学习记录和学习引导;对学生来说,能够为学生提供个性化学习体验,针对不同学生的学习能力与学习风格,生成贴近学生需求的课后服务,并帮助学生建立全面的学习评估体系,实现智慧课堂与智慧教学。

　　本章节将选择三个重点应用场景进行介绍: 个性化学习路径、智能辅助教学,以及学习效果评估。这些应用不仅展示了智能教育技术的广泛潜力,也体现了其在提升教育质量、效率以及实现教育公平性方面的重要作用[2]。

　　1. 个性化学习路径

　　个性化学习路径的设计是智能教育算法应用中最具革命性的方面之一,个性化学习路径的设计主要依赖于大数据分析和机器学习技术,也往往在设计过程中需要教育心理学、认知科学等多种学科的交叉应用。借助个性化学习,智能教育系统可以更好地实现因材施教,动态调整教学策略。

　　个性化学习路径的核心在于对学生数据的深度挖掘与精准分析。教育平台借助平台优势,可以通过学生在课堂上和课后的各种互动行为(如学习时长、错题记录、作业完成时间、在线讨论和回复数量、答题正确率等)收集到大量的学生学习数据。通过简单分析这些数据,系统可以得出学生的学习习惯、知识水平和

1　丁宝根、钟阳阳:《"ChatGPT＋高等教育"变革的驱动因素、主要障碍及有关建议》,《现代教育技术》2024 年第 34 卷第 4 期。

2　卢宇、骈扬、李沐云、马宁:《人机智能协同视域下的教育创新——第 27 届全球华人计算机教育应用大会综述与审思》,《开放学习研究》2024 年第 29 卷第 1 期。

兴趣爱好等多个方面。在数据经过处理后，可以生成一个多维度的学习模型，描绘出学生的学习状况和特征。例如，如果一名学生在某一学科的测试中表现不佳，系统会通过分析其之前的学习轨迹，发现知识点掌握上的薄弱环节，进而为其推荐针对性的视频课程、练习题或在线辅导。智能算法能够为每位学生设计一条最适合其个人特点的学习路径，从而极大地提高学习效率和成果[1]。

此外，个性化学习路径的优势还体现在学习进度的个性化调整上。传统的教育模式往往是"一刀切"的，所有学生都需要以相同的速度学习相同的内容。但在智能教育系统中，学习进度可以根据学生的掌握情况灵活调整。例如，系统可以通过分析学生的测试成绩和学习时长，判断其对当前知识点的掌握程度。如果某位学生对某个主题已经掌握较好，系统会建议其加快学习进度，进入下一个知识模块；反之，如果学生在某个知识点上表现较为吃力，系统则会建议其放慢速度，增加复习或练习的时间。

个性化学习路径的优势不仅在于它可以更好地帮助学生克服困难的知识点，还在于它能够极大地提高学生的学习积极性，鼓励学生进一步深入学习其感兴趣的领域。智能教育系统可以让学生在学习过程中获得更多的成就感，从而激发他们的学习动力。这种因材施教的方式，不仅能够帮助学生更好地掌握知识，还可以培养他们的自主学习能力和终身学习意识。个性化学习也在帮助学生建立更加积极的学习态度和习惯，使学习内容更符合他们的实际需求和兴趣。

此外，个性化学习路径还可以延伸至跨学科领域的学习。通过对学生兴趣和潜力的分析，系统可以为学生推荐相关的跨学科课程或活动，帮助他们拓展知识面，培养综合素质。例如，对于对科技感兴趣的学生，系统可以推荐与科技相关的编程、机器人等课程，而对于有艺术天赋的学生，则可以推荐音乐、绘画等艺术课程。这种多元化的学习路径设计，不仅能够满足学生个性化的学习需求，还能够帮助他们发现和发展自己的潜力和兴趣，进而为其未来的发展奠定坚实的基础。

总的来说，个性化学习路径的设计不仅能够提高学习的灵活性和效率，还能够让学生在学习过程中体验到更多的乐趣和成就感。随着技术的不断发展，个性化学习路径将会在未来的教育中发挥越来越重要的作用，推动教育从"大规模化"走向"个性化"，从而实现更高质量、更公平的教育。

---

1 虞嘉琦：《论数字时代教育与人的个性化发展》，《现代远程教育研究》2024 年第 36 卷第 2 期。

2. 智能辅助教学

智能辅助教学通过提供自动评分系统、智能问答系统等工具，帮助教师提高教学效率和质量。这些系统利用自然语言处理和机器学习技术，能够自动解答学生的疑问、评估作业和测试，甚至监测学生的学习进度和状态，为教师提供有价值的反馈信息。

自动评分系统在大规模在线教育和传统课堂教学中均发挥着重要作用。借助于图像识别和自然语言处理技术，自动评分系统能够处理包括选择题、简答题，甚至是主观性较强的作文题目。这些系统通过对大量已有评分数据的学习，能够准确捕捉评判标准，减少人为评分的主观性和不一致性。同时，自动评分系统的即时性让学生能够快速准确地评估学生的作业和试卷，释放教师从繁重的批改工作和重复劳动中解脱出来，让他们有更多时间专注于教学内容的改进和学生的一对一辅导，同时也让学生能够快速收到反馈对学习中的薄弱环节进行调整。总的来说，智能辅助教学不仅提高了学生的学习效果，还让教师能够将更多精力投入教学设计和学生个性化指导中。

此外，自动评分系统还可以通过分析学生的作业模式和错误类型，为教师提供关于学生整体表现的详细报告。报告可以涵盖学生在不同知识点上的掌握情况、常见错误、学习进展等。这些数据不仅帮助教师了解学生的学习情况，还可以作为教育机构改进课程设计和教学方法的依据。例如，如果系统发现多数学生在某个知识点上存在普遍错误，教师可以根据这些信息调整教学内容，加强对该知识点的讲解或提供更多的练习机会。

智能问答系统则是另一个关键的辅助教学工具，在在线学习和远程教育中得到了广泛应用。它利用自然语言处理技术，以人类教师的交互方式，理解学生提出的问题并提供准确的回答，为学生提供全天候全方位的学习支持。智能问答系统极大地增强了学生的学习体验。在没有老师实时指导的境况下，学生也能正常学习。

智能问答系统不仅限于回答问题，它还能通过收集更多的交流数据和学习资料，实现学习和进化的能力。通过对大量学生提问的分析，系统可以不断优化其回答策略和内容，使得其回答的准确性和相关性不断提高。例如，系统可以识别出学生在提问中的常见误解，进而主动提供澄清性解释或相关的学习资源。这种能力不仅帮助学生解决当前的问题，还能够预防后续学习中的潜在困难，帮助学生更好地掌握相关知识点。

智能辅助教学在提高教学效率和优化教学质量方面展现了巨大的潜力。随着技术的不断进步，自动评分系统和智能问答系统将在未来的教育中扮演更加重要的角色，帮助教师从繁重的体力劳动中解放出来，让他们能够专注于教育的核心——引导和启发学生的学习和思考。

3. 学习效果评估

智能教育算法借助其强大的数据处理能力和数据分析能力，能够为学生提供更好的学习效果评估。传统的评估方式往往依赖于期中或期末考试等静态评估手段，这种方式不仅评估周期较长，还容易遗漏学生在学习过程中的动态变化。而智能教育的学习评估算法，则能够对学生的学习过程和效果进行实时评估，为教师提供重要的决策支持，帮助他们动态调整教学策略。智能教育算法通过分析学生在学习平台上的互动数据，借助机器学习和深度学习算法可以识别学生的学习模式，预测学习成果，并及时发现学生可能遇到的困难。例如，通过对学生过去的学习数据进行分析，系统可以发现某些学生在特定类型的题目上反复出错，或在特定的知识点上存在理解偏差。系统可以据此自动为这些学生推荐补习资料或安排额外的辅导课，帮助他们在问题积累成更大障碍之前解决掉。智能教育算法也可以实时生成学生的学习档案。学习档案可以反映出学生的学习模式、进展和薄弱环节，帮助教师和学生及时调整学习计划。

这种实时的学习评估不仅限于学术成绩，还包括学生的参与度、满意度以及软技能的发展，例如，系统可以通过分析学生参与在线讨论的活跃度、在团队项目中的贡献度，以及在解决问题时的创造力和批判性思维表现，对学生的整体学习情况进行综合评价。这种多维度的评估体系，能够提供学习成绩之外的宝贵反馈，帮助学生认识到自己的优势和需要改进的地方，从而促进他们的全面发展。智能教育系统能够为教育提供一个更全面的评价体系。

长期来看，智能教育算法还能够通过对比分析学生的学习效果，为课程设计和教学方法的优化提供更科学和更真实的依据。通过对不同教学方法、不同教材内容的效果进行长时间跟踪，系统可以发现哪些教学和学习的方法或内容最适合学生的学习需求，从而帮助教师和教育机构优化课程设置。例如，某些交互式教学方法可能对提高学生的参与度和知识点理解效果更好，而某些传统讲授方式可能在理论知识的传授上更有效。教育工作者可以根据这些数据分析结果，针对不同的教学目标选择最合适的教学策略。

此外，智能教育算法在学习效果评估中的应用还有助于推动教育公平性的发展。通过对不同学生群体的学习效果进行分析,系统可以发现某些教学方法或内容对不同背景、不同学习能力的学生的适用性,从而帮助教育机构制定更加包容性的教学政策,确保每一位学生都能获得公平的教育机会。

　　智能教育算法在个性化学习路径设计、智能辅助教学和学习效果评估等方面的应用,展示了技术如何在满足学生个性化需求、提高教育效率和优化教学资源分配方面发挥重要作用。随着技术的不断进步和教育需求的不断演化,未来智能教育算法将在更多领域展现其潜力,为教育领域带来更加深远的影响。通过不断优化和完善智能教育算法,教育工作者将能够更加精准地满足学生的个性化需求,提升教育质量,并实现更有效的教育资源分配。

7.1.3　智能教育算法的发展潜力

　　智能教育算法的发展为教育领域带来了革命性的变革,其主要体现在提升教育质量和效率,以及缩小教育差距两个关键领域。通过数据挖掘和数据分析技术,智能教育算法在为每位学生提供量身定制的学习体验的同时,也极大地提高了教学的个性化程度和效率,同时,智能教育算法也为资源不均、教育机会不等的教育差距问题提供了可行的解决方案[1]。

　　1. 提升教育质量和效率

　　在传统的教育模式中,由于资源的限制,教师往往难以对学生进行一对一地指导,导致教学往往采取"一刀切"的方式。这种方式忽视了学生个体之间的差异,如学习能力、兴趣点和知识背景等,从而影响了学习效率和教学质量。而智能教育算法通过数据分析,能够精准识别每个学生的学习特点和需求,为其提供个性化的学习路径和资源,从而有效地解决了这一问题。

　　个性化学习路径不仅可以根据学生的学习进度调整教学内容的难易度,还极大地提高了学习的针对性和效率。例如,对于数学学习较好的学生,系统可以提供更多的挑战题目和高阶学习材料;而对于需要加强的学生,则可以提供更多基础概念的复习和实践题目。这种方法使学生能够在自己的节奏下学习,既避免了过度挑战造成的挫败感,也避免了内容过于简单导致的兴趣流失。

　　此外,智能教育算法还能实时监控学生的学习状态,及时提供反馈和建议,帮助学生及时调整学习策略。同时,它也能为教师提供有价值的教学参考信息,

---

1　余晖、朱俊华:《算法时代嵌入技术变革的教育权力关系重构》,《教育研究》2023 年第 44 卷第 11 期。

帮助教师了解学生的学习情况，优化教学方法，实现教学的精准化和个性化，从而大幅提高教育质量和效率。

2. 缩小教育差距

智能教育算法在提高教育质量和效率的同时，也在缩小不同群体之间的教育差距问题中展现出了巨大潜力。在全球范围内，尤其是在发展中国家的某些地区，由于资源的限制和分配问题，许多学生无法获得高质量的教育资源，这在很大程度上加剧了教育不公平。智能教育算法通过提供在线学习平台和资源，为所有学生提供了平等接受优质教育的机会。在线学习平台可以跨越地理位置的限制，将优质的教育资源传递到世界的每个角落。借助智能算法，学习平台能够根据学生的实际情况，提供适合其学习水平和需求的教学内容，从而有效地提升学习效率。这种方式不仅为资源匮乏地区的学生提供了学习的机会，也为他们提供了与世界其他地区学生同等的学习资源，有效缩小了教育资源分配的不均衡。

同时，智能教育算法还能够识别并关注到那些在传统教育体系中容易被忽视的少数群体，如残疾学生、少数民族学生等，为他们提供更加适合的学习资源和辅助工具，确保每个人都能享有平等的教育机会，从而进一步缩小教育差距。

智能教育算法通过提供个性化的学习路径、优化教学资源的分配以及跨越地理和社会经济障碍，不仅极大提高了教育的质量和效率，也为缩小全球教育差距提供了强有力的技术支持。随着技术的不断进步和应用的不断深入，智能教育算法将在未来发挥更加重要的作用，为实现教育公平和提升全球教育水平做出更大贡献。

3. 智能教育算法伦理的必要性

随着智能教育算法在教育领域的广泛应用，相关的伦理问题也日益受到关注。这些问题的处理不仅关乎技术的发展，更触及教育公平、个人隐私权利和社会信任等基本价值[7]。智能教育算法伦理挑战主要体现在隐私保护、公平性与可解释性以及责任归属等方面[1]。研究并解决智能教育算法中的伦理问题，对于保障学习者的利益、促进技术的健康发展具有重要意义[2]。

首先，在隐私保护层面，智能教育应用通过收集和分析学生的个人数据（包括学习习惯、成绩记录、个人信息等）来提供个性化的学习体验。虽然这在一定

1　郭超：《思想政治教育应用人工智能的风险及其规避》，《高校辅导员学刊》2023 年第 15 卷第 4 期。
2　冯敏慧：《人工智能算法的伦理危机与教师行动》，《中小学教师培训》2023 年第 10 期。

程度上提升了教学效果,但也带来了显著的隐私保护问题。数据泄露或滥用的风险会对学生的隐私安全构成威胁,同时缺乏透明度的数据处理机制可能会损害学生和家长的信任,影响智能教育技术的接受度和持续使用[1]。

其次,智能教育也面临着公平性和可解释性的问题。智能教育算法在促进教育个性化的同时,也可能引入算法偏见,导致教育资源分配出现不公平。算法偏见通常源于训练数据的偏差或没有对各个群体进行完全充分的采样。这可能导致算法在性别、种族、经济背景等方面对学生进行不公平的分类和处理。此外,深度学习算法的可解释性较差,也可能使教育从业者和学习者难以理解算法为何做出这样的推荐或决策,从而影响了对教育算法的信任和使用。因此,确保算法的公正性和可解释性,避免算法决策过程中的偏见和解决"黑箱"问题,是智能教育算法领域亟须解决的主要问题之一。

同时,当智能教育系统出现错误或争议时,明确责任归属对于保障利益相关方的权益至关重要。由于智能教育系统的决策过程涉及复杂的算法和大量数据,当系统的决策导致不利后果时,确定责任主体(数据收集者、算法开发者或是使用者)变得尤为复杂[2]。

智能教育算法伦理问题的研究与解决,不仅是技术发展的需要,也是社会责任的体现。只有建立健全的伦理准则和监管机制,智能教育技术才能在尊重个人隐私、保障公平性和可解释性的基础上,健康、可持续地发展,为教育事业作出更大的贡献。

7.2　隐私保护与数据安全

智能教育算法已然成为教育创新的核心驱动力。借助人工智能、大数据分析及机器学习等前沿技术,智能教育应用得以打造个性化学习体验,精准优化教学资源分配,显著提升教育效率与质量。然而,这一技术变革的背后,是大量教育数据的收集与分析,其中包含诸多敏感个人信息。隐私保护,因此成为智能教育应用不容忽视的关键议题,更是实现智能教育可持续发展的核心要素。本节

1　施敏、杨海军:《生成式人工智能的算法伦理难点分析与探索》,《大数据》2024 年。
2　赵磊磊、闫志明:《生成式人工智能教育应用的生态伦理与风险纾解》,《贵州师范大学学报(社会科学版)》2023 年第 5 期。

将深入探讨智能教育算法中的隐私保护与数据安全问题，并提出切实可行的应对策略，为智能教育的稳健发展筑牢安全防线。

7.2.1　智能教育中的隐私保护

在当今数字化时代，智能教育算法已经成为教育创新的重要驱动力。通过应用人工智能、大数据分析和机器学习等先进技术，智能教育应用能够为学生提供个性化的学习体验，优化教学资源分配，提高教育效率和质量。然而，这种技术革新的背后，伴随着对大量教育数据的收集和分析，其中包含了大量敏感的个人信息。因此，隐私保护在智能教育应用中应也占据重要地位，隐私保护是实现智能教育可持续发展的关键因素[1]。

智能教育算法的核心在于通过分析学生的学习行为和成绩数据，以提供个性化的学习建议和路径。为此，需要收集包括学生的基本人口统计信息、学习进度、作业成绩、在线互动记录等在内的数据。这些数据的收集和分析是智能教育应用提供个性化服务的基础。例如，通过分析学生的学习习惯和成绩趋势，系统可以推荐适合学生当前水平和兴趣的学习材料，调整学习难度，甚至预测学生可能遇到的困难并进行帮助。与此同时，教育数据的收集和分析还对教育研究和政策制定具有重要价值。通过大规模的教育数据分析，研究人员可以揭示教育过程中的规律性问题，评估不同教学方法的效果，为教育改革和政策制定提供科学依据。

然而随着数据收集范围的扩大，隐私保护的问题也随之凸显。数据的收集和分析在提供了智能教育的个性化服务的同时，也带来了严峻的隐私泄漏风险。学生信息不仅包括年龄、性别等人口统计学信息，还涉及学习成绩、行为习惯、真实姓名、父母相关特征等敏感数据。如果这些信息遭到泄露，不仅可能会给学生带来不必要的标签化和歧视，还会影响其正常学习和生活。因此，在智能教育的应用场景中，确保这些数据的安全和保护学生隐私显得尤为重要。

从法律和伦理的角度看，学生的隐私权是不可侵犯的。许多国家和地区都有明确的法律法规来保护个人数据的安全和隐私，智能教育应用的开发和使用也必须遵守这些规定。不仅如此，隐私保护不仅是法律的要求，也是赢得教育工作者信任、保障智能教育可持续发展的重要前提。只有在数据安全和隐私保护

1　张悦：《人工智能教育应用的伦理问题及其应对》，硕士学位论文，浙江师范大学，2023。

得到充分保证的情况下,学生、家长和教师才会信任并积极使用智能教育应用,从而实现教育资源的有效分配和个性化教育的目标。

因此,智能教育应用的开发者和使用者必须将隐私保护作为设计和实施的核心原则,采取一切必要措施确保数据的安全,包括加密存储个人数据、限制数据访问权限、建立数据泄露应急机制等。同时,提高系统的透明度也至关重要,开发者和使用者应明确告知用户数据收集的目的、范围和使用方式,以及提供足够的控制权,让用户能够管理自己的数据。

隐私保护是智能教育可持续发展的重要组成部分。在智能教育应用中,平衡好数据收集的必要性和隐私保护的要求,既是对技术发展的挑战,也是对教育伦理的考验。只有在保障每个学生隐私权的基础上,智能教育技术才能健康、有效地发展,真正实现提高教育质量和效率的目标。

在智能教育领域,数据收集是提供个性化学习体验和优化教育资源的关键。然而,随着数据收集范围的不断扩大和深入,隐私问题和挑战也日益凸显。本部分将深入探讨智能教育应用中的数据收集现状、常见的数据类型和收集方法,以及在这一过程中面临的隐私问题和挑战。

1. 教育数据收集的现状

智能教育系统通过收集和分析学生数据来实现教学内容的个性化定制和教学效果的实时监控。常见的数据类型包括但不限于:基本身份信息(如学生的姓名、年龄、性别、学号等);学习行为数据(包括学生在在线学习平台上的登录时间、学习时长、作业提交时间、视频观看记录等);学业成绩数据(如作业成绩、测试成绩、在线测验反馈等);交互数据(学生与教师之间的通讯记录,学生在讨论区的发帖、评论等);心理状态和反馈(学生的自我评价、满意度调查、心理测评结果等)。

数据收集方法多样,既包括学生主动提交的信息,如注册时填写的个人资料,也包括系统自动记录的行为数据,比如通过学习管理系统追踪学生的学习进度和活动。

2. 数据收集的隐私问题和现有挑战

随着数据类型和收集方法的多样化,智能教育系统在优化教育体验的同时,也引发了一系列隐私问题和挑战。

数据泄漏风险。学生数据如果没有得到妥善保护,很容易遭到黑客攻击,导致个人信息泄露。特别是一些敏感信息,如家庭地址、电话号码等,一旦泄露,可能会对学生的人身安全造成威胁。

数据滥用。收集的学生数据可能被未经授权的第三方获取和使用，用于不相关的商业目的，甚至用于对学生的行为和偏好进行不当分析和判断。

透明度不足。在很多情况下，学生和家长对于学校或第三方服务提供者收集和使用数据的目的、范围不够清晰，缺乏足够的信息来做出知情同意。

如何在保护学生隐私的前提下，有效利用数据进行个性化教学，是智能教育领域面临的一大挑战。如何找到合理的平衡点，既保障学生的隐私权益，又不牺牲教育质量和效率，是当前数据收集时需要格外注意的问题。

7.2.2　数据安全性的威胁与挑战

在智能教育领域，数据的安全性面临多种威胁，这些安全性威胁不仅有可能侵犯学生个人隐私，还有可能影响到智能教育算法的质量和效率。

1. 数据泄露

数据泄露是指敏感信息如学生的个人身份信息、学习成绩、行为数据等未经授权地被泄露到外部环境。这种情况可能由于安全漏洞、恶意攻击或内部人员的不当操作导致。数据泄露不仅会损害学生和教育机构的信誉，还可能使学生遭受欺凌或其他形式的社会歧视[1]。

2. 未经授权访问

未经授权访问是指未经允许的用户访问系统中的敏感数据。这可能是由于系统的访问控制措施不够严格，或者是用户认证过程中存在漏洞。未经授权的访问可能导致信息被窃取、篡改或删除，进而影响教育系统的正常运作和学生的学习进度。

3. 数据滥用

数据滥用是指收集的数据被用于非原始意图的目的，比如将学生数据用于商业广告或其他不相关或未经允许的研究中。数据滥用不仅侵犯了学生的隐私权，还可能导致学生对教育机构失去信任，从而影响到智能教育系统的有效应用。

这些数据安全性的威胁对学生个人隐私及教育质量可能造成的负面影响是深远的。个人信息的泄露可能使学生遭受身份盗用、网络欺凌等风险，严重影响

---

[1]　应益华、陈嘉乐、黄百俊：《教育生态重塑：ChatGPT 的潜力、风险及治理》，《继续教育研究》2024 年第 5 期。

学生的心理健康和学习动力。同时,数据的不安全也会损害教育机构的声誉,减少家长和学生对智能教育系统的信任和接受度。此外,数据安全问题还可能导致教育资源的不当分配,影响教育公平性和教学质量。

7.2.3　隐私保护与数据安全的应对策略

1. 隐私保护的应对策略

为了应对这些隐私问题和挑战,智能教育领域的相关方需要采取一系列措施来保护数据隐私和安全性:

(1)建立严格的数据保护政策,确保所有收集和处理的数据都符合当地法律法规的要求[1]。

(2)加强数据加密和安全措施,预防数据泄露和未经授权的访问。

(3)提高透明度,确保学生和家长充分了解数据收集的目的、范围和使用方式,以及数据的选择权和控制权。

(4)定期审查和评估数据收集和使用的过程,确保其准确性和公平性。

(5)建立有效的数据纠错和反馈机制,让学生和家长可以及时报告和纠正错误或不当的数据处理。

通过这些措施,智能教育系统可以在保护学生隐私的同时,充分发挥数据分析在教育个性化和优化中的作用,实现智能教育的高效和公平[2]。

2. 数据安全的应对策略

(1)数据加密技术。数据加密是通过将数据转换为另一种形式或代码,使得没有密钥的人无法读取数据的一种安全措施。对于存储和传输的敏感数据,如学生的个人信息和学习记录,使用强加密算法可以有效防止数据在被未授权访问或拦截时泄露[3]。

(2)访问控制和认证机制。实施严格的访问控制和用户认证机制是保护数据安全的关键。这包括为系统的不同部分和数据设置不同级别的访问权限,确保只有授权用户才能访问特定的信息。此外,采用多重交叉认证,如密码配合手机验证码或生物识别技术,可以进一步增强用户身份验证的安全性。

1　赵泓源:《欧盟教育数据隐私保护立法与治理体系构建》,《中国成人教育》2024 年第 3 期。

2　张坤虹:《人工智能教育应用伦理问题初探》,硕士学位论文,云南师范大学,2023。

3　林爱珺、章梦天:《基于数据多粒度的隐私差序保护》,《苏州大学学报(哲学社会科学版)》2024 年第 45 卷第 2 期。

（3）数据匿名化和去标识化。通过数据匿名化和去标识化技术，可以在不影响数据用途的前提下，最大程度地减少个人信息的泄漏风险。这意味着即便数据被泄露，也很难将数据与特定个人相关联。尤其在进行教育研究或数据分析时，这种方法可以保护学生的隐私，同时允许教育机构利用数据进行有效的教育创新和研究[1]。

（4）定期数据安全审计。定期进行数据安全审计可以帮助教育机构识别系统中存在的安全漏洞和不足，及时采取改进措施。审计过程包括检查数据处理和存储的流程、访问控制策略、用户认证机制等，确保所有安全措施都能有效执行，并符合最新的安全标准和法律法规要求[2]。

通过实施这些策略，教育机构可以在保护学生隐私的同时，确保智能教育应用的数据安全，为学生提供一个安全、可信赖的学习环境。

7.3   算法公平性与偏见避免

于智能教育系统而言，算法堪称核心枢纽，其承担着处理与分析海量学生数据的重任，进而实现个性化学习体验塑造、学生学习进度评估以及教育内容精准推荐等关键功能。然而，不容忽视的是，受多种因素影响，这些算法极易滋生偏见。此类偏见绝非无足轻重，它不仅会直接干扰个体的学习体验，左右教育机会的分配，更会在长远层面，对整个教育系统的公平性与包容性造成深远冲击。有鉴于此，本节将深度聚焦智能教育算法中的偏见问题，细致剖析其对教育公平性产生的影响，并全面探讨提升算法公平性的技术与方法，力求为构建更加公平、公正的智能教育环境提供有力支撑。

7.3.1   算法偏见对智能教育的影响

在智能教育系统中，算法起着至关重要的作用，它们处理和分析大量的学生数据，以提供个性化的学习体验、评估学生的学习进度以及推荐教育内容。然

---

1 王涛、张玉平、李秀晗等：《数据驱动教育数字化转型的信任机制——教育大数据全生命周期隐私增强模型的构建与典型应用场景分析》，《现代教育技术》2024年第34卷第3期。

2 陈志涛、朱义勇、郭铭雅、李苗苗：《基于工业互联网的数据安全流通技术研究》，《科技风》2024年第8期。

而,这些算法可能会因为多种原因而产生偏见,这些偏见不仅会影响个体的学习体验和教育机会的分配,而且还可能对整个教育系统的公平性和包容性产生长远的影响[1]。

算法偏见通常源于训练数据的偏差、算法设计时的不当编程或决策过程的不透明。如果一个智能教育系统的算法主要基于来自特定人群的数据进行训练,那么这个算法可能无法准确地理解来自不同背景的学生。这种情况下,算法的推荐可能偏向于那些它"更了解"的群体,而忽视或误解其他群体的特性,造成算法决策出现不公平。例如,如果一个学习推荐系统主要基于过往学习成绩来推荐课程或资源,那么那些历史成绩较低的学生可能会被推荐到更低难度的学习资源,这限制了他们接触更高难度挑战的机会,从而影响他们的学习成长。相反,那些历史成绩较好的学生则可能获得更多的资源和机会,导致教育资源的不平等分配。

此外,算法偏见还可能导致特定性别、种族或社会经济背景的学生在学习资源的获取、学习路径的规划和学业成就的评估等方面受到歧视。这种偏见不仅影响个体的学习体验,降低他们的学习动力和自信心,也可能加剧社会不平等,影响教育公平性的实现。

1. 学习路径的个性化不足

特定群体的学生可能会发现智能教育平台提供的学习材料和建议与他们的实际需要不符。这可能会导致学习效率低下、学习动力下降,甚至完全放弃使用该平台。

2. 评估和反馈的不公正

算法偏见还可能导致对学生能力和表现的评估不准确,从而影响教师对学生的期望、学生的自我认知以及后续的教育机会。

3. 教育资源的不公平分配

偏见可能导致教育资源(如奖学金、辅导资源、先进课程)被不公平地分配给特定的群体,而忽视了那些最需要帮助的学生。

算法偏见还可能影响教育决策的公平性。在智能教育系统中,算法经常被用来辅助教育决策,比如学生评估、课程推荐等。如果这些算法存在偏见,那么基于这些算法作出的决策也可能是有偏见的,这不仅会影响到个体学生的教育

1　王佑镁、王旦、王海洁、柳晨晨:《算法公平:教育人工智能算法偏见的逻辑与治理》,《开放教育研究》2023 年第 29 卷第 5 期。

机会,也可能影响教育资源的合理分配和教育政策的制定。

算法偏见还可能损害教育系统的包容性。教育的目的之一是为所有学生提供平等的学习机会,促进不同背景学生的共同成长。然而,算法偏见可能导致特定群体被系统性地排除在高质量教育资源之外,从而破坏教育系统的包容性,使得教育无法实现其应有的社会功能。

算法偏见对个体学习体验和教育机会的分配,以及教育系统的整体公平性和包容性都可能产生负面影响。因此,识别和消除智能教育应用中的算法偏见,确保算法的公正性和透明性,是实现教育公平和促进所有学生共同成长的关键。

7.3.2　算法偏见的产生原因和分类

1. 算法偏见的产生原因

(1) 数据来源的偏见。算法偏见最直接的来源之一是训练数据本身的偏见。智能教育算法,如学习推荐系统、成绩预测模型等,通常基于大量历史数据进行训练。如果这些数据中存在某种程度的偏见——比如对特定性别、种族或社会经济背景的学生群体不公正的分类和决策——那么算法在学习这些数据时,也会"学会"这些偏见,并在未来的决策中复现它们,导致算法决策也包含了数据本身所带有的偏见。例如,如果历史数据中优秀的学生样本主要来自某一特定社会经济背景,算法可能倾向于将来自该背景的学生预测为更有可能成功,从而错误地忽略或低估其他背景学生的潜力。

(2) 算法设计的偏见。即便数据集相对公平,算法设计过程中的决策也可能引入偏见。这包括如何选择和定义算法的特征、目标函数和评价标准等。设计者可能无意中将个人的偏见、社会常规和假设融入算法设计中,导致算法在处理不同群体的数据时表现出不公平。例如,一个设计用于预测学生学业表现的算法,如果过分强调某些特定的学习行为或表现指标,可能无意中对那些表现这些特征但实际学习能力不同的学生群体产生偏见。

2. 算法偏见的类型

(1) 性别偏见。性别偏见指的是算法在处理数据时对不同性别的个体产生的不公平差异。在教育领域,性别偏见可能导致算法在推荐 STEM(科学、技术、工程和数学)相关课程和职业路径时,不公平地偏向于男性学生,而忽视女性学生的兴趣和潜力,从而加剧性别不平等。

(2) 种族偏见。种族偏见是指算法在处理来自不同种族背景的学生数据时表现出的不公平。这种偏见可能导致某些种族群体的学生在学习资源分配、学业成绩评估和学习机会获取等方面受到不公正对待,进一步加深教育中的种族不平等。

(3) 社会经济背景偏见。社会经济背景偏见反映在算法对来自不同经济背景学生的不同对待上。这种偏见可能导致低收入或弱势群体的学生在智能教育系统中获得的支持和资源少于其他群体,从而限制了他们通过教育改善社会经济地位的机会。

7.3.3 评估算法偏见的方法

识别和评估算法偏见是确保智能教育系统公平、公正的重要步骤。随着人工智能技术在教育领域的广泛应用,开发和采用有效的方法来检测和减少算法偏见变得尤为重要。以下是用于检测算法偏见的工具和技术,以及如何通过增强数据和算法的透明度来提高算法偏见的可检测性。

(1) 数据集分析。在算法开发的早期阶段进行数据集分析,是识别潜在偏见的第一步。这包括对数据集进行统计分析,以确定数据是否在性别、种族、社会经济背景等方面存在不平衡。通过识别这些不平衡,开发者可以采取措施调整数据集,使其更加全面和有代表性。

(2) 偏见测试框架。使用专门设计的偏见测试框架,来进行偏见的评估和测试。常见的测试框架如 Fairlearn、AI Fairness 360 等,可以帮助开发者系统地评估和识别算法中的偏见。这些框架提供了一系列工具和指标,用于测试算法决策的公平性,识别潜在的偏见来源,并提出改进建议。

(3) 公平性指标。研究人员一直在使用数学表达式来对公平性进行量化,从而帮助算法能够决策时更好地考虑到公平性。以下是一些机器学习中最常用的公平性指标。

(4) 统计平等(Statistical Parity)是最常用的公平性指标。它要求分类器对于敏感属性组(如女性)和非敏感属性组(如男性),被预测为正类(通常是一个分类任务目标,如能够通过考试)的概率是完全相同的。如果这个指标为 0,就意味着分类器没有对任何特定的敏感属性组产生偏见。指标越接近 0,表示机器学习模型越公平。

(5) 平等机会(Equalized Odds)对统计平等做了进一步的扩展。它不仅要求敏感属性组和非敏感属性组的正类预测概率相等,而且还要求对于实际的正类样本和负类样本,两组的误分类率(即错误的正类比率 FPR 和错误的负类比率 FNR)也要分别相等。

（6）校准(Calibration)考虑了预测概率的校准情况[1]。它要求对于任意给定的预测概率分数，敏感属性组和非敏感属性组中实际为正类的比例是相同的。也就是说，当预测概率为 0.8 时，不管是敏感组还是非敏感组，实际正类的比例都应该是 0.8。满足这一条件意味着分类器对不同组的预测是校准良好的，没有系统性的偏见。

（7）无意识公平性(Fairness Through Unawareness)更关注于模型的构建过程。它要求在构建分类模型时，不能使用任何与敏感属性有关的信息。基于这种思想构建的模型会对所有样本一视同仁，而不考虑敏感属性的影响，从而确保结果具有公平性。

（8）ABROCA(Absolute Between-ROC Area)通过计算敏感属性组和非敏感属性组的 ROC 曲线之间的面积差来衡量两组的预测准确率差异。如果 ABROCA 值较大，说明两组间存在较大的差异，因而产生不公平。相比于单一阈值的评估，ABROCA 考虑了所有可能阈值下的情况，更加全面。

7.3.4　提高算法公平性的技术和方法

1. 预处理方法

重采样(Resampling)技术旨在通过操作训练数据的分布来提高分类器对于少数群体的表现。主要有两种形式：过采样(Over-sampling)和欠采样(Under-sampling)。过采样通过复制或生成新的少数群体样本来增加它们在训练集中的比例，如 SMOTE 算法。欠采样通过删减多数群体样本来降低它们在训练集中的比重，使少数群体样本更受关注。重采样的优点是简单直接，但可能会导致过拟合或欠拟合的风险。

转换(Transformation)通过构建新的特征表示，使得敏感属性与其他特征之间的相关性降低，从而减轻偏见。常见的方法包括修改现有特征值，如对连续特征施加非线性变换；或学习一个表示，使敏感属性与表示之间的相互信息最小化，如最大化相关信息和最小化敏感信息。也有的转换方法是提出一种新的投影方法，将原始特征投影到一个正交基底上，并移除与敏感属性高度相关的主成

1　Zafar M. B., Valera I., Rodriguez M. G., et al., "Fairness Beyond Disparate Treatment & Disparate Impact: Learning Classification without Disparate Mistreatment," *International World Wide Web Conferences Steering Committee*, (2016).

分。转换技术的关键是找到一个新的表示，使得敏感属性与其他特征的关联性最小，同时最大限度地保留有用信息。

重新加权（Reweighting）通过为训练样本赋予不同的权重，来调整训练集的分布。常见策略包括为少数群体样本赋予更高权重，多数群体样本赋予较低权重。有的重新加权方法是基于样本的相似性/离群程度为其分配权重，有的重新加权方法是利用先验知识或启发式规则为样本赋权。权重的修改可以直接应用在损失函数或正则化项中。重新加权方法的优点是简单，不修改原始数据分布。但权重选择需要合理设计，否则可能加剧算法的偏见。

2. 处理中方法

优化（Optimization）方法将公平性指标作为约束或正则化项添加到模型的损失函数中，使得在优化过程中同时关注预测准确性和公平性。常见做法是将统计学公平性指标（如统计平等）作为约束条件，将它们转化为可优化的形式，并将其纳入损失函数。

具体来说，模型需要最小化两部分：传统的损失函数（如交叉熵损失）和公平性约束项损失函数（如群组间的统计差异）。通过同时最小化这两个损失函数，优化算法可以在训练时兼顾模型在整体以及各个群组上的表现。此外，也有的优化方法是可以将公平性指标作为正则化项直接加入损失函数，让模型在惩罚错误预测的同时也降低对某些群组的偏见。不同公平性目标对应不同的约束形式，需要仔细构建和权衡。优化方法的优势在于能够灵活集成各种公平性需求，但缺点是可能导致模型复杂度增加，同时并非所有的算法场景都是可导或可优化的。

对抗学习（Adversarial Learning）是一种基于生成对抗网络的框架，它包含两个子模型：预测模型和对抗模型。预测模型的目标是准确预测样本标签，而对抗模型则从预测模型输出中预测样本的敏感属性（如性别、种族等）。在训练过程中，预测模型和对抗模型相互对抗，预测模型需要消除对抗模型可以利用的任何敏感信息，使得对抗模型无法基于预测模型的输出准确预测敏感属性。具体来说，预测模型的损失函数包含两部分：传统的任务损失（如分类损失）和对抗损失（被对抗模型最大化的损失）。对抗模型则试图最大化对抗损失，以更好地区分出敏感属性。两个模型的参数交替更新，相互对抗，直至收敛。最终，预测模型的输出将很难被对抗模型利用，从而确保了预测模型的公平性。对抗学习的优点是能够灵活处理不同公平性定义，并通过端到端训练获得公平且有益的表示。缺点是训练过程不太稳定，收敛性较差，对超参数设置也较为敏感。

3. 处理后方法

校准（Calibration）技术旨在使分类器对每个群组的正预测概率与该群组内实际的正样本比例相匹配。具体来说，给定一个预测概率值，不同群组中实际为正类的比例应该相等。校准的一种常用方法是通过伯努利校准来实现。它将预测概率分成多个桶，然后为每个桶内的样本赋予一个校准后的概率值，使得桶中正样本的比例等于新概率值。另一种方法是调整决策阈值，对每个群组应用不同的阈值，从而使各群组的真阳性率尽可能接近。校准的优点是简单高效，无须重新训练模型，也无须访问敏感属性信息。但其缺点是可能导致准确率下降，因为对所有群组使用相同的概率输出。此外，在同时存在多个群组和多个公平性定义的算法需求情景下，确定最优校准策略可能很有挑战性。

阈值调整（Thresholding）方法专注于识别那些靠近决策边界的"模糊"样本，因为这些样本最容易受到算法偏见的影响。该方法通过为不同群组设置不同的决策阈值，从而平衡各群组的真阳性率和假阳性率。具体来说，可以首先对所有样本按照其概率值排序，然后确定应用于每个群组的理想阈值，使真阳性率和假阳性率在所有群组中相等。这可以通过启发式方法或基于排序的算法来实现。阈值调整的优点是能够根据群组的具体情况进行调整，提高模型在不同群组上的公平性表现。但缺点是可能导致准确率下降，因为不再使用全局最优阈值。此外，阈值的选择通常需要对数据的分布有较深的了解，并进行大量实验调参。

处理后方法作为一种无须修改原始模型的技术，其优势在于简单、高效、通用性强，可用于任何黑盒模型。但由于无法深入模型内部，一定程度上也限制了公平性改进的空间。在应用时需要权衡模型的性能和公平性。

通过采用先进的工具和技术来检测算法偏见，并通过增强数据和算法的透明度来提高偏见的可检测性，可以有效地减少智能教育系统中的偏见问题，确保教育资源的公平分配，为所有学生提供公正的学习机会。这不仅是技术上的挑战，也是道德和社会责任的体现。

7.4　算法可解释性与透明度

在人工智能技术广泛渗透各领域的当下，算法的可解释性与透明度已跃升为关键议题。尤其在智能教育领域,算法深度融入教学与学习过程,其可解释性和透明度不仅关乎模型自身性能的优化,更对实际应用效果有着深远影响。接下来,本节将深入探讨算法可解释性如何作用于模型性能及应用,全面梳理当前算法可解释性面临的诸多挑战,并探寻行之有效的解决方法,以期为智能教育领域的算法应用提供更具可靠性与可信度的支撑。

7.4.1　算法可解释性的重要性

在当代的教育领域,算法和人工智能技术的应用越来越广泛,从个性化学习路径的设计到智能评估系统的开发,这些技术的应用旨在提升教育的质量和效率。然而,随着算法在决策过程中扮演的角色日益重要,其可解释性也成了一个不容忽视的问题[1]。算法可解释性指的是算法操作的透明度以及它们如何以及为什么做出特定决策的能力被人理解的能力。在教育决策过程中,算法可解释性具有相当大的重要性。智能教育算法做出的种种教育决策,无论是学生学习路径的规划、教学资源的分配还是学业成绩的评估,都直接影响到学生的学习成果和未来的发展机会。因此,教育领域中的算法决策需要高度的准确性和公正性以及可解释性[2]。

(1)增强信任和接受度。当教育从业者和学习者能够理解算法如何做出特定的推荐或决策时,他们更可能信任并接受这些算法驱动的解决方案。可解释的算法能够提供关于其决策依据的透明信息,有助于建立用户对系统的信任。

(2)促进公正和包容。通过确保算法的决策过程可以被理解和评估,可解释性有助于揭示和纠正可能的偏见,确保所有学生,不论其背景如何,都能公平地受益于教育技术的进步。这对于构建一个公平和包容的教育环境至关重要。可解释性和公平性是伦理中密不可分的两个主要组成部分,提高其中一个,另一个往往也会取得提高。

(3)提高教育质量。可解释性允许教育工作者深入了解算法如何评估学生表现和学习需求,使他们能够更好地利用这些信息来优化教学方法和资源分配。这种深入的理解促进了教学策略和学习内容的持续改进,从而提高整体

1　张立新、陈倩倩:《博弈与权衡:智能教育算法的规制性与人的自主性》,《现代教育技术》2023 年第 33 卷第 4 期。
2　冯庆想:《数字社会对教育实践的挑战及应对》,《北京工业大学学报(社会科学版)》2023 年第 23 卷第 6 期。

的教育质量。

（4）建立信任。算法可解释性是教育从业者和学习者能够对智能教育系统建立信任的关键。通过提供足够的信息，使用户能够理解智能教育算法的工作原理和决策逻辑，可以增强用户的信心，促进技术解决方案的广泛接受和有效应用。

（5）识别和纠正偏见。算法透明度能够帮助教育工作者识别算法中可能存在的偏见，为其提供缓解和纠正这些偏见的机会。通过公开算法的决策过程和使用的数据集，研究者和实践者可以共同努力，评估和优化算法，以确保其公平性和包容性。

7.4.2　算法可解释性的挑战

智能教育算法伦理中的算法可解释性面临着多重挑战，同时，缺乏可解释性也可能对教育系统和学习者产生广泛的负面影响。

1. 可解释性面临的挑战

（1）技术复杂性。许多智能教育算法，特别是基于深度学习的模型，因其内部机制极为复杂而难以解释。这些模型往往被视为"黑箱"，即使是开发者也可能无法完全解释模型的决策过程。

（2）缺乏标准化框架和准则。目前尚无广泛接受的标准或框架来指导算法的可解释性实践，这使得开发者在尝试提高算法可解释性时缺乏明确的方向。

（3）数据隐私和敏感性。算法的可解释性要求公开模型的工作原理，这可能涉及使用敏感的学生数据。如何在保护个人隐私的同时提高透明度，也是目前一个需要思考和解决的问题。

（4）多样化的利益相关者。教育领域的利益相关者包括学生、教师、家长、教育管理人员等，他们对算法可解释性的需求和理解程度各不相同。设计一个既满足专业人士需求又对非专业用户友好的解释系统是一大挑战。

2. 缺乏可解释性造成的影响

（1）侵蚀信任。当用户（包括学生、教师和教育管理人员）不理解算法如何做出特定决策时，他们可能会对算法的准确性和公正性产生怀疑，从而对使用智能教育工具失去信心。

（2）误导教育决策。缺乏可解释性的算法可能导致基于错误或不透明的逻辑做出教育决策，例如学生评估、资源分配和学习路径推荐等，进而损害学生的学习效果和教育公平。同时,不透明的算法可能无意中对某些群体产生偏见,例如基于性别、种族或社会经济背景的偏见,从而加剧现有的教育不平等问题。

(3)阻碍算法改进。如果算法的决策过程不透明,开发者和教育专家难以识别并改正模型中存在的偏见或错误,限制了智能教育系统的持续优化和改进。

(4)法律和伦理风险。缺乏可解释性的智能教育算法可能违反数据保护和隐私法律,导致法律诉讼和伦理争议,损害教育机构的声誉。

7.4.3　提高算法可解释性的方法

AI 模型的预测性能提高是以增加模型复杂度为代价的。深度学习模型就是一个典型例子,它们被视为黑箱模型。大多数深度学习模型都过于复杂,使得人类难以理解,因此使得算法缺乏可解释性。在教育场景中,如果模型无法解释预测背后的技术,就无法被信任并视为一个公平的模型。算法的可解释性有助于定性地确定是否满足其他期望特性,如公平性、鲁棒性和可用性。因此,构建公平模型需要了解特定决策是如何做出的。

可解释性可以分为两个维度:全局可解释性和局部可解释性。全局可解释性是指解释模型的整体行为和整个逻辑。它意味着模型如何整体工作以做出预测,旨在揭示模型的全局工作原理。模型通过一般的特征来解释预测结果是如何产生的,并可以在所有不同情况下显示整个原因。局部可解释性是指解释单个预测背后的原因,关注模型在单个样本上的推理过程。

1.算法方法

(1)LIME(Local Interpretable Model-Agnostic Explanations)是一种模型不可知的解释技术,它通过扰动输入数据并观察模型预测的变化来确定哪些特征对于模型预测是重要的。LIME 通过在输入数据附近采样,生成相似但有微小变化的新输入数据。在获得这些新输入数据的模型预测结果后,用一个可解释的模型(如线性回归模型)拟合这些扰动数据和预测结果之间的关系。可解释模型的系数表示每个特征对预测结果的贡献,从而解释黑箱模型的预测。LIME 的优点是算法可以应用于任意的机器学习和深度学习模型上,并且算法本身高效又易于理解。LIME 的缺点则是只能提供局部解释,无法解释模型的全局行为,而且对离群点的解释可能不准确。

(2)集成梯度(Integrated Gradients)是从深度学习领域发展而来的一种解释技术。它基于模型在输入上的梯度,通过计算输入与基准输入(如全零向量)

之间路径上的梯度积分，得到每个特征对模型输出的积分贡献。集成梯度首先定义一个基准输入，如全零向量。接着计算从基准到原始输入的渐变积分路径，然后对每个特征计算其在渐变积分路径上的累积梯度，并作为该特征的重要性评分。集成梯度具有一些良好的数学性质，如可解释性和完整性。集成梯度提供了对神经网络等复杂模型的相对可靠解释，但缺点是计算复杂且需要规范化输入数据。

（3）SHAP(SHapley Additive exPlanations)是一种基于联合游戏理论中的Shapley值思想的解释方法。它将模型的预测值看作是所有特征的贡献之和，Shapley值赋予了每个特征一个公平的贡献值。SHAP首先计算一个基准值，即在所有特征为缺失值时的预期模型输出。接着通过组合特征并对模型输出求期望，计算每个特征的边际贡献。然后使用Shapley值的公式对所有特征的边际贡献进行线性组合，得到每个特征的SHAP值。SHAP具有一致性和可叠加性等良好理论属性的优点。它可以为任意机器学习模型生成局部和全局解释，但计算复杂度较高。

2. 治理策略

实现算法可解释性是构建信任、公正且有效智能教育系统的关键。以下是提高智能教育算法透明度和可解释性的一些治理策略。

（1）开放源代码。将智能教育算法的源代码开放是提高透明度的一种直接方式。这允许教育从业者、研究人员和其他利益相关者审查和理解算法的具体实现方式。开放源代码促进了社区的协作改进，通过集体智慧来识别潜在的偏见和错误，从而提高算法的准确性和公平性。

（2）透明度报告。创建透明度报告，详细描述算法的设计理念、使用的数据集、处理流程以及决策依据。报告应包括对数据预处理、模型训练和评估方法的全面解释，以及对模型性能的客观评价。透明度报告可以帮助用户更好地理解算法背后的逻辑和潜在的局限性。

（3）数据和模型审计。实施定期的数据和模型审计，确保算法的训练数据公正无偏，并检查算法决策是否存在潜在的偏见。通过独立第三方或内部专家团队进行审计，可以增加智能教育系统的可信度。

（4）反馈机制。建立有效的用户反馈机制，允许学生和教师报告他们对算法结果的疑问或不满。这种机制不仅可以提高算法的透明度，还可以作为持续改进算法的手段，确保算法的决策过程和结果更加符合教育实践的需要。

（5）可视化技术。利用可视化技术来展示算法的决策过程和结果。例如，通过图形化展示学生的学习进度、模型的预测结果和推荐的学习路径，可以帮助用户直观理解算法是如何工作的。对于更复杂的模型，可视化技术可以用来揭示模型的关键决策因素，如特征的重要性评分。同时在智能教育应用的用户界面中，嵌入解释性元素，如提示框、FAQs 或其他说明页面，可以帮助用户更好地理解算法的工作原理。界面设计应注重用户体验，确保解释内容易于理解，避免使用过于技术化的语言。

（6）交互式解释工具。开发交互式解释工具，允许用户查询算法的特定决策过程，了解算法对某个决策给出特定输出的原因。通过允许用户提出"如果……那么……"的假设性问题，系统可以展示调整输入变量后算法决策的变化，从而帮助用户理解算法的工作原理。

（7）教育和培训。提供教育和培训资源，帮助教育从业者和学习者了解算法的基本概念、工作原理以及如何解读算法的决策。通过提高用户的数据素养和算法知识，可以增强他们对算法决策的理解和信任。

算法可解释性在智能教育领域中极为重要，不仅关乎技术的有效性和公正性，也直接影响教育系统的信任度和整体教育质量。面对这些挑战，开发者、教育工作者和政策制定者需要共同努力，通过技术创新、政策引导和伦理审视，提高算法的可解释性，以实现公平、有效的智能教育环境。

7.5　智能教育算法伦理准则

伴随智能教育技术的迅猛发展，一系列伦理问题逐渐浮出水面，成为不容忽视的重要议题。首当其冲的是教师与学生角色的转变。智能技术在教育领域的广泛应用，使其承担起越来越多的教育任务。然而，这一趋势也引发了诸多担忧，如教师职业地位是否会受到冲击，学生的学习主动性是否会因此降低。此外，知识产权问题也愈发凸显。随着在线课程与数字教材的日益普及，知识产权保护面临着全新挑战。如何在鼓励创新与保护版权之间找到平衡，确保教育资源得到合理利用，成为亟待解决的关键问题。基于此，本节将着重介绍智能教育算法的伦理准则，并探讨建立与维护这些准则的有效方法，为智能教育的健康发展筑牢伦理根基。

7.5.1　智能教育算法伦理准则的指导作用

随着智能教育技术的深入发展，伦理考量也日益成为不能忽视的问题。这些考量包括但不限于：① 教师与学生的角色变化：智能技术在承担更多教育任务的同时，也可能引发对教师职业地位和学生学习主动性的担忧[1]。② 知识产权所带来的问题：在线课程和数字教材的普及带来了知识产权保护的挑战，如何平衡创新与版权保护，保障教育资源的合理使用，是需要解决的问题[2]。

在面对这些伦理挑战时，全面规范的伦理准则能够为智能教育技术的开发和应用提供重要的指导。同时，伦理准则也可以帮助技术开发者、教育机构和政策制定者在追求技术创新的同时，依旧时刻确保能够保护个人隐私、维护公平正义和促进包容性[3]。

（1）为技术设计提供价值导向。伦理准则确保智能教育技术的设计和开发过程中，人的价值和权益被优先考虑，引导技术解决方案向着有利于促进教育公平、增强学习体验的方向发展。

（2）确立数据处理的伦理标准。通过制定明确的数据隐私保护措施和使用规范，伦理准则帮助构建学生、家长和教育工作者对智能教育技术的信任。

（3）提升透明度和问责制。伦理准则鼓励开发者和使用者就技术的潜在影响进行公开讨论，确保技术应用的过程中存在有效的监督和问责机制，促进技术的可持续发展。

（4）促进国际合作与交流。在全球化背景下，伦理准则的建立和共享促进了智能教育技术领域国际间的合作与交流，有助于共同应对跨国界的伦理挑战。

7.5.2　建立和维护智能教育伦理准则

在智能教育技术的快速发展过程中，建立和维护伦理准则是确保技术健康、公正且有效利用的关键。这一过程不仅要求充分考虑技术的创新和应用，还要深刻理解伦理准则对指导技术发展、保护使用者权益的重要性。本部分将详细讨论创建和实施伦理准则的步骤、考虑因素、面临的挑战以及应对策略，并探讨如何在技

1　吴龙凯、程浩、张珊、宋琰玉：《智能技术赋能教育评价的时代内涵、伦理困境及对策研究》，《电化教育研究》2023 年第 44 卷第 9 期。
2　陈鹏、于茜兰：《教育数字化赋能受教育权：时代内涵、法律风险与规制》，《中国教育学刊》2024 年第 4 期。
3　孙立会、周亮：《面向中小学的生成式人工智能教育政策制定路向——基于日本〈中小学生成式人工智能教育应用指南〉的分析》，《中国电化教育》2023 年第 11 期。

术创新和伦理责任之间找到平衡点。以下是建立智能教育伦理准则的参考步骤。

（1）需求与风险评估。在创建伦理准则之初，必须先进行需求与风险评估。这包括分析智能教育技术的应用范围、潜在的负面影响，以及可能面临的伦理风险。伦理风险可从数据的隐私保护、数据的公平性、数据的可解释性等角度出发进行分析。此阶段的目的是明确伦理准则需要解决的核心问题，为后续准则的制定提供基础[1]。

（2）广泛咨询与参与。创建伦理准则应采取包容性的方法，邀请教育工作者、技术开发者、学生、家长及政策制定者等多方参与。通过广泛咨询，收集各方的观点和建议，确保伦理准则能够全面反映不同群体的需求和担忧。

（3）制定准则原则。结合需求评估和咨询结果，制定一系列伦理原则，这些原则应当涵盖数据隐私与保护、智能教育算法的公平性、智能教育算法的可解释性、责任和问责制等关键领域。这些原则旨在提供明确的指导，帮助相关方在遇到伦理问题时进行参考，作出合理决策。

（4）具体化操作指南。伦理原则需要通过具体化的操作指南来实施。这包括为每个原则设定详细的执行标准和操作流程，确保伦理准则能够在实际操作中得到有效执行。

（5）持续监督与更新。鉴于技术和社会环境的不断变化，智能教育算法的伦理准则应当定期进行监督和评估，并根据新的社会发展情况及时进行相应的更新。

在智能教育技术的应用和发展中，技术创新与伦理责任之间的平衡至关重要。一方面，技术创新为教育带来了前所未有的机会，使教育更加个性化、高效和多元化。另一方面，伦理准则需要确保这些技术的应用不会损害学生或其他利益相关方的权益。

要实现这种平衡，首先需要对新兴技术（如人工智能、大数据）进行伦理评估，识别和预测可能的负面影响。其次，开发者和使用者应该采取预防性措施，包括透明的算法设计、数据保护措施和公平性审核。此外，政策制定者应制定相应的法律和规范，为智能教育技术的伦理应用提供框架。最后，通过持续的对话、教育和合作，所有利益相关方可以共同努力，在促进技术创新的同时，确保伦理责任得到充分考虑和实施。在构建一个更加公正和包容的教育环境的同时，也为智能教育技术的可持续发展奠定了坚实的基础。

1　田阳：《风险社会视域下生成式人工智能教育应用悖论：生成逻辑、存在限度与风险治理》，《阅江学刊》。

7.6　　小结

本章内容全面探讨了智能教育算法的应用场景与智能教育算法伦理的重要性，详细介绍了其发展背景、应用场景及未来发展潜力。智能教育算法利用人工智能和机器学习技术，通过个性化学习路径设计、智能辅助教学和学习效果评估等应用，提升了教育质量和效率，并在一定程度上缩小了教育差距。然而，随着智能教育算法的广泛应用，其引发的伦理问题也日益突出，尤其是在隐私保护、算法公平性、可解释性及责任归属方面。

为应对这些挑战，本章节对每个具体方向都介绍了相应的现状、挑战、以及目前应有的策略和技术。如隐私保护方面的数据加密、访问控制、偏见检测与消除方法，公平性方向的偏见的产生、评估偏见的指标和缓解指标的方法，以及可解释性方向的挑战和通过算法和人为治理两方向去共同提高模型的可解释性。

此外，本章还强调了智能教育算法伦理准则的重要性，指出通过建立和维护规范的伦理准则，可以在推动技术创新的同时，确保教育系统的公平性、透明性和可持续性。通过广泛咨询、制定准则原则、具体化操作指南，并通过持续监督与更新，智能教育算法的发展将更加符合伦理标准，为教育领域的创新提供更坚实的保障。

第 8 章

智能教育治理

本章将首先介绍智能教育治理的基本概念与框架,探讨其定义、重要性及实施路径,并分析治理过程中可能面临的挑战与应对策略。同时,深入研究技术标准与规范的制定与实施,重点关注伦理道德与数据安全问题,最后,通过国际和地区案例研究,总结最佳实践经验,为构建高效、透明、可持续的智能教育治理体系提供有力参考。

8.1 智能教育治理的概念与框架

在智能教育快速发展的当下,明晰其治理的核心概念与实施框架至关重要。本节将深入探讨这一主题。开篇,我们将通过剖析智能教育的定义,追溯其发展背景,为理解智能教育治理奠定基础。随后,着重阐述智能教育治理的重要意义,强调其在保障教育公平性、提升教育质量以及推动教育可持续发展等方面所发挥的关键作用。最后,详细介绍智能教育治理框架的组成部分,以及该框架在实际中的实施过程。同时,针对当前面临的挑战提出切实可行的解决对策,旨在为智能教育的稳健发展提供全方位、系统性的支持。

8.1.1 智能教育的定义与背景

1. 智能教育的定义

智能教育指的是在教育活动中,通过人工智能技术及其他信息技术的应用,对学习者的学习过程进行智能分析、评估和引导，以提高教育质量和效率的一种教育模式[1]。

这种教育模式主要依托于三大技术支柱：① 人工智能。通过模仿人的认知功能，如学习、推理、解决问题等，提供个性化学习建议，智能评估和反馈等服务[2]。② 大数据。利用学习者在学习过程中产生的海量数据，通过数据分析和挖掘技术，揭示学习行为模式，优化教学内容和方式。③ 云计算。提供强大的数据存储、处理和分析能力，保证教育资源的高效配置和无缝接入，使得学习资源丰富、易于访问。

智能教育的应用场景多样，包括但不限于在线学习平台、个性化教学系统、虚拟实验室、智能辅导机器人等。这些应用场景体现了智能教育的目标——更加高效、个性化和灵活的教育。

2. 智能教育的背景与发展历程

智能教育的兴起和快速发展是由多种因素驱动的。人工智能、大数据和云计算等技术的突破为智能教育提供了强大的技术支持。特别是人工智能技术，在自然语言处理、语音识别、图像识别等方面的进步，使得智能教育应用变得更加丰富和实用[3]。随着社会的发展和经济的全球化，个性化学习需求日益增长。学习者希望通过更加灵活、个性化的学习方式来提升自己的能力和知识。智能教育通过提供个性化的学习内容和路径，满足了这一需求。传统的教育资源分配存在一定程度的不平衡问题。智能教育通过云计算等技术，实现了教育资源的数字化、网络化和智能化，使得优质教育资源可以更广泛、更公平地被获取[4]。

智能教育的发展历程可以追溯到 20 世纪的计算机辅助教学（CAI），经过网络教育、远程教育的演变，到今天的智能教育。在这一过程中，智能教育已经从最初的实验阶段进入到实际应用阶段，越来越多的教育机构和企业开始探索和实践智能教育的应用，智能教育解决方案也逐渐成熟，涵盖了学前教育、基础教育、高等教育乃至终身教育的各个领域。

随着技术的不断发展和教育理念的更新，智能教育的内容和形式也在不断

1　朱珂、史晓雪、苏林猛：《人工智能助推教师专业发展：机遇、挑战和路径》，《甘肃开放大学学报》2024年第 2 期，第 1—5＋95 页。

2　李楠：《人工智能赋能媒介素养教育的逻辑、限度与超越》，《教育理论与实践》2023 年第 31 期。

3　乜勇、康欣欣：《国内人工智能教育应用：研究现状、热点主题和机遇挑战》，《教育文化论坛》2024 年第 1 期。

4　黄景文、杨瑞琪：《国内数字化教育资源研究的可视化分析》，《法制与经济》2022 年第 4 期。

丰富和演进。例如,基于人工智能的自适应学习技术能够根据学生的学习状态和学习历程,动态调整学习内容和难度,实现真正的个性化学习。此外,虚拟现实和增强现实技术的应用,为学习者提供了沉浸式学习体验,使得复杂的概念和过程变得直观易懂。

随着智能教育的快速发展和广泛应用,其在教育公平、数据安全、伦理道德等方面带来的挑战也日益突出,这就需要对智能教育进行有效的治理,以保障其健康、有序的发展。

8.1.2　智能教育治理的重要性

智能教育治理是实现高质量、公平、安全和伦理教育的关键[1]。随着技术的快速发展,尤其是人工智能、大数据和云计算等在教育领域的广泛应用,智能教育已经成为提升教育效果的重要手段。然而,伴随着这些技术的利益,也出现了一系列挑战,包括数据安全、个人隐私保护、算法偏见等问题,这些都需要通过有效的治理来解决。以下是智能教育治理重要性的详细探讨。

1. 提升教育质量和实现教育公平

智能教育通过个性化学习路径、智能辅导系统和虚拟实验室等技术应用,能够显著提高学习效率和教育质量。它能够根据每个学生的学习进度、能力和偏好,提供定制化的学习资源和指导,从而最大限度地发挥每个学生的潜力。此外,智能教育还能通过优化资源配置,使得偏远地区和经济条件较差的学生也能享受到高质量的教育资源,从而促进教育公平[2]。

然而,要实现这些益处,就需要通过有效的治理机制来确保技术的恰当使用。例如,需要确保使用的教育软件和平台能够真正满足学生的学习需要,而不是简单地用技术替代传统教育。此外,还需要制定相关政策,促进教育资源的公平分配,防止资源集中在少数地区或群体。

2. 保障数据安全与伦理

智能教育系统的运作依赖于大量敏感数据,包括学生的个人信息、学习行为数据等。这些数据的收集、存储和分析对于提升教育效果至关重要,但同时也带

1　李世瑾、王成龙、顾小清:《人工智能教育治理:逻辑机理与实践进路》,《华东师范大学学报(教育科学版)》2022 年第 9 期。

2　倪琴、贺樑、王英英等:《人工智能向善:面向未成年人的人工智能应用监管探研——面向未成年人的人工智能技术规范研究(三)》,《电化教育研究》2023 年第 8 期。

来了数据安全和个人隐私保护的挑战。如果没有适当的治理机制，学生的信息可能面临被非法访问、滥用甚至泄露的风险[1]。

此外，智能教育还涉及伦理问题，如算法偏见可能导致的不公平现象。例如，如果智能教育系统的数据来源偏差，那么它的推荐和评估也可能存在偏见，这可能会加剧而非缓解教育不平等。因此，智能教育治理需要包含对数据安全的严格要求和对伦理问题的深入考虑，通过制定相关的法律法规、标准和准则，来确保智能教育的健康发展。智能教育治理的重要性还体现在它能够帮助建立公众对智能教育系统的信任。通过确保教育技术的透明度、可靠性和公正性，可以增强用户对智能教育的接受度和满意度，从而促进技术在教育领域的广泛应用和深入发展[2]。

总之，智能教育治理对于保障教育质量、实现教育公平、保护个人隐私和数据安全、维护伦理道德具有至关重要的作用。为此，需要各利益相关方共同努力，构建一个全面的治理框架，确保智能教育的健康发展和可持续性。

8.1.3　治理框架的组成

在智能教育的发展过程中，治理框架的构建是确保其健康、可持续发展的基石。一个有效的治理框架需要综合考虑政策制定、技术标准、伦理道德准则以及数据安全策略等多个方面，以应对智能教育带来的挑战和机遇。

1. 政策制定

政策在智能教育治理中起着至关重要的作用。政策的主要目标包括促进智能教育技术的健康发展、确保教育公平、保护学生隐私、维护数据安全等[3]。政策的制定过程应该是包容性的，意味着需要考虑教育管理者、教师、学生、家长以及技术提供商等多方的意见和需求。实施机制应包括明确的责任分配、有效的监管措施和适当的激励机制，以确保政策的执行能够达到预期效果。

2. 技术标准

在智能教育领域，制定统一的技术标准是促进不同系统和工具互操作性的

1　兰国帅、杜水莲、肖琪等：《国际人工智能教育治理政策规划和创新路径研究——首届人工智能安全峰会〈布莱奇利宣言〉要点与思考》，《中国教育信息化》2024 年第 3 期。

2　黄荣怀、张国良、刘梦彧：《面向智慧教育的技术伦理取向与风险规约》，《现代教育技术》2024 年第 2 期。

3　张金帅、卢锋、申灵灵：《人工智能与教育深度融合的推进与监管——〈人工智能与教育政策制定者指南〉解读》，《软件导刊》2023 年第 5 期。

必要条件[1]。技术标准对于确保教育软件和硬件的质量、兼容性和安全性至关重要。通过技术标准，可以指导智能教育技术的开发和应用，避免"信息孤岛"，促进教育资源的共享和再利用。此外，技术标准还有助于提高开发效率，减少不必要的重复劳动，加速智能教育技术的创新和普及。

3. 伦理道德准则

智能教育中的伦理道德准则是指导技术应用、保障教育公正和保护学生权益的基本原则。这些准则包括但不限于确保 AI 技术的应用不加剧教育不平等、处理好 AI 技术的偏见问题、保护学生隐私等。伦理准则的建立需要全社会的共同努力，包括技术开发者、教育工作者、政策制定者和社会公众等。此外，还需要建立相应的监督和评估机制，确保伦理道德准则得到有效实施。

4. 数据安全策略

随着智能教育系统对数据依赖度的增加，数据安全成为一个不可忽视的问题。数据安全策略包括制定严格的数据收集、存储、处理和共享的安全标准，确保学生和教师的个人信息不被泄露、滥用或丢失[2]。这不仅需要技术上的保护措施，如加密技术、访问控制等，也需要法律和政策上的支持，以及用户教育，提高所有相关方对数据安全的认识和防范意识。

综上所述，智能教育治理框架的建立是一个复杂而系统的工程，需要政策、技术、伦理和安全等多个方面的共同努力。通过构建有效的治理框架，可以确保智能教育的发展既能促进教育创新和效率提升，又能够保障学生的权益，维护教育公平和数据安全，从而实现可持续发展的目标。智能教育的治理不仅需要关注当前的实施效果，还应预见未来可能出现的挑战，并在政策和技术标准中留有足够的灵活性以适应快速变化的技术环境和教育需求。随着智能技术在教育领域的不断深入，治理框架也需要不断更新和完善，以适应新的发展趋势和挑战。

8.1.4　治理框架的实施

智能教育治理框架的实施是一个多方协作的过程，涉及教育部门、技术提供商、教育机构、学生和家长等多个利益相关者。每个利益相关者都承担着不同的

1　赵磊磊、闫志明：《生成式人工智能教育应用的生态伦理与风险纾解》，《贵州师范大学学报（社会科学版）》2023 年第 5 期。

2　《2024 教育技术十大研究热点预测及相关议题》，《现代教育技术》2023 年第 12 期。

角色和责任，他们之间的有效合作与协调是实现智能教育治理目标的关键[1]。

1. 利益相关者的角色与责任

教育部门在智能教育治理中起着领导和监督的作用。它负责制定智能教育的政策和法规，确保教育公平和质量[2]。教育部门还需要提供指导和支持，帮助教育机构和技术提供商理解和遵守相关的规定。此外，还应负责监控智能教育实施的效果，及时调整政策以应对新出现的挑战。

技术提供商是智能教育实施的直接执行者，他们负责开发和提供智能教育平台、工具和服务。技术提供商需要确保其产品和服务符合教育部门的规定和技术标准，同时保护用户的数据安全和隐私。应积极响应教育机构和学习者的反馈，不断改进其产品和服务。

教育机构是智能教育实施的场所，包括学校、培训中心等。教育机构需要根据教育部门的指导和技术提供商的支持，合理利用智能教育工具和资源，提升教学质量和效率。教育机构还需要确保教师和学生能够安全、有效地使用智能教育平台，同时促进学生全面发展。

学生是智能教育的直接受益者，家长则是学生学习的重要支持者[3]。学生和家长需要积极参与智能教育活动，利用提供的资源进行学习和成长。同时，他们也应当了解自己的权利和责任，如数据隐私保护，以及在遇到问题时向相关部门反馈和寻求帮助。

2. 合作与协调机制

为了实现智能教育治理的目标，不同利益相关者之间的合作与协调至关重要。可以通过以下几种方式来加强合作与协调。

（1）建立通信和反馈渠道。建立有效的通信和反馈渠道，使得教育部门、技术提供商、教育机构、学生和家长之间可以及时交流信息、分享经验和反馈问题。这可以通过线上平台、定期会议和工作坊等形式实现。

（2）制定共同的目标和计划。各方利益相关者应共同制定智能教育的长期

1　顾小清、李世瑾：《人工智能促进未来教育发展：本质内涵与应然路向》，《华东师范大学学报（教育科学版）》2022 年第 9 期。

2　朱珂、炕留一、王春丽：《人工智能助推教师专业发展的机遇、变革与策略》，《河南教育（教师教育）》2021 年第 11 期。

3　王一岩、朱陶、郑永和：《智能教育产品助推教育数字化转型：价值定位、实践逻辑与推进策略》，《现代教育技术》2023 年第 7 期。

和短期目标,明确各自的职责和任务[1]。通过共同的规划和目标,可以确保所有行动和资源的分配都朝着相同的方向努力。

(3)协作开发和资源共享。技术提供商和教育机构可以合作开发适合特定教学环境的智能教育解决方案,通过资源共享和专业知识交流,提高教育技术的适用性和有效性。同时,教育部门可以提供平台和机会,促进各方资源的共享,包括教学内容、研究成果以及最佳实践等。

(4)建立评估和监督机制。为了确保智能教育实施的效果,需要建立一套科学的评估和监督机制。这套机制应涵盖智能教育的各个方面,包括教学质量、技术性能、数据安全等,确保各项措施执行到位,并根据评估结果进行调整和优化。

(5)强化法律和伦理框架。智能教育的发展需要在法律和伦理框架下进行。教育部门应制定相应的法规,明确智能教育中的权利、责任和义务,同时加强对伦理道德的引导和教育,确保技术的应用不会侵犯个人隐私,不会加剧教育不平等[2]。

(6)培训和教育。为了更好地实施智能教育治理框架,对教师、技术人员以及学生和家长进行相关培训和教育是必不可少的[3]。这包括智能教育技术的使用、数据知识保护、在线学习策略等,通过提升各方的技能和意识,促进智能教育的有效实施。

智能教育治理的实施是一个复杂的系统工程,需要教育部门、技术提供商、教育机构、学生和家长等多方利益相关者的共同努力。通过建立有效的合作与协调机制,不仅可以提升智能教育的质量和效率,还可以保护学生的权益,促进教育公平。随着技术的不断发展和教育需求的不断变化,智能教育治理框架也需要不断地调整和完善,以适应新的挑战和机遇。

8.1.5 挑战与对策

智能教育治理面临着多方面的挑战,其中技术快速发展导致的政策滞后问

---

1 乜勇、康欣欣:《国内人工智能教育应用:研究现状、热点主题和机遇挑战》,《教育文化论坛》2024 年第 1 期。
2 赵申洪:《全球人工智能治理的困境与出路》,《现代国际关系》2024 年第 4 期。
3 李世瑾、王成龙、顾小清:《人工智能教育治理:逻辑机理与实践进路》,《华东师范大学学报(教育科学版)》2022 年第 9 期。

题和跨界合作的复杂性尤为突出[1]。这些挑战如果不被妥善解决，可能会阻碍智能教育的健康发展和广泛应用。因此，针对这些挑战，需要制定有效的应对策略和解决方案。

1. 治理挑战

（1）技术快速发展下的政策滞后问题。智能教育的快速发展，尤其是人工智能、大数据、云计算等技术的应用，带来了许多新的教育模式和方法。然而，这些技术的快速迭代和应用速度往往超过了现有政策法规的更新速度，导致政策滞后，无法有效规范新兴技术的应用和管理，可能引发数据安全、隐私保护和伦理道德等问题[2]。

（2）跨界合作的复杂性。智能教育的实施涉及教育、技术、法律等多个领域，需要教育部门、技术提供商、教育机构、学生和家长等多方的合作。不同领域和利益主体之间的目标、需求和工作方式存在差异，这增加了合作的复杂性，有时甚至会出现目标不一致或利益冲突的情况，影响智能教育治理的效果。

2. 应对策略

（1）加强政策研究。为了解决政策滞后的问题，需要加强对智能教育政策需求的研究，及时了解技术发展的最新趋势和教育实践的新需求。通过建立政策研究和技术预测的机制，可以提前预见技术发展可能带来的挑战和机遇，为政策制定提供科学依据[3]。此外，政策制定过程应更加开放和灵活，鼓励公众参与，通过征求多方意见和建议，加快政策更新和修订速度。

（2）推动跨部门合作。针对跨界合作的复杂性，应推动建立跨部门合作机制，促进不同领域和利益主体之间的信息交流和资源共享。可以通过设立跨部门协调小组、组织联合研究和开发项目、举办行业论坛和研讨会等方式，加强不同领域之间的联系和协作。此外，建立共同的目标和利益分享机制也是促进合作的有效方法，通过明确合作目标和合理分配合作成果，减少利益冲突，增强合作的稳定性和持续性。

（3）建立动态调整机制。面对技术和教育需求的快速变化，智能教育治理框架需要具备动态调整的能力。这要求治理框架不仅要在制定之初具有前瞻性

1　张金帅、卢锋、申灵灵：《人工智能与教育深度融合的推进与监管——〈人工智能与教育政策制定者指南〉解读》，《软件导刊》2023 年第 5 期。

2　杨佳慧：《我国人工智能教育政策的文本研究——基于政策工具视角》，硕士学位论文，湖北师范大学教育学系，2023。

3　杨素雪：《新兴技术的预期治理研究》，硕士学位论文，中国科学技术大学科技哲学系，2019。

和包容性,而且还要在实施过程中持续监测、评估和调整[1]。通过定期审查政策法规的适用性和效果,根据技术进步和教育实践的变化进行及时更新和优化,确保治理框架始终能够有效应对新的挑战。

(4)强化伦理教育和法律意识。在智能教育的实施过程中,强化教师、学生、技术开发者等所有利益相关者的伦理教育和法律意识是至关重要的。通过定期的培训和教育,提高他们对智能教育伦理道德和相关法律法规的认识,使他们能够在日常工作和学习中自觉遵守伦理准则和法律规定。这不仅有助于预防和减少因忽视法律法规而产生的问题,还能够提升整个社会对智能教育的信任和接受度。

(5)促进社会参与和监督。智能教育的治理不应仅仅是政府和行业内部的事务,还需要广泛的社会参与和公众监督。通过建立透明的治理机制,公开政策制定和执行的过程,鼓励公众、学术界和非政府组织等提出意见和建议,参与到智能教育的监督中来[2]。社会的广泛参与可以提高政策的透明度和公信力,同时,公众监督也是促进政策执行和防止滥用技术的重要手段。

智能教育治理面临的挑战是多方面的,涉及技术、政策、法律和伦理等多个领域。应对这些挑战需要政府、教育机构、技术提供商、学生和家长以及社会各界的共同努力。通过加强政策研究、推动跨部门合作、建立动态调整机制、强化伦理教育和法律意识,以及促进社会参与和监督,可以有效地实现智能教育的健康发展,最大化其在提高教育质量和促进教育公平方面的潜力。

8.2　技术标准与规范

在智能教育蓬勃发展的进程中,技术标准与规范犹如坚实基石,发挥着举足轻重的作用。一方面,它们是保障不同智能教育解决方案实现无缝兼容的关键,促使各类教育技术系统能够协同运作,形成有机整体。另一方面,严格的技术标准极大地提升了智能教育系统的安全性,为师生在数字化教育环境中的学习与

1　王景、李延平:《ChatGPT 浪潮下拔尖创新人才的培养:价值意蕴、现实隐忧与生态重塑》,《中国电化教育》2023 年第 11 期。
2　陈磊、刘夏、高雪春:《人工智能视域下教育治理的现实挑战与路径选择》,《中国教育科学(中英文)》2020 年第 6 期。

教学活动筑牢安全屏障。此外，合理的技术标准与规范在推动教育科技可持续发展的道路上具有导向作用，它们既为行业发展设定明确路径，又为技术创新留出广阔空间，激励教育科技领域不断推陈出新，实现更高质量的发展。接下来，我们将深入探讨智能教育领域技术标准与规范的具体内容与深远影响。

8.2.1　技术标准的重要性

技术标准在智能教育的发展中扮演着至关重要的角色，它们不仅确保了不同智能教育解决方案之间的兼容性，还提高了系统的安全性，并且能够在保障教育科技可持续发展的同时，鼓励技术创新[1]。

1. 确保兼容性

在智能教育领域，技术标准对于确保不同解决方案之间兼容性的重要性不可小觑。随着教育技术的快速发展，市场上出现了大量的教育软件和硬件产品。这些产品通常由不同的公司开发，若没有统一的技术标准，不同产品间的数据格式和通信协议可能会各不相同，导致兼容性问题，进而阻碍了教学资源的共享和再利用。缺乏统一标准会使得学校之间难以共享电子教材或学生数据，影响教育资源的有效利用和学生学习的连贯性。

通过制定和遵循统一的技术标准，可以确保不同厂商生产的设备和软件能够无缝交互，使得教育资源能够跨平台、跨系统使用，极大地促进了资源的共享和再利用。这不仅提高了教育资源的使用效率，也为学生提供了更加丰富和多样化的学习内容。

2. 提高安全性

随着智能教育系统中敏感数据量的增加，如何保护这些数据安全，防止未授权访问和滥用成为一个重要的问题。技术标准在此方面发挥着重要作用，它们为数据加密、访问控制、用户认证等安全措施提供了规范，确保了数据的安全传输和存储。

例如，通过制定严格的数据加密标准，可以确保学生的个人信息和学习数据在传输和存储过程中不被第三方窃取。同样，访问控制和用户认证标准可以确保只有授权用户才能访问敏感信息，有效防止数据泄露和滥用。这些标准化的安全措施为智能教育系统提供了强有力的保护，保障了学生信息的安全，增强了

1　本刊编辑部：《人工智能让教育更美好——2024 世界数字教育大会人工智能与数字伦理平行会议综述》，《中国教育信息化》2024 年第 3 期。

用户对智能教育系统的信任[1]。

3. 促进创新

虽然标准化在某种程度上要求统一性和规范性,但合理的技术标准同时也能够鼓励技术创新。通过设定开放和灵活的标准,可以为技术开发者提供一个清晰的框架和广阔的发展空间,鼓励他们在满足基本要求的前提下,探索新的技术和方法。

开放的技术标准有利于降低新参与者的进入门槛,鼓励更多的企业和开发者加入智能教育领域,从而促进了技术的多样性和创新性[2]。同时,灵活的标准也为现有技术的改进和优化提供了空间,促进了教育科技的持续发展。在开放的标准引导下,开发者可以设计出更加个性化、适应性强的学习工具和平台,这些创新不仅能够满足更广泛多样的教育需求,还能推动个性化学习和教学方法的发展。

进一步地,开放和灵活的标渐也促进了跨学科技术的融合应用,如将人工智能、大数据分析融入教学软件和平台中,这不仅提升了教育内容的质量和教学方法的效率,也为学习者提供了更加丰富和互动的学习体验。此外,技术标准还促进了教育科技生态系统的健康发展,通过确保新技术与现有系统的兼容性,减少了技术更新换代的成本和风险,为教育科技的可持续发展奠定了基础。

综上所述,技术标准在智能教育中发挥着不可替代的作用。它们不仅确保了不同智能教育解决方案之间的兼容性,提高了系统的安全性,还鼓励了技术创新和教育科技的可持续发展。因此,建立和完善智能教育的技术标准体系,是推动智能教育健康、快速发展的关键。面对技术的快速迭代和教育需求的不断变化,教育部门、技术提供商、学术界以及行业协会等多方利益相关者需要密切合作,不断更新和完善技术标准,以适应智能教育领域的新挑战和新机遇。

8.2.2　现行技术标准与规范

在智能教育领域,技术标准和规范起着至关重要的作用,它们不仅确保了技术的互操作性、安全性和可靠性,还促进了教育资源的共享和创新。技术标准主要分为国际标准和国家/地区标准两大类。

1　王新、王宣亿、黄晓亮等:《ChatGPT 类生成式人工智能的法律风险及治理(笔谈)》,《天津师范大学学报(社会科学版)》2024 年第 3 期。

2　夏雪景、马早明:《韩国中小学开展人工智能教育的举措与经验》,《比较教育学报》2024 年第 2 期。

1. 国际标准

国际标准化组织如国际电工委员会（IEC）[1]、国际标准化组织（ISO）以及电气和电子工程师协会（IEEE）等[2]，制定了一系列广泛认可和应用的智能教育相关技术标准。这些标准覆盖了教育技术的多个方面，包括数据交换格式、网络通信协议、信息安全、用户界面设计等。

例如，ISO/IEC 24751 标准系列旨在增加教育产品和服务的可访问性，为不同能力和需求的学习者提供个性化的学习体验[3]。IEEE LTSC（教育技术标准委员会）发布了多项与学习技术相关的标准，如 IEEE 1484.1 对学习技术的体系结构和术语进行了规定，而 IEEE 1484.12.1 定义了学习对象元数据标准，以支持教育资源的发现和重用[4]。ADL 由美国国防部发起，制定了 SCORM（Sharable Content Object Reference Model）标准，这是一套确保在线学习内容互操作性的规范和技术要求[5]。IMS Global 是一个领先的全球教育技术标准组织，制定了一系列影响深远的标准，如 Learning Tools Interoperability（LTI）[6]、Common Cartridge（CC）[7]等。LTI 标准使得教育工具和内容可以轻松集成到任何兼容的学习平台中，而 CC 标准则定义了一种格式，以便教育内容的打包、分发和使用，促进了不同教育资源的互操作性和可移植性。

国际标准为全球范围内的智能教育技术提供了共同的技术规范，促进了不同国家和地区教育资源的共享，降低了教育技术产品开发的障碍，推动了教育技术的全球化发展。

2. 国家/地区标准

不同国家或地区根据本地的教育需求和技术发展水平，也制定了一系列智能教育领域的特定标准和规范。这些标准和规范往往更加贴近本地的教育环境

1　吴永和、颜欢、马晓玲：《教育通用人工智能大模型标准体系框架研制》，《现代教育技术》2024 年第 4 期。
2　潘英：《现有人工智能标准化和监管法案解析》，《质量与认证》2024 年第 3 期。
3　余云涛：《中国代表团在 ISO/IEC JTC1/SC36 第 25 届全会上取得丰硕成果》，《信息技术与标准化》2012 年第 11 期。
4　陈闹：《自适应学习系统中基于知识图谱的学习路径推荐算法研究》，硕士学位论文，上海交通大学计算机科学与工程系，2022。
5　吴砥、李环、尉小荣：《教育数字化转型：国际背景、发展需求与推进路径》，《中国远程教育》2022 年第 7 期。
6　杨丽华：《世界一流大学在线教育战略研究》，硕士学位论文，华中师范大学教育学院，2019.
7　Wang C. C., Pai W. C., Yen N. Y., "A sharable e-Learning platform based on Cloud computing" (paper presented at the *3rd International Conference on Computer Research and Development*, 2011): p. 2; 1 - 5.

和文化,对推动本地教育技术发展具有重要意义。

　　例如,中国教育技术标准委员会发布了多项智能教育相关的国家标准,包括教育信息化标准、学习资源标准等,这些标准旨在推动中国教育信息化的进程,提高教育资源的开发、管理和利用效率。在美国,国家标准与技术研究院(NIST)[1]以及教育技术行业协会(ISTE)等机构也发布了一系列与教育技术相关的标准和指南,旨在促进教育技术的创新和应用。联合信息系统委员会 JISC支持英国教育和研究机构使用数字技术。它推动了多个与教育技术相关的项目和服务,并制定相关标准和最佳实践[2]。例如,JISC 参与制定了 UK Access Management Federation 标准,为学术资源的安全访问提供了框架。

　　国家/地区标准不仅反映了本地教育技术发展的现状和需求,也为本地教育技术企业提供了发展指南和技术规范。通过遵循这些标准,教育技术产品可以更好地满足本地市场的需求,促进了教育资源的本土化和个性化发展。

　　技术标准与规范在智能教育领域内的作用不容忽视。国际标准为全球范围内的教育技术发展提供了统一的技术规范,促进了不同国家和地区之间的技术交流和资源共享,降低了开发成本,加速了教育技术的创新与普及。同时,国家/地区标准针对本地特定的教育需求和文化背景,制定了更为具体和贴合的技术规范,为本地教育技术发展提供了强有力的支撑,确保了教育技术产品和服务能够更好地服务于本地学习者和教育机构。

　　然而,面对全球化的教育技术发展趋势,如何平衡国际标准与国家/地区标准之间的关系,确保它们之间的互操作性和兼容性,是未来智能教育领域需要重点关注和解决的问题。此外,随着新技术的不断涌现和应用场景的日益复杂,标准化机构和行业组织需要持续进行技术标准的更新和优化,以适应智能教育发展的新需求。

8.2.3　制定技术标准的挑战

1. 跨界融合的挑战

　　跨界融合在智能教育中不仅带来了创新的教学方法和工具,也引发了一系列标准化的挑战。随着教育技术的快速进步,一大难题是如何将最新的技术成果高效地融入传统的教育体系中。技术的迅速迭代意味着今天引入的工具或平

1　刘晓曼、刘惠琴、程妍:《2022 年全球工业领域网络安全发展浅析》,《保密科学技术》2023 年第 2 期。
2　沈思、田恩舜:《国外高校教师数字能力培养管窥》,《高教发展与评估》2024 年第 2 期。

台可能很快就会被更新的版本所取代，而教育体系的改革和适应过程相对缓慢，这种速度的不匹配对教育实践的有效融合构成了挑战。

例如，人工智能在个性化学习中的应用正在不断扩展，但如何确保这些系统的设计和使用能够适应不同学习者的需求，同时又能够与现有的教学计划无缝集成，是一个需要解决的问题。此外，数据隐私和安全在技术融入教育过程中变得尤为重要，随着越来越多的学习数据被收集和分析，如何保护这些信息不被滥用，确保学生的隐私权得到尊重，是跨界融合中的另一大挑战。

2. 多方利益的协调

在制定智能教育技术标准的过程中，协调不同利益相关者的目标和需求是一个复杂而艰巨的任务。每个群体都有其独特的利益点和关注重点，这些差异有时可能导致冲突，阻碍标准制定过程的进展。

例如，教育机构可能最关心如何通过技术提高教育成果和学生满意度，而技术供应商可能更加关注其产品的市场竞争力和创新性。同时，政府机构既要促进教育技术的发展，又要确保公共利益不受侵害，包括保护学生数据的安全和隐私。在这种情况下，达成共识需要开展广泛的沟通和深入的协商。实现这一目标的方法包括建立跨部门的工作小组、举办共识会议和公开磋商会，以及通过调解和妥协来解决利益冲突。

另一层面的挑战是如何在保证标准的公平性和有效性的同时，鼓励创新。过于严格或限制性的标准可能会阻碍技术创新，而标准过于宽松又可能导致市场混乱，影响教育质量。因此，制定技术标准的过程中需要找到适当的平衡点，既要有助于维护教育市场的秩序和安全，又不应抑制技术创新和多样性的发展。

总之，跨界融合和多方利益的协调在智能教育技术标准的制定过程中是两大核心挑战。解决这些挑战需要所有利益相关者的共同努力和协作，通过开放的沟通、灵活的策略和创新的方法，以促进智能教育技术的健康发展和广泛应用。这包括建立一个包容性的标准制定平台，邀请教育领域和信息技术领域的专家、教育机构代表、技术供应商、政策制定者、学生和教师等多方参与，确保每个群体的声音和需求都能被听见和考虑。通过这种多方参与的方式，可以更好地理解各方的关切，发现潜在的共同利益点，从而促进共识的形成。

8.2.4　标准制定与实施过程

在智能教育的技术标准制定与实施过程中，采取综合性的方法论来确保标准的科学性、实用性和广泛的社会认可[1]。此过程不仅涵盖了从需求分析到标准发布的各个环节,还涉及了政府部门、标准化机构、行业协会、教育机构和企业等多个关键角色的广泛参与。

1. 制定流程

制定技术标准的起点在于深入的需求调研,旨在准确把握智能教育领域的现状和发展趋势,明确标准制定的目标和范围。通过收集来自教育实践一线的反馈、技术发展的前沿动态以及行业需求的多元视角,构建了一个全面的需求分析框架。此框架不仅包含了技术参数和性能指标的考量,也深入探讨了如何通过技术标准提升教育公平、保障学生隐私等更广泛的社会价值目标。

基于需求调研的成果,接下来的阶段是草案的编写。在这一过程中,汇集了来自不同领域的专家团队,他们利用丰富的知识和经验,确保标准草案既有坚实的技术基础,又能够切实解决教育实践中的问题。草案编写考虑了教育技术的兼容性、安全性和易用性等关键因素,力求使标准既符合技术发展的最新成果,又贴合教育领域的实际需求。随后,公众咨询环节为标准草案的进一步完善提供了关键的反馈。通过公开征求广泛的意见和建议,不仅增强了标准制定过程的透明度和公众参与度,也使得标准更加全面和均衡。公众咨询帮助标准制定者深入了解各方对标准的期望和顾虑,为草案的修订提供了重要的依据。

草案经过反复地修订和完善,最终形成了待批准的标准文件。在这一阶段,政府部门和标准化机构发挥了决定性的作用,他们负责对标准文件进行最后的审查和认证,确保其符合国家政策和行业规范。一旦标准获得批准,便正式发布并开始在智能教育领域内实施。

2. 参与主体

在整个标准制定与实施过程中,各参与主体的角色和职责分明,却又紧密协作。政府部门在监管和政策引导上起到了关键作用,标准化机构负责协调整个制定过程,保证标准的科学性和权威性。同时,行业协会、教育机构和企业等多方的积极参与,确保了标准能够广泛地反映行业需求和社会期待,从而大大提高了标准的实用性和有效性。这种多方参与、共同协作的过程不仅增强了标准的广泛认可度,也促进了其快速的社会实施和应用。

行业协会在整个流程中扮演了桥梁的角色,连接不同利益相关者,特别是在

1　王海涛、韩娖:《高校教学新型信息化管理平台建设研究》,《淮南职业技术学院学报》2023 年第 6 期。

促进教育机构与技术供应商之间的沟通和理解方面发挥了重要作用[1]。通过行业协会的努力,可以确保教育领域的特定需求和挑战被充分理解和考虑,同时也帮助技术供应商更好地定位自己的产品和服务以满足这些需求。

教育机构和企业作为标准的直接实施者和受益者,他们的反馈对于草案的修订至关重要。他们的实践经验和具体需求直接影响到标准的可操作性和实际效果,通过他们的积极参与,可以确保最终的标准既符合技术发展的前沿,又能够有效解决教育实践中的实际问题。

在标准最终批准后,这些参与主体的角色并未结束,他们还将参与到标准的推广、培训和监督执行等后续工作中。政府部门可能需要定期评估标准实施的效果,以便及时调整和更新。标准化机构和行业协会可能会组织培训和宣传活动,帮助教育机构和企业了解和掌握新的标准。同时,教育机构和企业在实施过程中积累的经验和反馈,也将为标准的持续改进提供重要的数据支持。

8.2.5　规范智能教育应用

技术标准提供了一套基本框架和指导原则,旨在帮助教育机构和技术开发者理解如何在遵守规范的同时,有效地开发和部署智能教育解决方案。此外,遵循这些技术标准还能够确保教育应用程序和服务在可用性、可靠性、安全性和用户体验等多个方面的质量得到保障。

1. 应用指导

基于技术标准的智能教育应用指导原则首先要求对现有标准的全面理解[2]。教育机构和技术开发者需深入研究这些标准,确保其开发的教育技术解决方案能够与现有的教育体系无缝对接,提高技术的适用性和教育效果。例如,通过遵守数据交换格式的标准,可以实现不同系统之间的数据共享,从而促进资源的合理利用和个性化学习的实现[3]。

此外,教育应用的开发过程中还需注重标准在设计、实施、测试和维护等各个阶段的应用。从最初的概念设计到产品的最终发布,每一步都应依据标准来进行,确保最终产品能够满足教育行业的需求并符合相关的法规要求。这

1　杨治国、吴蓉、王竞秀:《做好科技创新与标准化协同的若干思考》,《航天标准化》2023 年第 2 期。
2　盖君芳、黄宝忠:《教育人工智能:新的革命》,《浙江大学学报(人文社会科学版)》2022 年第 6 期。
3　蒋甜、许哲平、陈学娟、曾燕:《科学数据服务标准化与规范化研究》,《中国科技资源导刊》2023 年第 3 期。

不仅包括技术层面的兼容性和安全性,也包括对教育内容的准确性和适宜性的考量。

2. 质量保障

通过遵循技术标准,教育应用程序和服务的开发者能够在多个关键方面保障产品质量。首先,标准的遵循有助于提高应用的可用性。这意味着应用能够在不同的设备和平台上稳定运行,为用户提供连贯一致的学习体验。其次,应用的可靠性得到加强,保证了在各种条件下的稳定性和数据准确性,减少了系统故障的可能性,提高了教育应用的整体效率。

安全性是智能教育应用中的另一个重要方面[1]。遵守技术标准可以确保教育数据的安全处理和存储,保护学生和教师的隐私不受侵犯。此外,良好的用户体验也是通过遵循技术标准来实现的。这包括用户界面的直观设计、内容的易理解性和交互的流畅性,使得学习过程更加高效和愉悦。

8.3 伦理道德与数据安全

在于智能教育的推进与实践而言,构建稳固的伦理框架乃重中之重。这一框架犹如定海神针,确保智能教育领域技术应用符合道德规范,切实维护所有利益相关者的权益。尤其在数据隐私保护、保障公平获取教育资源以及捍卫教育公正性等关键层面,其作用不可或缺。此伦理框架的构建,核心依托于尊重、正义、公平与责任等基本原则。这些原则相互交织,为智能教育在数字时代的健康发展,奠定坚实的道德基石。接下来,我们将深入探讨这些原则如何在智能教育中具体落地,以及如何全方位保障数据安全。

8.3.1 伦理原则的建立

在智能教育的发展与实施中,建立一个坚实的伦理框架是至关重要的[2]。这一框架不仅确保了技术应用的道德合理性,也保护了所有利益相关者的权益,特别是在处理数据隐私、确保公平访问以及维护教育公正性方面。伦理框架的核心基于几个基本原则:尊重、正义、公平性和责任感。

---

1 黄艺丹:《人工智能教育应用的风险及治理路径——以 ChatGPT 为例》,《汉字文化》2023 年第 23 期。
2 沈潇雯、夏计军、胡家琪:《人工智能时代的伦理挑战与对策研究》,《江苏科技信息》2024 年第 7 期。

1. 伦理框架的重要性

尊重原则要求智能教育系统的设计和应用尊重用户（学生、教师、家长等）的个人权利和隐私。这意味着，任何关于个人的数据收集和分析都应当事先得到用户的知情同意，并且用户有权了解自己的数据如何被使用[1]。

正义原则强调智能教育资源和机会的公平分配。技术不应成为加剧教育不平等的工具，反之，应通过提供个性化学习路径和支持，帮助缩小教育差距，尤其是对于那些处于不利地位的群体[2]。

公平性原则涉及智能教育系统的设计和实施过程中的公正性问题，确保系统的算法和程序不包含歧视性的偏见，对所有用户都能公平对待[3]。

责任感原则要求教育机构、技术提供商和其他利益相关者对智能教育系统的影响负责。这包括对系统可能出现的技术故障、误用以及不预期的负面影响采取预防措施，并在问题发生时承担相应的责任。

2. 利益相关者责任

在智能教育系统中，教育机构承担着确保技术合理应用于教育实践的责任，包括选择和实施符合伦理标准的智能教育解决方案。此外，教育机构还需要对学生进行数字素养教育，帮助他们理解和保护自己的数据隐私[4]。

技术提供商负有设计和开发符合伦理标准的智能教育产品和服务的责任，确保产品在提高教育效率的同时，不侵犯用户的隐私权，不加剧教育不平等[5]。同时，技术提供商应在产品开发过程中考虑到多样性，确保产品对所有用户都是公平和可访问的。教师在智能教育系统中扮演着关键角色，他们不仅要合理利用技术促进教学，还需要关注学生在使用技术过程中的个人发展和福祉。教师还应该鼓励学生批判性地思考技术的使用，并培养他们的数字素养。对于学生和家长，他们应当意识到自己在智能教育系统中的权利和责任，包括保护个人信息的安全，以及合理使用教育资源。同时，家长应与教育机构和教师合作，共同为孩子创造一个安全、公平且有益的学习环境。

1　曹培杰、王阿习：《新一代数字技术何以赋能教育评价改革》，《人民教育》2023 年第 20 期。
2　闫皎：《智能教育工具在远程教学中的应用与挑战》，《才智》2024 年第 9 期。
3　兰国帅、杜水莲、肖琪等：《国际人工智能教育治理政策规划和创新路径研究——首届人工智能安全峰会〈布莱奇利宣言〉要点与思考》，《中国教育信息化》2024 第 3 期。
4　夏雪景、马早明：《韩国中小学开展人工智能教育的举措与经验》，《比较教育学报》2024 年第 2 期。
5　张悦：《人工智能教育应用的伦理问题及其应对》，硕士学位论文，浙江师范大学教育学原理专业，2023。

8.3.2　个人隐私与数据保护

在智能教育应用的快速发展过程中,学生个人隐私和数据保护日益成为社会各界关注的焦点。随着大量学习数据、个人信息和行为数据的生成和利用,如何有效保护这些信息不被滥用,确保学生的隐私权,已成为智能教育领域必须面对的重要问题[1]。

1. 隐私权保护的重要性

智能教育应用通过收集和分析学生的学习数据、个人信息和行为数据,提供个性化的学习体验和优化的教学资源。然而,这些数据如果没有得到妥善保护,极有可能被滥用,造成学生隐私权的侵犯,甚至引发更广泛的社会问题。因此,保护学生的个人隐私不仅是维护学生基本权利的需要,也是智能教育应用能够获得用户信任和广泛接受的前提。

保护学生隐私的措施包括但不限于确保数据收集的透明度、限制对敏感数据的访问、加密存储和传输数据,以及定期对隐私保护措施进行审查和更新。此外,教育机构和技术供应商还应向学生和家长提供关于数据收集、处理和使用的明确信息,并在可能的情况下,让用户能够控制自己的数据,包括查看、更正和删除个人信息的权利[2]。

2. 合规性标准

随着数据保护意识的增强,世界各地纷纷制定了一系列相关的法律和标准,以规范个人数据的收集、处理和传输。其中,欧盟的通用数据保护条例(GDPR)是最为人熟知的一例。GDPR 对个人数据的处理设定了严格的规定,要求数据控制者和处理者采取适当的技术和组织措施,保护个人数据不被非法处理和泄露,并赋予数据主体广泛的权利,如访问权、更正权和删除权等[3]。

教育机构和技术供应商作为数据控制者或处理者,在设计和实施智能教育应用时,必须确保其操作完全遵守 GDPR 以及其他相关的数据保护法律和标准。这包括但不限于进行数据保护影响评估、指定数据保护官、实施数据最小化原则、确保跨境数据传输的合法性等。

1　吴思雅:《教育人工智能应用场景中学生隐私权侵权责任制度研究》,硕士学位论文,华东师范大学法学院,2023。

2　唐晓玲、郑楚月:《技术伦理视域下美国教育人工智能伦理问题审视:现实表征与规避策略》,《广西师范大学学报(哲学社会科学版)》2024 年第 3 期。

3　明翠琴、杨宏丹:《欧洲政府治理数字化转型的探索与创新》,《科技创业月刊》2024 第 4 期。

为了满足这些合规性要求，教育机构和技术供应商需要建立一套全面的数据保护政策和程序，对员工进行数据保护培训，确保他们了解相关法律法规并能够在日常工作中加以实施。同时，还需要定期审查和更新数据保护措施，以应对技术进步和法律法规变化带来的新挑战。

8.3.3　数据使用的伦理问题

数据的使用带来了一系列伦理问题，尤其是关于数据收集的透明度以及算法偏见与歧视。这些问题的核心在于如何在利用数据提升教育效果的同时，确保学生的权益不受侵害，避免潜在的负面影响。

1. 数据收集的透明度

透明度是智能教育系统中数据收集和使用的基石。要求在收集学生和家长的数据时，教育机构和技术供应商必须明确告知数据的收集目的、使用方式以及数据存储和处理的相关细节。这种透明度不仅体现在技术实现上，也应体现在政策和操作层面上，确保学生和家长能够充分了解并同意他们的数据如何被应用于智能教育系统中[1]。此外，还应当建立反馈和询问的渠道，让学生和家长在对数据使用有疑问时能够及时获得解答。

2. 算法偏见与歧视

智能教育系统中的算法偏见是另一个重要的伦理问题，算法的设计和训练过程中可能无意中引入了偏见，导致系统的输出结果对某些群体不公平，甚至歧视。例如，如果智能推荐系统的训练数据中包含了性别或种族偏见，那么该系统可能会对特定性别或种族的学生产生不利的影响[2]。减少算法偏见和歧视的关键在于多方面的努力。首先，需要在算法设计阶段就引入多元化的数据集，避免使用偏颇的数据进行训练。其次，算法的开发过程应该是多元和包容的，涉及不同背景的开发者和教育专家，以确保算法能够公平地服务于所有用户。

此外，对智能教育系统进行持续的监督和评估也是至关重要的。通过定期审查算法的决策过程和输出结果，可以及时发现并纠正潜在的偏见。同时，建立透明和公正的算法审查机制，让外部专家和公众参与到算法的评估和监督中，也是保障算法公正性的有效方式[3]。

1　白钧溢：《教育人工智能伦理治理：现实挑战与实现路径》，《重庆高教研究》2024 年第 2 期。
2　姜依彤：《互联网内容治理中的人工智能技术应用与伦理问题研究》，《中国信息化》2024 年第 3 期。
3　吴小坤、邓可晴：《算法偏见背后的数据选择、信息过滤与协同治理》，《中国出版》2024 年第 6 期。

8.3.4　安全性挑战与对策

随着智能教育系统的快速发展与广泛应用,系统的安全性已成为维护教育质量和保障学生及教师隐私不可或缺的一环。智能教育系统面临的安全威胁多种多样,其中包括数据泄露、恶意软件攻击、服务中断等。这些威胁不仅可能危害用户的个人信息安全,还可能影响教育系统的正常运行和教育质量。

1. 安全威胁

数据泄露是智能教育系统最常见的安全威胁之一[1]。由于系统中储存了大量敏感信息,包括学生的个人信息、学习记录和教师的评估数据等,一旦这些信息被未授权访问或泄露,将对用户的隐私造成严重威胁。恶意软件攻击也是智能教育系统需要面对的安全风险[2]。黑客可能通过病毒、木马或勒索软件攻击教育系统,窃取敏感信息,甚至控制系统运行,对教育机构的信息安全和运营安全造成威胁。服务中断可能由多种原因造成,包括网络攻击(如 DDoS 攻击)、系统故障或自然灾害等。服务中断不仅会影响学习的连续性和教育质量,还可能导致重要数据丢失。

2. 保护措施

针对上述安全威胁,教育机构和技术提供商需要采取一系列有效的技术和管理措施来保护智能教育系统。

(1)加密技术是保护数据安全的基础措施之一。通过对存储和传输的数据进行加密,即使数据被未授权访问,也无法被读取和利用,从而有效防止数据泄露[3]。访问控制确保只有授权用户才能访问系统中的敏感信息。这包括实施强密码政策、多因素认证和角色基于访问控制等策略,以限制对敏感数据和关键系统功能的访问。定期安全审计是发现系统薄弱环节和潜在威胁的有效方式。通过定期的安全检查和渗透测试,可以评估系统的安全状况,发现并修复安全漏洞。

(2)安全意识培训也是提高系统安全性的重要措施。教育机构应定期对教师、学生和技术人员进行安全培训,提升他们对网络安全的意识,教授他们如何

1　吴龙凯、程浩、张珊、宋琰玉:《智能技术赋能教育评价的时代内涵、伦理困境及对策研究》,《电化教育研究》2023 年第 9 期。

2　林攀登:《风险社会视域下教育人工智能风险及其治理》,《中国成人教育》2022 年第 4 期。

3　张君、林小红、耿雨歌、曹晓明:《隐私计算＋区块链:教育数据伦理研究的新视角》,《现代教育技术》2023 年第 9 期。

识别和防范网络攻击和钓鱼欺诈等。备份和灾难恢复计划对于确保系统能够在遭受攻击或故障后迅速恢复至关重要。通过定期备份重要数据和制定详细的灾难恢复计划，可以最大限度地减少数据丢失和服务中断的影响。

（3）建立信任机制。在智能教育领域，建立起教育机构、技术供应商和用户之间的信任是成功实施和广泛采纳智能教育解决方案的关键。信任的构建基于三个基本要素：能力、诚意和可靠性。通过展示这三个要素的存在和实践，智能教育的各方参与者可以共同工作，创建一个互相支持和积极的学习环境[1]。

信任框架的三个基本要素。能力指的是教育机构和技术供应商提供高质量服务的技术和专业能力。这包括但不限于提供安全、可靠、易用且有效的教育技术解决方案。能力的展现可以通过技术的成功实施、产品的稳定性和性能，以及用户支持和服务质量来体现。

诚意涉及教育机构和技术供应商与用户之间的沟通和交流，体现为对用户需求的真诚关注以及解决问题的主动态度。诚意的表现在于，机构和供应商能够积极听取用户反馈，透明地分享信息，以及在出现问题时提供及时的解决方案。

可靠性是指在智能教育的实践中，教育机构和技术供应商能够持续稳定地提供服务，并且在面对挑战时能够保证解决方案的持续性和稳定性。可靠性的建立需要时间，通过一贯的高性能和稳定服务，用户会逐渐形成对服务提供者的信任。

3. 案例研究和最佳实践

加州大学伯克利分校通过其在线教育平台为学生提供广泛的课程资源[2]。该平台采用了严格的数据保护措施，包括数据加密、安全登录认证和用户隐私保护政策。同时，加利福尼亚州立大学伯克利分校在开发和管理在线平台过程中，注重用户反馈，定期更新其隐私政策和使用条款，确保透明性和账户安全，从而建立了用户的信任[3]。

作为在线学习的领先平台之一，Coursera 与世界顶级大学和机构合作，提供高质量的在线课程。Coursera 非常重视用户隐私和数据保护，实行严格的数据

1　孙立会：《人工智能之于教育决策的主体性信任危机及其规避》，《电化教育研究》2023 年第 3 期。
2　刘影：《基于 SPOC 平台的教学交互设计对在线英语学习参与度的有效性研究》，硕士学位论文，上海外国语大学教育技术学，2023。
3　刘朋辉：《人工智能在计算机网络技术中的应用研究》，《普洱学院学报》2023 年第 6 期。

安全措施,包括使用 SSL 加密技术保护数据传输,以及执行欧洲通用数据保护条例(GDPR)。通过这些措施,Coursera 在全球范围内赢得了用户的信任。

Google for Education 提供了一套教育工具,旨在促进学习和协作。谷歌在其教育工具套件中采用了多层次的安全措施,包括强制的二步验证、定期的安全审计以及遵守国际数据保护标准。通过这些措施,Google for Education 在全球教育界建立了强大的信任基础[1]。

8.4　政策制定与实施

在智能教育治理体系里,政策制定处于核心枢纽位置,其影响力广泛且深远。它如同指南针,指引着教育技术的发展方向,同时,与学生、教师及其他利益相关者的切身利益紧密相连。为推动智能教育稳健前行,实现健康、公正与可持续发展,政策制定必须遵循一系列清晰明确的原则。这些原则是智能教育政策的基石,确保政策的科学性与合理性。本节将深入阐释政策制定所应遵循的原则,梳理关键领域,并细致探讨在政策实施过程中可能遭遇的挑战以及相应的应对策略,助力智能教育政策发挥最大效能。

8.4.1　政策制定的原则

在智能教育的治理过程中,政策制定是一个至关重要的环节,它不仅影响教育技术的发展方向,还涉及学生、教师和其他利益相关者的根本利益。因此,政策制定应遵循一系列明确的原则,以确保智能教育的健康、公正和可持续发展[2]。

(1)透明性。透明性是政策制定的首要原则。这意味着政策的制定、实施和评估过程应该对所有利益相关者开放,确保每个人都能理解政策的目的、内容和预期的影响。通过增加透明度,可以提高政策的公信力,促进公众参与和反馈,从而使政策更加贴合实际需要。

(2)公平性。政策应保证教育资源的公平分配,确保每个学生都能公平地

1　张恩铭,盛群力:《培育学习者的数字素养——联合国教科文组织〈全球数字素养框架〉及其评估建议报告的解读与启示》,《开放教育研究》2019 年第 6 期。

2　孙立会、周亮:《面向中小学的生成式人工智能教育政策制定路向——基于日本〈中小学生成式人工智能教育应用指南〉的分析》,《中国电化教育》2023 年第 11 期。

获得高质量的教育服务,无论其社会经济背景如何。公平性还要求政策能够识别并解决潜在的教育不平等问题,包括消除性别、种族和地域等方面的歧视。

（3）可持续性。政策的制定应考虑到长远的发展需求,确保教育技术的应用不仅满足当前的需求,而且能够适应未来的变化。可持续性意味着在资源使用、环境影响和经济成本等方面的平衡,确保智能教育的发展既环境友好又经济可行。

（4）灵活性。鉴于技术和教育需求的快速变化,政策需要具有一定的灵活性,以便及时适应新的发展和挑战。这要求政策制定时考虑到未来的不确定性,设置适当的调整机制,使政策能够随着技术进步和社会变革而演进。

8.4.2　关键政策领域

在智能教育领域内,政策制定的关键领域包括技术接入与基础设施建设、教师培训与专业发展、学生隐私与数据保护,以及伦理和标准的确立。这些领域构成了智能教育发展的基础,需通过明确的政策支持和引导。

（1）技术接入与基础设施建设。为了支持学校和教育机构获取必要的技术资源和基础设施,政策应提供资金支持、技术指导和实施框架[1]。这包括为学校配备必要的硬件设施,如电脑、平板电脑和智能黑板,以及确保稳定的网络连接。政府可以通过提供补贴、税收优惠和技术采购指南来降低学校的财务负担,同时促进公平的技术接入,确保偏远地区和低收入社区的学校也能享受到智能教育带来的好处。

（2）教师培训与专业发展。教师是智能教育实施的关键力量[2]。政策应鼓励和支持教师在智能教育技术应用方面的培训和持续学习。这可以通过建立教师专业发展项目、在线学习平台和工作坊来实现,让教师能够掌握最新的教育技术和教学方法。同时,政策还应提供教师使用智能教育工具的指导和支持,帮助他们有效地整合技术进入课堂教学,从而提高教学效果。

（3）学生隐私与数据保护。在智能教育应用中,学生数据的收集、处理和存储必须严格遵守隐私保护和数据安全的相关政策。政府需制定明确的法律法规,规范教育机构和技术供应商的数据处理行为,确保个人数据的安全和隐私得

1　陈凌白:《人工智能在高校个性化教育中的应用与挑战》,《教书育人(高教论坛)》2024 年第 9 期。
2　王帅杰、汤倩雯、杨启光:《生成式人工智能在教育应用中的国际观察:挑战、应对与镜鉴》,《电化教育研究》2024 年第 5 期。

到保护。这包括要求对学生数据进行加密存储、限制对敏感数据的访问,以及在数据处理过程中采取透明度原则,让学生和家长了解其数据如何被使用。

（4）伦理和标准。确立智能教育应用中的伦理指导原则和技术标准对于防止偏见和歧视至关重要。政策应推动教育机构和技术供应商遵循伦理实践,比如在算法设计时考虑多样性、公平性和包容性,避免潜在的偏见。同时,国家和国际标准化机构应制定统一的技术标准,引导智能教育的发展方向,促进教育资源的共享和互操作性,确保所有学生都能从智能教育中受益。

8.4.3　政策制定的参与者

在智能教育政策的制定过程中,多方利益相关者的参与是确保政策全面性、实效性和公正性的关键。

1. 多方利益相关者的角色和责任

作为政策的主要制定者,教育部门负责领导和协调整个政策制定过程。他们需确保政策符合国家教育目标和法律法规,同时平衡各方利益,促进智能教育的健康发展。教育部门还需要提供必要的指导和资源,支持政策的实施和监督。

作为智能教育解决方案的开发者和提供者,技术供应商对了解技术趋势和挑战有独到的见解。他们在政策制定中的责任是提供技术专业知识,确保政策可行性,并促进技术的创新和应用。

教师和教育管理人员是智能教育政策实施的一线执行者。他们在政策制定过程中的角色是代表教育实践的需求和挑战,为政策提供实践视角和建议,确保政策的有效性和适用性。

作为智能教育的直接受益者,学生和家长对于评价教育技术的影响具有独特的视角。他们在政策制定中的角色是提出需求和期望,参与讨论和反馈,确保政策符合学生的最佳利益。

2. 合作与协调机制

为了整合不同利益相关者的观点和资源,推动政策的制定和实施,建立有效的合作与协调机制至关重要。

（1）建立沟通平台。通过建立多方参与的沟通平台,如工作组、论坛或研讨会,为利益相关者提供一个共享信息、讨论政策和表达观点的场所。这有助于增强透明度,促进不同观点之间的理解和尊重。

（2）参与式决策。采用参与式决策过程,确保所有利益相关者都有机会参与政策的制定[1]。这包括在政策草案的准备、评估和修订阶段，邀请各方提供反馈和建议。

（3）资源共享与合作开发。鼓励教育部门、技术供应商和教育机构之间的资源共享和合作开发项目[2]。这可以通过政府引导的资助项目、公私伙伴关系或行业联盟来实现，共同探索和推广智能教育的创新应用。

（4）定期评估和调整。建立定期评估机制，定期检查政策的实施效果和影响。根据评估结果和反馈，调整和优化政策，确保其持续符合教育发展的需求和社会变化。

8.4.4　政策实施的挑战与策略

智能教育政策的实施面临着多重挑战，这些挑战源自技术、资源、人员以及监管等多个方面。识别这些挑战并提出有效的解决策略，是确保智能教育政策能够成功落地、发挥预期作用的关键。

1. 实施挑战

智能教育的推广往往需要大量的资金支持，用于购置设备、建设基础设施、进行教师培训等。然而，资源的分配往往存在不均衡现象，导致一些偏远地区和经济条件较差的学校无法获得足够的支持，加剧了教育不平等。虽然智能教育技术为教学提供了新的可能，但教师、学生和家长对新技术的接受程度存在差异。技术的接受度低可能来自对新技术的不熟悉、对改变的抗拒，或是对技术可能带来的副作用的担忧[3]。随着智能教育应用的迅速发展，如何有效监管成为一大挑战。缺乏针对性的监管政策和措施可能导致教育质量无法保证、学生隐私和数据安全受到威胁。

2. 解决策略

为了解决资源分配不均的问题，政策制定者应考虑采用差异化的资助策略，优先支持那些资源不足的学校和地区。此外，可以鼓励私人企业和社会组织通过公私合作伙伴关系（PPP）模式，参与智能教育基础设施的建设和运营，共同提升教育资源的覆盖面和质量。

1　王建梁：《全球中小学人工智能教育：发展现状与未来趋势》，《上海教育》2023 年第 6 期。
2　梅冰：《师范生对人工智能赋能外语教学接受度探析》，《当代外语研究》2024 年第 2 期。
3　杨文静：《面向智能教育的校长信息化教学领导力准备度模型构建》，硕士学位论文，西北师范大学教育技术学，2023。

通过提供定制化的培训项目和持续的专业发展支持,增强教育机构和教师的技术能力[1]。这不仅包括智能教育工具的操作技能培训,还应包括如何将技术融入课程设计和教学实践的指导。同时,通过分享成功案例和最佳实践,激发教师和学校对于采用智能教育技术的积极性。

为了确保智能教育应用的质量和安全,需要建立一套有效的监管和评估机制。这包括制定明确的技术标准和质量要求、建立定期的评估和审计程序,以及设立快速响应机制以应对可能的问题和风险。此外,还应鼓励开放透明的信息共享,让所有利益相关方都能参与到监管和评估过程中。

8.4.5　政策评估与迭代

在智能教育政策的实施过程中,建立一个有效的评估机制对于确保政策达到预期效果、应对技术发展和教育需求的变化至关重要。

定期评估机制的建立是监控政策实施效果和影响的基础,它允许政策制定者、执行者以及所有利益相关者了解政策在实际操作中的表现,包括成功的地方和需要改进的地方。这种评估不仅涉及量化的指标,如学习成绩的提高、技术接入的普及率等,也包括定性的评价,如教育质量的提升、教师和学生满意度等。

有效的评估机制需要具备几个关键特征:首先,评估标准和指标应事先明确,且与政策目标紧密相关;其次,评估过程应公正、透明,允许各方参与和监督;最后,评估应定期进行,以确保及时获取反馈并作出响应。

此外,政策的持续迭代基于评估结果,对于优化政策内容、指导未来方向提供了重要依据。政策的迭代是基于评估结果进行的调整和更新。随着技术的持续进步和教育需求的变化,原有政策可能不再适应新的环境,需要进行相应的修改以保持其有效性和相关性。政策迭代的过程中,应充分考虑评估中发现的问题和挑战,以及来自教师、学生、技术供应商等各方的反馈和建议。

政策调整应基于一系列原则进行:首先,调整应保证政策目标的连贯性和稳定性,避免频繁大幅变动导致的混乱;其次,调整应具有前瞻性,不仅要解决当前存在的问题,还要预见未来可能出现的挑战;最后,政策更新应透明公开,允许社会各界参与讨论和评议,确保政策调整得到广泛的支持和认可。

1　潘建红、刘歌:《智能时代高校思想政治理论课教师主体角色及调适》,《思想教育研究》2024 第 4 期。

8.5　案例研究与最佳实践

本节将开启一段探索之旅，通过深度剖析多个智能教育案例，洞察其在不同地区、不同层面的应用实践与显著成效。我们的目光将聚焦十国际案例，领略全球智能教育前沿动态；审视地区与地方层面的最佳实践，挖掘因地制宜的成功模式；探究技术供应商的策略与合作模式，解析产业力量如何推动智能教育发展。这些丰富多样的案例与实践，犹如一座宝库，不仅为智能教育的未来发展指引方向，更为众多相关利益方提供了极具价值的经验借鉴与深刻启示。

8.5.1　国际案例研究

1. 先进国家实践

在智能教育治理方面，一些先进国家已经采取了积极的措施，实现了技术与教育的有效结合。它们的成功很大程度上依赖于政策支持、技术创新和强有力的伙伴关系等关键因素

以芬兰为例，该国的教育系统一直以来都是全球的佼佼者。近年来，芬兰政府投入大量资源支持教育技术的研发与应用，尤其是人工智能在教育中的应用[1]。政府的政策支持，包括资金投入和教育政策的灵活性，为教育技术的发展提供了坚实的基础。此外，芬兰的教育技术创新也得益于与企业和研究机构的紧密合作，这种跨领域的伙伴关系为教育创新提供了新思路和技术支持。

新加坡的"智慧学校"项目则是另一个典型的成功案例。新加坡政府通过建立全国性的教育技术框架，推动了教育资源的数字化和网络化[2]。政府不仅在政策和财政上给予支持，还积极推动学校与科技公司的合作，引入最新的教育技术和方法。新加坡的成功展示了政府主导、市场参与和社会支持三者合作的重要性。

2. 发展中国家的挑战与解决方案

相对于先进国家，发展中国家在智能教育治理方面面临更多的挑战，包括基

1　张静蓓、虞晨琳、蔡迎春：《人工智能素养教育：全球进展与展望》，《图书情报知识》2024 年第 3 期。

2　张元钊：《人工智能发展与劳动力就业如何兼顾？——兼谈典型发达国家经验启示》，《福建师范大学学报(哲学社会科学版)》2024 年第 2 期。

础设施不足、教育资源分配不均、技术接入和应用水平低下等。然而,一些发展中国家通过创新的方法和策略,成功地克服了这些障碍,开启了智能教育的新篇章。

印度的 EkStep 基金会是一个突出的例子。EkStep 基金会开发了 SunBird,这是一个开源的、可配置的、模块化的数字基础设施,专为规模设计。作为一个非营利性的学习平台,通过提供可访问的教育资源和工具,致力于解决教育不平等问题。该平台利用云技术和移动技术,即便在偏远地区也能保证学生有机会接触到高质量的学习内容。EkStep 的成功在于其技术的灵活性和可扩展性,以及其背后的强大伙伴网络,包括政府、非政府组织和私营部门。

在肯尼亚,Bridge International Academies 通过低成本的学校模式为低收入家庭的儿童提供质量教育[1]。通过标准化的课程和使用技术来监控学生的进度和教师的表现,该组织能够在资源有限的情况下提供高质量的教育。此外,该模式的可扩展性证明了即使在资金和技术有限的环境下,创新的教育模式也能取得成功。

8.5.2　地区与地方层面的最佳实践

在智能教育治理中,地方政府、社区和学校扮演着至关重要的角色。它们不仅是智能教育实施的直接参与者,同时也是推动教育创新和改革的关键力量。通过具体的实践案例,我们可以更清楚地了解这些地方和地区层面如何通过各种方式促进智能教育的发展。

1. 地方政府的角色

地方政府在智能教育治理中的作用不可小觑,它们通过提供资金、制定地方性政策和促进技术应用等方式,为智能教育的发展创造了有利条件。一个典型的例子是中国杭州市的智慧教育实践。杭州市政府通过制定一系列支持教育技术创新的政策和措施,大力推动了智慧教育的实施。政府不仅提供了资金支持,还建立了多个公私合营的平台,促进了教育资源的共享和优化。此外,杭州还通过智慧教育云平台,为学生和教师提供了丰富的在线学习资源和工具,有效地提升了教学和学习的质量。通过这些举措,杭州市政府展示了地方政府在推动智能教育创新和实践中的积极作用。

1　林德元:《借鉴国外教育扶贫经验为"教育扶贫"献计献策》,《科技资讯》2019 第 25 期。

2. 社区和学校的参与

社区和学校的参与是智能教育治理中的另一个关键因素。通过发动社区和学校的力量,可以实现更广泛的教育创新和改革。以美国的 Code for America 为例,该组织通过志愿者驱动的项目,促进了编程教育在各地学校和社区的普及[1]。Code for America 通过与地方学校和社区合作,组织编程工作坊和夏令营等活动,激发学生对科技和编程的兴趣。这些活动不仅提供了实践学习的机会,也帮助学生培养了解决问题的能力和创新思维。社区的积极参与为学生提供了学习新技能的平台,同时也强化了学校教育内容的现实意义和应用价值。

8.5.3　技术供应商的策略与合作

1. 合作模式

一个典型的成功合作案例是谷歌与芝加哥公立学校的合作。谷歌提供了 Google Classroom 和 G Suite for Education 等服务,通过这些工具,教师能够更有效地管理课堂和学生作业,学生也可以更加便捷地完成和提交作业,进行协作学习[2]。这种合作不仅包括了技术的提供,还涉及了共同开发符合学校需要的定制化功能,展现了教育机构与技术供应商之间紧密合作的典范。

2. 支持与培训

技术供应商提供的支持和培训是智能教育成功实施的关键。以 Adobe 公司为例,该公司通过其教育交换计划(Adobe Education Exchange),为教师提供了大量的在线课程、教学资源和专业发展工作坊。这些资源旨在帮助教师掌握数字创意工具的使用,从而在教学中更有效地运用这些工具,激发学生的创造力和创新能力。

3. 创新教育项目的案例

在全球范围内,创新教育项目正利用智能技术解决教育领域的各种挑战,从个性化学习到远程教育,这些项目展示了技术在提升教育质量和可访问性方面的巨大潜力。以下是一些突出的案例,以及对它们的评估方法和成果的讨论。

AltSchool,一个位于美国的教育科技创业公司,旨在通过技术驱动的个性

1　王贵海、朱学芳:《国外典型数据开放模式分析及其在我国的实践与启示》,《情报理论与实践》2023 年第 12 期。
2　徐丽芳、张慧:《美国数字教育市场新进入者及其策略》2020 年第 12 期。

化学习路径来重新设计 K - 12 教育体验[1]。AltSchool 的平台使用机器学习算法来跟踪每个学生的学习进度和偏好,然后根据这些数据提供定制化的教学内容。该项目通过创建一个灵活的学习环境,允许学生在自己的节奏下学习,同时还能确保教学内容的相关性和吸引力。

　　Khan Academy 是一个提供免费在线课程、练习和教学资源的非营利组织。其通过数据分析来监控学生的学习进展,实现个性化的学习体验[2]。Khan Academy 支持自我节奏的学习,允许学生根据自己的需要和兴趣深入学习特定主题,从而解决传统教育中“一刀切”式教学法的局限。

1　杜芳芳、刘昭莹:《智能时代未来学校建设及其伦理风险规避》,《教学与管理》2023 年第 19 期。
2　张文福、陈思琦:《新文科背景下 ChatGPT 介入民族传统体育育人的价值指涉与路向》,《南京体育学院学报》2024 年第 2 期。

参考文献

［1］侯雅莉.“人工智能＋教育”的研究热点与前沿演进趋势分析［J］.中国农业教育,2023,24(06)：96－106.

［2］周晔,张刚要.我国“人工智能＋教育”领域的研究热点与演进趋势［J］.开放学习研究,2022,27(01)：37－44.

［3］陈凌白.人工智能在高校个性化教育中的应用与挑战［J］.教书育人(高教论坛),2024,(09)：12－17.

［4］杨潇.AI赋能,智慧成长［N］.江苏教育报,2024－03－20(001).

［5］罗海风,罗杨,刘坚.人工智能时代的教育评价改革［J］.中国考试,2024,(03)：8－17＋97.

［6］兰国帅,杜水莲.数字化转型赋能学生未来高等教育学习体验：宏观趋势、技术实践和未来场景:《2023年EDUCAUSE地平线报告(学生整体教育体验版)》要点与思考［J］.阅江学刊,2024,16(03)：155－166.

［7］李树英,冯思圆.教师的四种角色与五重教育境界：兼论智慧教育时代教育学的挑战与重塑［J］.现代远程教育研究,2024,36(02)：28－35.

［8］操玲玲,张艳君.智能与赋能：思想政治教育方法的新变革［J］.继续教育研究,2024,(04)：103－107.

［9］闫广芬,石慧.人工智能背景下职业教育跨学科研究的再审思［J］.中国电化教育,2020,(06)：22－29.

［10］张丽,朱山立.《2020地平线报告(教与学版)》对高校智慧课堂发展的启示［J］.科技与创新,2021,(05)：54－55＋58.

［11］龚洁芸.拥抱人工智能,激发创造性学习［N］.解放日报,2024－04－05(001).

［12］王素月.人工智能教育应用背景下教师教学伦理研究［D］.西南大学,2021.

［13］张坤虹.人工智能教育应用伦理问题初探［D］.云南师范大学,2023.

［14］张悦.人工智能教育应用的伦理问题及其应对［D］.浙江师范大学,2023.

［15］牟智佳.电子书包中基于教育大数据的个性化学习评价模型与系统设计［J］.远程教育杂志,2014,32(05)：90－96.

［16］郑蕾.大数据时代下通识教育在高校学生干部培养中的应用价值与实施体系构建［J］.公关世界,2023,(04)：86－87.

［17］朱雪梅,潘竹娟.基于数据分析的数字化课堂教学评价研究［J］.中国教育信息化,2023,29(09)：91－98.

［18］郑永和,张登博,管彤彤,等.智能技术在科学教育中的应用：研究现状、关键方法与发展趋势［J］.中国教育信息化,2023,29(09)：3－11.

［19］邓伟,杨晓丹,高倩倩,等.人工智能支持下的课堂教学评价模型研究［J］.中国教育信息化,2023,29(08)：3－14.

［20］谭伟,张曼茵,陈良.人工智能应用于教育的风险及其应对［J］.中国教育信息化,2023,29(07)：22－29.

［21］谢浩然,陈协玲,郑国城,等.人工智能赋能个性化学习：E-Learning 推荐系统研究热点与展望［J］.现代远程教育研究,2022,34(03)：15－23＋57.

［22］许锋华,胡先锦.人工智能技术赋能个性化学习：意蕴、机制与路径［J］.广西师范大学学报(哲学社会科学版),2023,59(04)：68－79.

［23］顾小清,刘桐.大模型时代的智适应学习研究：进展、实例与展望［J］.中国教育信息化,2024,30(05)：55－66.

［24］周进,叶俊民,李超.多模态学习情感计算：动因、框架与建议［J］.电化教育研究,2021,42(07)：26－32＋46.

［25］董艳,李心怡,郑娅峰,等.智能教育应用的人机双向反馈：机理、模型与实施原则［J］.开放教育研究,2021,27(02)：26－33.

［26］翟雪松,许家奇,王永固.在线教育中的学习情感计算研究：基于多源数据融合视角［J］.华东师范大学学报(教育科学版),2022,40(09)：32－44.

［27］卢宇,马安瑶,陈鹏鹤.人工智能＋教育：关键技术及典型应用场景［J］.中小学数字化教学,2021,(10)：5－9.

［28］卢宇,余京蕾,陈鹏鹤,等.生成式人工智能的教育应用与展望：以ChatGPT 系统为例［J］.中国远程教育,2023,43(04)：24－31＋51.

[29] 黄奕宇.虚拟现实（VR）教育应用研究综述[J].中国教育信息化,2018,(01)：11-16.

[30] 鲍婷婷,柯清超,马秀芳.人工智能教育社会实验的理论基础与实践框架[J].电化教育研究,2023,44(01)：54-60.

[31] 陈向明.质的研究方法与社会科学研究[M].北京：教育科学出版社,2000.

[32] 冯瑞玲,郭茜.教育领域的自然实验因果推断研究：以语言教育研究的应用为例[J].清华大学教育研究,2023,44(02)：88-148.

[33] 解正山.算法决策规制：以算法"解释权"为中心[J].现代法学,2020,42(01)：179-193.

[34] 赖玥,柳弌祎.解读"穷人思维"：贫困农户风险态度的影响因素分析：来自广西、贵州贫困山区入户实地实验的证据[J].贵州财经大学学报,2019(06)：92-101.

[35] 李论,过勇.媒体报道内容如何影响腐败感知？：基于调查实验的实证发现[J].公共管理评论,2024,6(01)：46-65.

[36] 林伟.人工智能数据安全风险及应对[J].情报杂志,2022,41(10)：105-111＋88.

[37] 刘欢欢.胡适实验主义评述[N].科学导报,2024-01-30(B04).

[38] 刘征驰,周莎.个体认知、群体共识与互联网众筹投资绩效：基于计算实验方法的研究[J].管理评论,2022,34(10)：24-36.

[39] 刘蕾,张新亚.人工智能依赖对创造力的影响与未来教育发展路径的省思[J].广西师范大学学报（哲学社会科学版）,2024,60(01)：83-91.

[40] 罗俊,黄佳琦,刘靖姗,等.保障性住房、社会身份与公平感：来自社区实地实验的证据[J].经济理论与经济管理,2022,42(10)：47-61.

[41] 汤志伟,龚泽鹏,韩啸,等.公众对智能政务服务和人工政务服务的感知与选择：基于调查实验的研究发现[J].电子政务,2023,(09)：105-116.

[42] 唐金武.民国乡村建设运动中卫生医疗事业研究：以定县实验与邹平实验为比较[J].锦州医科大学学报（社会科学版）,2022,20(06)：23-29.

[43] 徐为列.对霍桑实验的思考[J].企业经济,2003,(02)：10-11.

[44] 范颖,张旭,姜芸苓,等."学生为中心＋形成性评价"探索实验诊断学实验教学[J].继续医学教育,2022,36(11)：13-16.

[45] 国务院.习近平向国际人工智能与教育大会致贺信[EB/OL].新华社,

2019 - 05 - 16[2024 - 08 - 13].https://www.gov.cn/xinwen/2019 - 05/16/content_5392134.htm.

[46] 杨九民,艾思佳,皮忠玲,等.教学视频中教师出镜对教师的作用：基于对比实验和访谈的实证分析[J].现代教育技术,2021,31(01)：54 - 61.

[47] 杨勇.行动的发生：杜威实用主义社会理论的开端[J].学海,2022,(03)：93 - 103.

[48] 郑重,王雷,谭立湘,等.计算机程序设计分层次协作型实验教学模式[J].实验室研究与探索,2022,41(05)：188 - 191.

[49] 余胜泉,徐刘杰.大数据时代的教育计算实验研究[J].电化教育研究,2019,40(01)：17 - 24.

[50] 庄美金.人工智能赋能高校劳动教育的逻辑、价值及路径[J].宁波工程学院学报,2024,36(01)：49 - 53＋67.

[51] 荣蓉.人工智能技术在计算机教学中的应用[J].集成电路应用,2024,41(01)：394 - 395.

[52] 丁宝根,钟阳阳."ChatGPT＋高等教育"变革的驱动因素、主要障碍及有关建议[J].现代教育技术,2024,34(04)：60 - 68.

[53] 卢宇,骈扬,李沐云,马宁.人机智能协同视域下的教育创新：第27届全球华人计算机教育应用大会综述与审思[J].开放学习研究,2024,29(01)：24 - 32.

[54] 虞嘉琦.论数字时代教育与人的个性化发展[J].现代远程教育研究,2024,36(02)：74 - 83.

[55] 余晖,朱俊华.算法时代嵌入技术变革的教育权力关系重构[J].教育研究,2023,44(11)：29 - 41.

[56] 郭超.思想政治教育应用人工智能的风险及其规避[J].高校辅导员学刊,2023,15(04)：1 - 6＋95.

[57] 冯敏慧.人工智能算法的伦理危机与教师行动[J].中小学教师培训,2023,(10)：26 - 30.

[58] 施敏,杨海军.生成式人工智能的算法伦理难点分析与探索[J].大数据,2025,11(01)：167 - 174.

[59] 赵磊磊,闫志明.生成式人工智能教育应用的生态伦理与风险纾解[J].贵州师范大学学报(社会科学版),2023,(05)：151 - 160.

［60］张悦.人工智能教育应用的伦理问题及其应对［D］.浙江师范大学,2023.

［61］应益华,陈嘉乐,黄百俊.教育生态重塑：ChatGPT 的潜力、风险及治理［J］.继续教育研究,2024,(05)：56－61.

［62］赵泓源.欧盟教育数据隐私保护立法与治理体系构建［J］.中国成人教育,2024,(03)：63－72.

［63］张坤虹.人工智能教育应用伦理问题初探［D］.云南师范大学,2023.

［64］林爱珺,章梦天.基于数据多粒度的隐私差序保护［J］.苏州大学学报（哲学社会科学版）,2024,45(02)：182－192.

［65］王涛,张玉平,李秀晗,等.数据驱动教育数字化转型的信任机制：教育大数据全生命周期隐私增强模型的构建与典型应用场景分析［J］.现代教育技术,2024,34(03)：28－38.

［66］陈志涛,朱义勇,郭铭雅,等.基于工业互联网的数据安全流通技术研究［J］.科技风,2024,(08)：49－51.

［67］王佑镁,王旦,王海洁,等.算法公平：教育人工智能算法偏见的逻辑与治理［J］.开放教育研究,2023,29(05)：37－46.

［68］张立新,陈倩倩.博弈与权衡：智能教育算法的规制性与人的自主性［J］.现代教育技术,2023,33(04)：32－39.

［69］冯庆想.数字社会对教育实践的挑战及应对［J］.北京工业大学学报（社会科学版）,2023,23(06)：93－103.

［70］吴龙凯,程浩,张珊,宋琰玉.智能技术赋能教育评价的时代内涵、伦理困境及对策研究［J］.电化教育研究,2023,44(09)：19－25.

［71］陈鹏,于茜兰.教育数字化赋能受教育权：时代内涵、法律风险与规制［J］.中国教育学刊,2024,(04)：44－50.

［72］孙立会,周亮.面向中小学的生成式人工智能教育政策制定路向：基于日本《中小学生成式人工智能教育应用指南》的分析［J］.中国电化教育,2023,(11)：53－61.

［73］田阳.风险社会视域下生成式人工智能教育应用悖论：生成逻辑、存在限度与风险治理［J］.阅江学刊：1－8.

［74］朱珂,史晓雪,苏林猛.人工智能助推教师专业发展：机遇、挑战和路径［J］.甘肃开放大学学报,2024,34(02)：1－5＋95.

［75］李楠.人工智能赋能媒介素养教育的逻辑、限度与超越［J］.教育理论与实

践,2023,43(31)：10-15.

[76] 乜勇,康欣欣.国内人工智能教育应用：研究现状、热点主题和机遇挑战[J].教育文化论坛,2024,16(01)：85-94.

[77] 黄景文,杨瑞琪.国内数字化教育资源研究的可视化分析[J].法制与经济,2022,31(04)：102-108.

[78] 李世瑾,王成龙,顾小清.人工智能教育治理：逻辑机理与实践进路[J].华东师范大学学报(教育科学版),2022,40(09)：55-66.

[79] 倪琴,贺樑,王英英,等.人工智能向善：面向未成年人的人工智能应用监管探研：面向未成年人的人工智能技术规范研究(三)[J].电化教育研究,2023,44(08)：33-41.

[80] 兰国帅,杜水莲,肖琪,等.国际人工智能教育治理政策规划和创新路径研究：首届人工智能安全峰会《布莱奇利宣言》要点与思考[J].中国教育信息化,2024,30(03)：43-51.

[81] 黄荣怀,张国良,刘梦彧.面向智慧教育的技术伦理取向与风险规约[J].现代教育技术,2024,34(02)：13-22.

[82] 张金帅,卢锋,申灵灵.人工智能与教育深度融合的推进与监管：《人工智能与教育政策制定者指南》解读[J].软件导刊,2023,22(05)：212-218.

[83] 赵磊磊,闫志明.生成式人工智能教育应用的生态伦理与风险纾解[J].贵州师范大学学报(社会科学版),2023,(05)：151-160.

[84] 本刊编辑部.2024 教育技术十大研究热点预测及相关议题[J].现代教育技术,2023,33(12)：119-126.

[85] 顾小清,李世瑾.人工智能促进未来教育发展：本质内涵与应然路向[J].华东师范大学学报(教育科学版),2022,40(09)：1-9.

[86] 朱珂,炕留一,王春丽.人工智能助推教师专业发展的机遇、变革与策略[J].河南教育(教师教育),2021,(11)：9-10.

[87] 王一岩,朱陶,郑永和.智能教育产品助推教育数字化转型：价值定位、实践逻辑与推进策略[J].现代教育技术,2023,33(07)：16-24.

[88] 赵申洪.全球人工智能治理的困境与出路[J].现代国际关系,2024,(04)：116-137+140.

[89] 杨佳慧.我国人工智能教育政策的文本研究：基于政策工具视角[D].湖北师范大学,2023.

[90] 杨素雪.新兴技术的预期治理研究[D].中国科学技术大学,2019.

[91] 王景,李延平.ChatGPT 浪潮下拔尖创新人才的培养：价值意蕴、现实隐忧与生态重塑[J].中国电化教育,2023,(11)：62－71.

[92] 陈磊,刘夏,高雪春.人工智能视域下教育治理的现实挑战与路径选择[J].中国教育科学(中英文),2020,3(06)：24－30.

[93] 本刊编辑部.人工智能让教育更美好：2024 世界数字教育大会人工智能与数字伦理平行会议综述[J].中国教育信息化,2024,30(03)：25－30.

[94] 王新,王宣亿,黄晓亮,等.ChatGPT 类生成式人工智能的法律风险及治理(笔谈)[J].天津师范大学学报(社会科学版),2024,(03)：21－38.

[95] 夏雪景,马早明.韩国中小学开展人工智能教育的举措与经验[J].比较教育学报,2024,(02)：163－176.

[96] 吴永和,颜欢,马晓玲.教育通用人工智能大模型标准体系框架研制[J].现代教育技术,2024,34(04)：28－36.

[97] 潘英.现有人工智能标准化和监管法案解析[J].质量与认证,2024,(03)：25－27.

[98] 余云涛.中国代表团在 ISO/IECJTC1/SC36 第 25 届全会上取得丰硕成果[J].信息技术与标准化,2012,(11)：30－33.

[99] 陈闹.自适应学习系统中基于知识图谱的学习路径推荐算法研究[D].上海交通大学,2022.

[100] 吴砥,李环,尉小荣.教育数字化转型：国际背景、发展需求与推进路径[J].中国远程教育,2022,(07)：21－7＋58＋79.

[101] 杨丽华.世界一流大学在线教育战略研究[D].华中师范大学,2019.

[102] 刘晓曼,刘惠琴,程妍.2022 年全球工业领域网络安全发展浅析[J].保密科学技术,2023,(02)：48－53.

[103] 沈思,田恩舜.国外高校教师数字能力培养管窥[J].高教发展与评估,2024,40(02)：66－74＋122.

[104] 王海涛,韩娬.高校教学新型信息化管理平台建设研究[J].淮南职业技术学院学报,2023,23(06)：92－94.

[105] 杨治国,吴蓉,王竞秀.做好科技创新与标准化协同的若干思考[J].航天标准化,2023,(02)：67－69.

[106] 盖君芳,黄宝忠.教育人工智能：新的革命[J].浙江大学学报(人文社会科

学版),2022,52(06)：53－65.

[107] 蒋甜,许哲平,陈学娟,曾燕.科学数据服务标准化与规范化研究[J].中国
科技资源导刊,2023,55(03)：1－8＋93.

[108] 黄艺丹.人工智能教育应用的风险及治理路径：以 ChatGPT 为例[J].
汉字文化,2023,(23)：181－183.

[109] 沈潇雯,夏计军,胡家琪.人工智能时代的伦理挑战与对策研究[J].江苏科
技信息,2024,41(07)：46－48.

[110] 曹培杰,王阿习.新一代数字技术何以赋能教育评价改革[J].人民教育,
2023,(20)：30－32.

[111] 闫皎.智能教育工具在远程教学中的应用与挑战[J].才智,2024,(09)：
1－4.

[112] 张悦.人工智能教育应用的伦理问题及其应对[D].浙江师范大学,2023.

[113] 吴思雅.教育人工智能应用场景中学生隐私权侵权责任制度研究[D].
华东师范大学,2023.

[114] 唐晓玲,郑楚月.技术伦理视域下美国教育人工智能伦理问题审视：现实
表征与规避策略[J].广西师范大学学报(哲学社会科学版),2024,60(03)：
118－129.

[115] 明翠琴,杨宏丹.欧洲政府治理数字化转型的探索与创新[J].科技创业月
刊,2024,37(04)：76－85.

[116] 白钧溢.教育人工智能伦理治理：现实挑战与实现路径[J].重庆高教研
究,2024,12(02)：37－47.

[117] 姜依彤.互联网内容治理中的人工智能技术应用与伦理问题研究[J].中国
信息化,2024,(03)：51－54.

[118] 吴小坤,邓可晴.算法偏见背后的数据选择、信息过滤与协同治理[J].中国
出版,2024,(06)：10－15.

[119] 吴龙凯,程浩,张珊,宋琰玉.智能技术赋能教育评价的时代内涵、伦理困
境及对策研究[J].电化教育研究,2023,44(09)：19－25.

[120] 林攀登.风险社会视域下教育人工智能风险及其治理[J].中国成人教育,
2022,(04)：19－24.

[121] 张君,林小红,耿雨歌,曹晓明.隐私计算＋区块链：教育数据伦理研究的
新视角[J].现代教育技术,2023,33(09)：27－36.

[122] 孙立会.人工智能之于教育决策的主体性信任危机及其规避[J].电化教育研究,2023,44(03)：21-27＋43.

[123] 刘影.基于SPOC平台的教学交互设计对在线英语学习参与度的有效性研究[D].上海外国语大学,2023.

[124] 刘朋辉.人工智能在计算机网络技术中的应用研究[J].普洱学院学报,2023,39(06)：39-41.

[125] 张恩铭,盛群力.培育学习者的数字素养：联合国教科文组织《全球数字素养框架》及其评估建议报告的解读与启示[J].开放教育研究,2019,25(06)：58-65.

[126] 孙立会,周亮.面向中小学的生成式人工智能教育政策制定路向：基于日本《中小学生成式人工智能教育应用指南》的分析[J].中国电化教育,2023,(11)：53-61.

[127] 陈凌白.人工智能在高校个性化教育中的应用与挑战[J].教书育人(高教论坛),2024,(09)：12-17.

[128] 王帅杰,汤倩雯,杨启光.生成式人工智能在教育应用中的国际观察：挑战、应对与镜鉴[J].电化教育研究,2024,(05)：106-12＋20.

[129] 王建梁.全球中小学人工智能教育：发展现状与未来趋势[J].上海教育,2023,(06)：22-26.

[130] 梅冰.师范生对人工智能赋能外语教学接受度探析[J].当代外语研究,2024,(02)：89-99.

[131] 杨文静.面向智能教育的校长信息化教学领导力准备度模型构建[D],2023.

[132] 潘建红,刘歌.智能时代高校思想政治理论课教师主体角色及调适[J].思想教育研究,2024,(04)：113-117.

[133] 张静蓓,虞晨琳,蔡迎春.人工智能素养教育：全球进展与展望[J].图书情报知识,2024,41(03)：15-26.

[134] 张元钊.人工智能发展与劳动力就业如何兼顾?：兼谈典型发达国家经验启示[J].福建师范大学学报(哲学社会科学版),2024,(02)：45-55＋168.

[135] 林德元.借鉴国外教育扶贫经验为"教育扶贫"献计献策[J].科技资讯,2019,17(25)：127-128＋31.

[136] 王贵海,朱学芳.国外典型数据开放模式分析及其在我国的实践与启示

[J].情报理论与实践,2023,46(12)：193－200.

[137] 徐丽芳,张慧.美国数字教育市场新进入者及其策略[J].出版参考,2020,(12)：18－22.

[138] 杜芳芳,刘昭莹.智能时代未来学校建设及其伦理风险规避[J].教学与管理,2023,(19)：15－19.

[139] 张文福,陈思琦.新文科背景下 ChatGPT 介入民族传统体育育人的价值指涉与路向[J].南京体育学院学报,2024,23(02)：13－20.

[140] 吴永和,许秋璇,王珠珠.教育数字化转型成熟度模型研究[J].华东师范大学学报(教育科学版),2023,41(03)：25－35.

[141] 董艳,李心怡,郑娅峰,等.智能教育应用的人机双向反馈：机理、模型与实施原则[J].开放教育研究,2021,27(02)：26－33.

[142] 田贤鹏.隐私保护与开放共享：人工智能时代的教育数据治理变革[J].电化教育研究,2020,41(05)：33－38.

[143] 刘朝.算法歧视的表现、成因与治理策略[J].人民论坛,2022,(02)：64－68.

[144] 陈丽,徐亚倩."互联网＋教育"研究的十大学术新命题[J].电化教育研究,2021,42(11)：5－12.

[145] 乐惠骁,贾积有.智能的边界：智能教学系统中的用户自主度研究[J].中国远程教育,2021,(09)：49－58.

[146] 国务院.新一代人工智能发展规划[EB/OL].(2017－07－08)[2024－08－03].https://www.gov.cn/zhengce/content/2017－07/20/content_5211996.htm.

[147] 南京市人民政府.[2018－07－23].南京多措并举推进中小学人工智能教育[EB/OL].(2018－07－23)[2024－08－12].https://news.sina.com.cn/2018－07－23/doc-1hftenh20681122.shtml.

[148] 广州市教育局.广州市教育局关于公示广州市中小学人工智能课程改革实验区、校评审结果的通知[EB/OL].(2019－08－23)[2024－08－03].http://jyj.gz.gov.cn/yw/wsgs/content/post_5691550.html.

[149] 深圳新闻网.人工智能教育从青少年抓起深圳 61 所学校成首批人工智能教育实验校[EB/OL].(2024－03－18)[2024－08－12].https://www.sznews.com/news/content/2024－03/18/content_30808744.htm.

[150] 袁中果,梁霄,武迪.中小学人工智能课程实施关键问题分析：以人大附中

人工智能课程实践为例[J].中小学数字化教学,2019,(07)：19-22.

[151] 谢忠新,曹杨璐,李盈.中小学人工智能课程内容设计探究[J].中国电化教育,2019,(04)：17-22.

[152] 张治.ChatGPT/生成式人工智能重塑教育的底层逻辑和可能路径[J].华东师范大学学报(教育科学版),2023,41(07)：131-142.

[153] 李培林,张成爽,于龙.人工智能在教育领域应用浅析[J].山东工业技术,2023,(04)：74-78.

[154] 黄荣怀,张国良,刘梦彧.面向智慧教育的技术伦理取向与风险规约[J].现代教育技术,2024,34(02)：13-22.

[155] 卢宇,汤筱玙,宋佳宸,等.智能时代的中小学人工智能教育：总体定位与核心内容领域[J].中国远程教育,2021,(05)：22-31+77.

[156] 魏雪飞.国内中小学人工智能教育研究热点及趋势：基于 CiteSpace 的文献计量分析[J].中国教育信息化,2021,(24)：6-12.

[157] 卢宇,余京蕾,陈鹏鹤,等.生成式人工智能的教育应用与展望：以 ChatGPT 系统为例[J].中国远程教育,2023,43(04)：24-31+51.

[158] 安富海.教育技术：应该按照"教育的逻辑"考量"技术"[J].电化教育研究,2020,41(09)：27-33.

[159] 王嘉毅,鲁子箫.规避伦理风险：智能时代教育回归原点的中国智慧[J].教育研究,2020,41(02)：47-60.

[160] 杨笑冰,曹庆仁.我国教育人工智能的应用现状及推进策略[J].中国现代教育装备,2023,(19)：7-10.

[161] 王瑞.人工智能赋能高校继续教育的发展新范式[J].继续教育研究,2024,(03)：12-16.

[162] 宋萑,林敏.ChatGPT/生成式人工智能时代下教师的工作变革：机遇、挑战与应对[J].华东师范大学学报(教育科学版),2023,41(07)：78-90.

[163] 杨现民,郑旭东.生成式人工智能重塑教育及教师应对之道[J].中小学信息技术教育,2023,(05)：8-10.

[164] 陈潇,苏雪源,王波,等.ChatGPT 类生成式人工智能教育应用伦理审度与调适[J].中国教育信息化,2023,29(12)：42-48.

[165] 黄时进."助"与"替"：生成式 AI 对学术研究的双重效应[J].上海师范大学学报(哲学社会科学版),2024,(02)：65-74.

[166] 科技部监督司.负责任研究行为规范指引(2023)[R/OL].(2023 - 12 - 21) [2024 - 04 - 11].https：//www. most. gov. cn/kjbgz/202312/t20231221_ 189240.html.

[167] 鄂维南.AI 助力打造科学研究新范式[J].中国科学院院刊,2024,39(01)： 10 - 16.

[168] 姜芳,刘静,张晓宇.人工智能技术在学术不端行为检测中的应用[J].科技 传播,2021,13(18)：152 - 155.

[169] 李欣然.智能写稿技术应用法律规制研究[D].西南大学,2023.

[170] 王丽群.人工智能的版权侵权责任研究[D].浙江理工大学,2023.

[171] 李玉婷,季茂岳,马永全.智能时代高校教师专业发展的机遇、困境及突破 路径[J].教育理论与实践,2024,44(18)：50 - 55.

[172] Wang C C, Pai W C, Yen N Y. A sharable e-Learning platform based on Cloud computing：2011 3rd International Conference on Computer Research and Development[C]. New York：IEEE, 2011, 2：1 - 5.

[173] Sternberg R J：Cognitive Theory and Psychometrics，Hambleton R K， Zaal J N，editor，Advances in Educational and Psychological Testing： Theory and Applications，Dordrecht：Springer Netherlands，1991： 367 - 393.

[174] Gleser G C, Cronbach L J, Rajaratnam N. Generalizability of scores influenced by multiple sources of variance[J]. Psychometrika, 1965, 30(4)：395 - 418.

[175] Van Der Linden W J, Hambleton R. Handbook of item response theory [M]. Taylor & Francis Group. Citado na pág，1997：7.

[176] Molenaar I W：Some Background for Item Response Theory and the Rasch Model，Fischer G H，Molenaar I W，editor，Rasch Models： Foundations, Recent Developments, and Applications[M]. New York, NY：Springer New York, 1995：3 - 14.

[177] Ackerman T A, Gierl M J, Walker C M. Using Multidimensional Item Response Theory to Evaluate Educational and Psychological Tests[J]. Educational Measurement：Issues and Practice, 2005, 22(03)：37 - 51.

[178] Stout W. Nonparametric Item Response Theory：A Maturing and

Applicable Measurement Modeling Approach[J]. Applied Psychological Measurement，2001，25（3）：300－306.

[179] Oberg A L，Mahoney D W. Linear Mixed Effects Models[J]. Ambrosius W T，editor//Topics in Biostatistics，Totowa，NJ：Humana Press，2007：213－234.

[180] Wang X，Berger J O，Burdick D S. Bayesian analysis of dynamic item response models in educational testing[J]. The Annals of Applied Statistics，2013，7（1）：126－153＋28.

[181] Lemée C. Application of Item Response Theory to the Assessment of Coping in an Environmental Risk Situation：Perspectives and Limits[J]. Psychological Reports，2020，123（5）：1966－1985.

[182] Wright B D，Douglas G A，No M. The rating scale model for objective measurement［J］. Memorandum No35/B. Wright，G. Douglas. University of Chicago，Department of Education，Psychometric Laboratory，MESA. -1986，1986.

[183] Chiu C-Y. Statistical Refinement of the Q-Matrix in Cognitive Diagnosis [J]. Applied Psychological Measurement，2013，37（8）：598－618.

[184] De La Torre J. An Empirically Based Method of Q-Matrix Validation for the DINA Model：Development and Applications［J］. Journal of Educational Measurement，2008，45（4）：343－362.

[185] Junker B W，Sijtsma K. Cognitive assessment models with few assumptions，and connections with nonparametric item response theory[J]. Applied Psychological Measurement，2001，25（3）：258－272.

[186] Köhn H-F，Chiu C-Y. A Proof of the Duality of the DINA Model and the DINO Model[J]. Journal of Classification，2016，33（2）：171－184.

[187] Frederiksen N，Mislevy R J，Bejar I I. Test theory for a new generation of tests[M]. Erlbaum Hillsdale，NJ：Lawrence Erlbaum Associates，Inc 1993.

[188] Corbett A T，Anderson J R. Knowledge tracing：Modeling the acquisition of procedural knowledge[J]. User Modeling and User-Adapted Interaction，1994，4（4）：253－278.

［189］Mnih A，Salakhutdinov R R. Probabilistic matrix factorization［J］. Advances in neural information processing systems，2007，20.

［190］Liu Q，Wu R，Chen E，et al. Fuzzy Cognitive Diagnosis for Modelling Examinee Performance［J］. ACM Trans. Intell. Syst. Technol.，2018，9(4)：1-26.

［191］Wang F，Liu Q，Chen E，et al. NeuralCD：A General Framework for Cognitive Diagnosis［J］. IEEE Transactions on Knowledge and Data Engineering，2023，35 (8)：8312-8327.

［192］Zhang L. Learning Factors Knowledge Tracing Model Based on Dynamic Cognitive Diagnosis［J］. Mathematical Problems in Engineering，2021，2021：8777160.

［193］Piech C，Bassen J，Huang J，et al. Deep knowledge tracing［J］. Advances in neural information processing systems，2015，28.

［194］Bradshaw L，Levy R. Interpreting Probabilistic Classifications From Diagnostic Psychometric Models［J］. Educational Measurement：Issues and Practice，2019，38 (2)：79-88.

［195］Tatsuoka K K. A Probabilistic Model for Diagnosing Misconceptions By The Pattern Classification Approach ［J］. Journal of Educational Statistics，1985，10 (1)：55-73.

［196］Tatsuoka K K. Rule Space：An Approach for Dealing with Misconceptions Based on Item Response Theory［J］. Journal of Educational Measurement，1983，20 (4)：345-354.

［197］Leighton J P，Gierl M J，Hunka S M. The Attribute Hierarchy Method for Cognitive Assessment：A Variation on Tatsuoka's Rule-Space Approach ［J］. Journal of Educational Measurement，2004，41 (3)：205-237.

［198］Bradshaw L. Diagnostic Classification Models［J］.//The Wiley Handbook of Cognition and Assessment［s.l.］John Wiley and Sons. 2016：297-327.

［199］Almond R G，Dibello L V，Moulder B，et al. Modeling Diagnostic Assessments with Bayesian Networks ［J］. Journal of Educational Measurement，2007，44 (4)：341-359.

［200］Decarlo L T. Recognizing uncertainty in the Q-Matrix via a Bayesian extension of the DINA model[J]. Applied Psychological Measurement，2012，36 (6)：447 - 468.

[201] Chen J. A Residual-Based Approach to Validate Q-Matrix Specifications [J]. Applied Psychological Measurement，2017，41 (4)：277 - 293.

[202] Roussos L A，Templin J L，Henson R A. Skills Diagnosis Using IRT-Based Latent Class Models[J]. Journal of Educational Measurement，2007，44 (4)：293 - 311.

[203] Hartz S M. A Bayesian framework for the unified model for assessing cognitive abilities：Blending theory with practicality[J]. University of Illinois at Urbana-Champaign，2002.

[204] Von Davier M. A general diagnostic model applied to language testing data[J]. British Journal of Mathematical and Statistical Psychology，2008，61 (2)：287 - 307.

[205] Henson R A，Templin J L，Willse J T. Defining a Family of Cognitive Diagnosis Models Using Log-Linear Models with Latent Variables[J]. Psychometrika，2009，74 (2)：191 - 210.

[206] Cen H，Koedinger K，Junker B. Learning Factors Analysis — A General Method for Cognitive Model Evaluation and Improvement：Lecture Notes in Computer Science[C]. Berlin，Heideibery：Springer Berlin Heideibery，2006，4053：164 - 175.

[207] Leszczenski J M，Beck J. What's in a word? Extending learning factors analysis to model reading transfer[C]. Proceedings of the Educational Data Mining workshop held at the 14 th International Conference on Artificial Intelligence in Education[C].[s.l.] IOS Press，2007：739.

[208] Ghosh A，Heffernan N，Lan A S. Context-Aware Attentive Knowledge Tracing：Proceedings of the 26th ACM SIGKDD International Conference on Knowledge Discovery & Data Mining[C].[s.l.][s.n.]，2020，2330 - 2339.

[209] Yeung C-K. Deep-IRT：Make Deep Learning Based Knowledge Tracing Explainable Using Item Response Theory[J]. ArXiv，2019，abs/1904. 11738. [2025 - 2 - 16].https：//arXiv.org/pdf/1904.11738.

[210] Huang Z，Liu Q，Chen Y，et al. Learning or Forgetting? A Dynamic Approach for Tracking the Knowledge Proficiency of Students[J]. ACM Trans. Inf. Syst.，2020，38（2）：Article 19.

[211] Pavlik P I，Cen H，Koedinger K R. Performance Factors Analysis — A New Alternative to Knowledge Tracing：Proceedings of the 2009 conference on Artificial Intelligence in Education — Building Learning Systems that Care — From Knowledge Representation to Affective Modelling[C]. Brighton：IOS Press，2009：531 – 538.

[212] Vie J-J，Kashima H. Knowledge tracing machines — factorization machines for knowledge tracing：Proceedings of the Thirty-Third AAAI Conference on Artificial Intelligence and Thirty-First Innovative Applications of Artificial Intelligence Conference and Ninth AAAI Symposium on Educational Advances in Artificial Intelligence[C]. Honolulu，Hawaii，USA：AAAI Press，2019：Article 93.

[213] Minn S，Yu Y，Desmarais M C，et al. Deep Knowledge Tracing and Dynamic Student Classification for Knowledge Tracing[J]. 2018 IEEE International Conference on Data Mining（ICDM），2018：1182 – 1187.

[214] Yeung C-K，Yeung D-Y. Incorporating Features Learned by an Enhanced Deep Knowledge Tracing Model for STEM/Non-STEM Job Prediction [J]. International Journal of Artificial Intelligence in Education，2019，29（3）：317 – 341.

[215] Su Y，Liu Q，Liu Q，et al. Exercise-enhanced sequential modeling for student performance prediction：Proceedings of the Thirty-Second AAAI Conference on Artificial Intelligence and Thirtieth Innovative Applications of Artificial Intelligence Conference and Eighth AAAI Symposium on Educational Advances in Artificial Intelligence[C]. New Orleans，Louisiana，USA：AAA7 Press，2018：Article 297.

[216] Pandey S，Karypis G. A self-attentive model for knowledge tracing[J]. arXiv preprint arXiv：1907. 06837，2019.

[217] Choi Y，Lee Y，Cho J，et al. Towards an Appropriate Query，Key，and Value Computation for Knowledge Tracing：Proceedings of the Seventh

ACM Conference on Learning @ Scale[C]. Virtual Event，USA：Assosiation for Computing Machinery，2020：341 - 344.

[218] Shin D，Shim Y，Yu H，et al. SAINT + — Integrating Temporal Features for EdNet Correctness Prediction：LAK21：11th International Learning Analytics and Knowledge Conference[C]. Irvine CA，USA：Association for Computing Machinery 2021：490 - 496.

[219] Wang C，Ma W，Zhang M，et al. Temporal Cross-Effects in Knowledge Tracing：Proceedings of the 14th ACM International Conference on Web Search and Data Mining[C]. Virtual Event. Israel：Association for Computing Machinery 2021：517 - 525.

[220] Liu F，Bu C，Zhang H，et al. FDKT：Towards an interpretable deep knowledge tracing via fuzzy reasoning[J]. ACM Trans. Inf. Syst.，2024，42(05)，Article 139.

[221] Huang C，Wei H，Huang Q，et al. Learning consistent representations with temporal and causal enhancement for knowledge tracing[J]. Expert Systems with Applications，2024，245：123128.

[222] Yang H，Hu S，Geng J，et al. Heterogeneous graph-based knowledge tracing with spatiotemporal evolution[J]. Expert Systems with Applications，2024，238：122249.

[223] Szeliski R. Computer vision：algorithms and applications[M]. Switzerland：Springer Nature，2022.

[224] He K，Chen X，Xie S，et al. Masked autoencoders are scalable vision learners[C]//Proceedings of the IEEE/CVF conference on computer vision and pattern recognition. 2022：16000 - 16009.

[225] Loos S A M，Klapp S H L. Fokker-Planck equations for time-delayed systems via Markovian embedding[J]. Journal of Statistical Physics，2019，177(1)：95 - 118.

[226] Rabiner L R. A tutorial on hidden Markov models and selected applications in speech recognition[J]. IEEE，1989，77(2)：257 - 286.

[227] Graves A，Mohamed A，Hinton G. Speech recognition with deep recurrent neural networks[C]//2013 IEEE international conference on

acoustics，speech and signal processing. IEEE，2013：6645 – 6649.

[228] Chen L，Hoey J，Nugent C D，et al. Sensor-based activity recognition [J]. IEEE Transactions on Systems，Man，and Cybernetics，Part C (Applications and Reviews)，2012，42(6)：790 – 808.

[229] Christen P. Data matching：concepts and techniques for record linkage， entity resolution， and duplicate detection［M］. Berlin：Springer Science & Business Media，2012.

[230] García S，Luengo J，Herrera F. Data preprocessing in data mining［M］. Cham，Switzerland：Springer International Publishing，2015.

[231] Wang S，Yu H，Hu X，et al. Participant or spectator? Comprehending the willingness of faculty to use intelligent tutoring systems in the artificial intelligence era［J］. British Journal of Educational Technology， 2020，51(5)：1657 – 1673.

[232] Raca M，Kidzinski L，Dillenbourg P. Translating head motion into attention-towards processing of student's body-language［C］//Proceedings of the 8th international conference on educational data mining. 2015.

[233] Anh N B，Son T N，Lam T P，et al. A Computer-Vision Based Application for Student Behavior Monitoring in Classroom［J］. Applied Sciences，2019，9(22).

[234] Bahreini K，Nadolski R，Westera W. Towards multimodal emotion recognition in e-learning environments［J］. Interactive Learning Environments， 2016，24(3)：590 – 605.

[235] Leite I，Castellano G，Pereira A，et al. Modelling empathic behaviour in a robotic game companion for children：an ethnographic study in real-world settings［C］//Proceedings of the seventh annual ACM/IEEE international conference on Human-Robot Interaction. Boston(USA)： Association for Computing Machinery，2012：367 – 374.

[236] Preeti Y，C. S S. Unveiling the Cutting Edge：A Comprehensive Survey of Localization Techniques in WSN，Leveraging Optimization and Machine Learning Approaches［J］. Wireless Personal Communications， 2023，132(4)：2293 – 2362.

［237］Castera C，Ochs P. From Learning to Optimize to Learning Optimization Algorithms［J］. arXiv preprint，arXiv：2405. 18222，2024.

［238］Zhao B，Sun J，Xu B，et al. EDUKG：a heterogeneous sustainable k-12 educational knowledge graph［J］. arXiv preprint，arXiv：2210. 12228，2022.

［239］Huang X，Zhang J，Li D，et al. Knowledge graph embedding based question answering［C］//Proceedings of the twelfth ACM international conference on web search and data mining. Melbourne：Association for Computing Machinery 2019：105－113.

［240］Alhawiti K M. Natural language processing and its use in education［J］. International Journal of Advanced Computer Science and Applications，2014，5(12).

［241］Gao J，Galley M，Li L. Neural approaches to conversational AI［C］// The 41st international ACM SIGIR conference on research & development in information retrieval，Columbus：Association for Computing Machinery. 2018：1371－1374.

［242］Julie A. Jacko. Human computer interaction handbook：Fundamentals，evolving technologies，and emerging applications［M］. Boca Raton：CRC Press，Inc，2012.

［243］Belpaeme T，Kennedy J，Ramachandran A，et al. Social robots for education：A review［J］. Science robotics，2018，3(21)：eaat5954.

［244］Martinez-Martin E，del Pobil A P. Personal robot assistants for elderly care：an overview［M］//Personal assistants：Emerging computational technologies，Cham (Switerland)：Springer cham，2018：77－91.

［245］Hung I C，Chao K J，Lee L，et al. Designing a robot teaching assistant for enhancing and sustaining learning motivation［J］. Interactive learning environments，2013，21(2)：156－171.

［246］Hicke Y，Agarwal A，Ma Q，et al. ChaTA：Towards an Intelligent Question-Answer Teaching Assistant using Open-Source LLMs［J］. arXiv preprint，arXiv：2311. 02775，2023.

［247］Hussein M，Nätterdal C. The benefits of virtual reality in education — A comparision Study[J/OL].[2025 – 2 – 16].https//：api.semanticscholar. org/CorpusLD：29394949.

[248] Borman G D. Experiments for educational evaluation and improvement [M]. London：Routledge，2018：7 – 27.

[249] Diener E，Crandall R. Ethics in Social and Behavioral Research[M]. Chicago：University of Chicago Press，1978.

[250] Dean A，Voss D. Design and analysis of experiments[M]. New York， NY：Springer New York，1999.

[251] Fossey E，Harvey C，McDermott F，et al. Understanding and evaluating qualitative research [J]. Australian ＆ New Zealand Journal of Psychiatry，2002，36(6)：717 – 732.

[252] Franklin L R. Exploratory experiments[J]. Philosophy of Science，2005， 72(4)：888 – 899.

[253] Heckman J J，Smith J A. Assessing the case for social experiments[J]. Journal of Economic Perspectives，1995，9(2)：85 – 110.

[254] Marshall S. An experiment in education[M]. Cambridge：Cambridge University Press，1963.

[255] Morrison F J，Smith L，Dow-Ehrensberger M. Education and cognitive development：A natural experiment[J]. Developmental Psychology， 1995，31(5)：789.

[256] Small A W，Vincent G E. An Introduction to the Science of Society[M]. New York：American Book Co，1894.

[257] Stevens N T，Anderson-Cook C M. Design and analysis of confirmation experiments[J]. Journal of Quality Technology，2019，51(2)：109 – 124.

[258] Bloomfield J，Fisher M J. Quantitative research design[J]. Journal of the Australasian Rehabilitation Nurses Association，2019，22(2)：27 – 30.

[259] Wei J，Bosma M，Zhao V Y，et al. Finetuned language models are zero-shot learners[J]. arXiv preprint，arXiv：2109.01652，2021.

[260] Wei J，Wang X，Schuurmans D，et al. Chain-of-thought prompting elicits reasoning in large language models [J]. Advances in neural

information processing systems，2022，35：24824 – 24837.

[261] Shankar S，Halpern Y，Breck E，et al. No Classification without Representation：Assessing Geodiversity Issues in Open Data Sets for the Developing World[J]. arXiv Print，arXiv：1711.08536，2017.

[262] Garg N，Schiebinger L，Jurafsky D，et al. Word Embeddings Quantify 100 Years of Gender and Ethnic Stereotypes[J]. arXiv：1711.08412v1，2017.

[263] Adler P，Falk C，Friedler S A，et al. Auditing black-box models for indirect influence [J]. Knowledge and Information Systems，2017，54(1)：95 – 122.

[264] Dressel，Julia，Farid，et al. The accuracy，fairness，and limits of predicting recidivism[J]. Current Forestry Reports，2018.

[265] Patton D U，Frey W R，Mcgregor K A，et al. Contextual Analysis of Social Media：The Promise and Challenge of Eliciting Context in Social Media Posts with Natural Language Processing[C]//the AAAI/ACM Conference on AI，Ethics and Society（AIES 20'），New York，NY：Association for Computing Machinery，2020.

[266] Bagdasaryan E，Shmatikov V. Differential Privacy Has Disparate Impact on Model Accuracy[C]//Advances in Neural Information Processing System 32，Voncouver：NellralIPS，2019.

[267] Dwork C，Hardt M，Pitassi T，et al. Fairness through awareness[C]// the Proceedings of the 3rd Innovations in Theoretical Computer Science Conference，Combridge City(USA)：Assiciation for Computing Machinery，2011.

[268] Corbett-Davies S，Pierson E，Feller A，et al. Algorithmic decision making and the cost of fairness [C]//Proceeding of the 23rd AcmSIGKDD International Conference on Knowlege Discovey and Data Mining（KDD 2017），Halifax NS Canada：ACM，2017：797 – 806.

[269] Zafar M B，Valera I，Rodriguez M G，et al. Fairness Beyond Disparate Treatment & Disparate Impact：Learning Classification without Disparate Mistreatment[J]. International World Wide Web Conferences Steering

Committee，2016.

[270] Kusner M J，Loftus J R，Russell C，et al. Counterfactual Fairness [C]//Advomces in Neural Information Processing System 30（NIPS 2017），Long Beach：International World Wide Web Comference Steering Committee.

[271] Gardner J，Brooks C，Baker R. Evaluating the Fairness of Predictive Student Models Through Slicing Analysis[C]//the Learning Analytics and Knowledge，New York：Association for Computing Mchainery，2019.

[272] Calmon F P，Wei D，Ramamurthy K N，et al. Optimized Data Pre-Processing for Discrimination Prevention［C］//Advamces in Nural Information Processing System 30(NIPS 2017)，Long Beath：NeurIPS，2017.

[273] Calders K T. Data preprocessing techniques for classification without discrimination[J]. Knowledge and information systems，2012，33(1).

[274] Zemel R，Wu Y，Swersky K，et al. Learning Fair Representations[J]. JMLRorg，2013.

[275] Zhang B H，Lemoine B，Mitchell M. Mitigating Unwanted Biases with Adversarial Learning[J]. ACM，2018.

[276] Kim M P，Reingold O，Rothblum G N. Fairness Through Computationally-Bounded Awareness[C]//NeurIPS 2018，Long Beach. NeurIPS，2018.

[277] Hardt M，Price E，Srebro N. Equality of Opportunity in Supervised Learning[C]//NIPS 2016，Long Beach：NeurIPS，2016.

[278] Ribeiro M T，Singh S，Guestrin C. Why Should I Trust You?：Explaining the Predictions of Any Classifier［C］//KDD 2016，Barcelona. ACM，2016.

[279] Sundararajan M，Taly A，Yan Q. Axiomatic Attribution for Deep Networks[C]//ICLR 2017，Toulouse，France：ICLR，2017.

[280] LUNDBERG S，LEE S I. A Unified Approach to Interpreting Model Predictions［C］//NIPS 2017，Long Beach，CA，USA：NIPS，2017.

[281] Google Expeditions.（2023）. Bring the world into your classroom. https：//

edu. google. com/expeditions/

[282] Blackboard Analytics. [OL].[2024 - 11 - 25] Drive student success with data. https://www. blackboard. com/en-eu/analytics.

[283] Bryant J, Heitz C, Sanghvi S, et al. How artificial intelligence will impact K-12 teachers[J]. Retrieved May, 2020, 12: 2020.

[284] Kasneci E, Seßler K, Küchemann S, et al. ChatGPT for good? On opportunities and challenges of large language models for education[J]. Learning and individual differences, 2023, 103: 102274.

[285] Bell B, Cowie B. The characteristics of formative assessment in science education[J]. Science education, 2001, 85(5): 536 - 553.

[286] Zhai X. ChatGPT user experience: Implications for education[J]. SSRN Electronic Journal, 2022. DOI: 10.2139/ssm.4312418.

[287] Rudolph J, Tan S, Tan S. ChatGPT: Bullshit spewer or the end of traditional assessments in higher education? [J]. Journal of Applied Learning and Teaching, 2023, 6(1): 342 - 363.

[288] Tobler S. Smart grading: A generative AI-based tool for knowledge-grounded answer evaluation in educational assessments[J]. MethodsX, 2024, 12: 102531.

[289] Mollick E R, Mollick L. Using AI to implement effective teaching strategies in classrooms: Five strategies, including prompts[J]. The Wharton School, 2023.

[290] Lu J, Zheng R, Gong Z, et al. Supporting teachers' professional development with generative AI: The effects on higher order thinking and self-efficacy[J]. IEEE Transactions on Learning Technologies, 2024, 17: 1267 - 1277.

[291] Liang J, Wang L, Luo J, et al. The relationship between student interaction with generative artificial intelligence and learning achievement: serial mediating roles of self-efficacy and cognitive engagement[J]. Frontiers in Psychology, 2023, 14: 1285392.

[292] Guo Y, Lee D. Leveraging chatgpt for enhancing critical thinking skills [J]. Journal of Chemical Education, 2023, 100(12): 4876 - 4883.

[293] Bai S, Gonda D E, Hew K F. Write-Curate-Verify: A Case Study of Leveraging Generative AI for Scenario Writing in Scenario-Based Learning[J]. IEEE Transactions on Learning Technologies, 2024, 17: 1301 – 1312.

[294] Woo D J, Wang D, Guo K, et al. Teaching EFL students to write with ChatGPT: Students' motivation to learn, cognitive load, and satisfaction with the learning process[J]. Education and Information Technologies, 2024: 1 – 28.

[295] Holmes W, Miao F. Guidance for generative AI in education and research [M]. Paris, France: UNESCO Publishing, 2023.

[296] Nikolopoulou K. Generative Artificial Intelligence in Higher Education: Exploring ways of harnessing pedagogical Practices with the assistance of ChatGPT[J]. International Journal of Changes in Education, 2024, 1(2): 103 – 111.

[297] MIT Sloan Teaching & Learning Technologies. Getting Started with AI-Enhanced Teaching: A Practical Guide for Instructors[EB/OL][2024 – 11 – 25]. https://mitsloanedtech. mit. edu/ai/teach/getting-started/

[298] Faizan M, Graepel T. Generative AI in the Classroom: Strategies for Overcoming Implementation Challenges[J]. Education and Information Fechonologies, 2024.

[299] Lecler A, Duron L, Soyer P. Revolutionizing radiology with GPT-based models: current applications, future possibilities and limitations of ChatGPT[J]. Cureus, 2023, 15(7): e41435.

[300] Shoja M M, Van de Ridder J M M, Rajput V. The emerging role of generative artificial intelligence in medical education, research, and practice[J]. Cureus, 2023, 15(6): e40883.

[301] Huang J, Tan M. The role of ChatGPT in scientific communication: writing better scientific review articles[J]. American journal of cancer research, 2023, 13(4): 1148 – 1154.

索　引